서양중세문화 비밀캐기 5

표준인간

이 원 근

탑북스

이 책의 머리말

필자는 중세유럽세계의 소위 '표준인간'은 어떤 사람이었을까라고 자문하게 되었다. 그래서 본래 이 책 표지를 중세인의 교양소설이라고 하면 어떨까 생각하다 '표준인간'이라고 했다. 중세인이 그렇게 있다고 확신했던 신의 존재는 결국 개인 각자가 되기를, 어딘가에서 살아가고 있기를 기대하던 이상형의 표준인간이었다는 내용이었기 때문에 중세인의 교양소설이라고 표지를 부치고 싶었다.

중세세계 인간은 표준인간을 찾아서 헤매다 결국 표준인간은 찾아내지 못하고 자기 스스로의 신, 개인 각자의 신을 찾아냈던 것이다. 신이 인간인 이유는 간단하게 지적하면 인간이 그렇게 보고 싶어 하다 결국 만나 보지도 못하고 손으로 만져 보지도 못하는 선망의 인간, 그 표준인간이 바로 신이라면 교양소설이 아닐까 싶다. 그래서 필자는 안셀름, 아벨라르, 베르나르라는 대표 중세 저작자의 대표 저작물을 수많은 서양연구자들이 연구해 둔 내용을 어설프게나마 정리해 보고자 했다.

필자는 안셀름의 『독백』과 『산문』, 아베라르의 『해석론 주해서』, 『존재와 비존재』, 베르나르의 『찬미가 강론』에 초점을 맞추어 서양연구자들의 업적을 다루었다. 이 세 중세 저작자인 안셀름, 아베라르, 베르나르가 공통으로 그렇게 외치던 '있다'라는 존재이론은 수많은 계승자 계열을 낳았다.

그 계승자 계열 분화는 결국 학문동아리 분화로 이어져 근대에 이르렀다. 실제로 수도자 스콜라철학동아리의 존재이론이 탄력적인 융통성을 발휘하여 고전시대 그리스어계 저작자인 아리스토텔레스, 플라톤, 소크라테스, 로마어계 저작자인 아우구스티누스와 보에티우스와 같은 고전시대 저작자의 저작물에 담긴 '존재론'을 해석하여 종족언어 표현관습에 축적하면서 중세 유럽세계는 유럽문화 여명시대를 열어갔다.

유럽문화 여명시대 세계의 주인공은 다양한 종족언어 표현관습의 소재에서 깨어난 다양한 전문 지식으로서 문화였다. 다양한 전문 지식으로서 문화는 유럽문화 여명시대 세계를 다양한 전문 지식 위주의 시스템으로 조직했다.

마지막으로 누구보다 어려운 출판환경에 출판하겠다고 결정한 탑북스 김광식 사장님과 이신정 주간님, 그리고 직원 제위 분께 꼭 감사드리고 싶다.

다음으로 경상대학교 해외지역 연구센타 강길중 교수님과 경상대학교 교직원 여러분께도 감사드리고 싶다.

학문이라는 직업의 준비과정을 회고하면 찾아뵙고 감사드려야 할 고마운 분이 너무 많았는데도 따뜻한 말씀조차 드리지 못했다. 이제 거의 모두 다 고인이 되었으니, 이분들을 회고하며 정말 애통한 마음으로 그리워하고 있다.

2016년 5월

타이완 이란시 불광대학교 연구실에서

차 례

1. 머리말

1. 머리말

이 책에서는 서양 중세세계 인간이 자기네 삶에 잠재해 있던 전문 지식이라는 삶의 기본 틀을 어떻게 외부로 발산했던가에 초점을 맞추고 있다. 11세기 중세세계 인간은 라틴어 해독력을 활용하여 새로운 성사관습에 접근했다. 12세기에는 라틴어 해독력과 성사관습의 일치 영향으로 전문 지식의 잠재요인에 접근하여 라틴어 해독력을 감각, 정신, 마음의 인식작용에 대하여도 활용하며 오히려 라틴어 기능을 축소하기 시작했다. 이런 라틴어 기능 축소는 성사관습을 자기네 종족언어 표현관습 영역의 표지에 글자의 상징물을 일치케 했고, 다시 체험을 활용하여 감각, 정신, 마음의 인식작용으로 자연 현상을 확인하기 시작했다. 이렇게 성사의 존재관습은 감각, 정신, 마음의 인식작용으로 자연 현상의 존재를 관례로 만들어 축적하기 시작했다. 이런 맥락에서 성사관습은 전문 지식으로서 사회의 행동방향을 자연 현상의 존재인 상징물에 관련 지워 결정하여 라틴어 해독력의 교류 도구로 정착했다. 여기서 라틴어 해독력의 교류 도구인 성사는 소위 수도자 철학동아리와 수도자 신학동아리라는 인간의 활동 영역에서 자연 현상에 함축된 존재의 상징물을 인간의 감각, 정신, 마음의 인식작용에 종족언어 표현관습의 존재 관례와 이어주는 역할을 담당했다.

이 책에서는 순수한 종족언어 표현관습으로 교류되던 인간의 감각, 정신, 마음이 자연 현상이나 성사의 존재관습에 어떻게 반응하여 무엇을 찾아냈던가를 분석하게 될 것이다. 우선, 1150년경까지 이단자나 교회조직 개혁가를 비롯한 서양 중세세계 전문 지식인, 특히 수도자 스콜라철학동아리 주해자는 성사의 존재관습을 자연 현상에 적용했던 수도자 철학동아리, 수도자 신학동아리, 수도자 법률동아리의 언급 내용을 새로운 전문 지식이라고 수록했다. 이 과정에서 라틴어 해독력은 일반 중세인과 전문 지식인의 의례관습까지 분리하는 역할을 담당했다. 그러나 라틴어 해독력은 일반 중세인과 전문 지식인을 오히려 결속하며, 일반 중세인의 정신에 작용하여 전문 지식인의 잠재 지식을 전문 지식으로 만들어 갔다. 특히 라틴어 해독력은 성사의 존재관습과 자연 현상에 대하여 새로운 체험 문제를 제기하며 법률, 신학, 철학 동아리의 관례를 전문 지식으로 선전했다.

중세 연구자는 이런 성사관습의 위상변화가 전문 지식 출현으로 이어지는 상황을 12세기 르네상스라고 지적하고 있다. 그리고 성사의 존재관습 변화에 힘입어 자연 현상은 이미 11세기부터 다양한 수도자 학문동아리 영역의 관례를 통일된 지식으로 축적해 나갔다. 수도자 스콜라철학동아리는 그 명칭에서처럼 성사의 존재관습에 대립논리를 도입하여 감각으로 자연 현상과 성사관습 일치점을 인식하려고 시도했다. 수도자 스콜라철학동아리의 이런 시도로 특정한 공동체 존재관습은 학문동아리의 전문 지식 관례를 수용하지 못했고 수도자 인문학동아리는 정전을 편집하게 되었다.

신학동아리와 교회조직 법률가동아리는 이미 과거로부터 자연 현상과 성사관습을 세분하며 성사관습에 축적된 성사관습 비판이론을 새로운 성사관습 형식으로 수용했다. 12세기 서양 중세세계에서 수도자 학문동아리의 전문 지식은 11세기부터 생활에 유입된 라틴어 해독력 영향으로 달라지는 성사관습 변화를 새로운 전문 지식 관례로 축적한 나머지 12세기에 이르러서는 서양 중세세계의 사회조직 변화를 주도했다. 뿐만 아니라 자연 현상과 성사관습의 일치점은 시각과 지각으로 파악할 수 있는 물질을 중시하고 정신과 마음의 작용 표지로까지 물질을 인식했다. 특히 1100년 이후 자연 현상과 성사관습은 공통 원리의 표지를 포함했고, 기록물에서도 자연 현상과 성사관습의 공통 표지를 원리처럼 인식했다. 기록자나 저작자도 자연 현상과 성사관습의 공통 표지 원리를 의례관습에 관련 지우기 시작했다.

기록자나 저작자의 기록물에서 라틴어 문법도 성사관습에 부착하여 자연 현상과 성사관습의 표현 원리를 물질의 표지와 글자의 상징물에 일치토록 보조했다. 라틴어는 성사관습의 표준언어가 되었다. 그래서 라틴어 문법과 라틴어 표현관습은 종족언어 표현관습의 의례관습과 대등한 관계를 유지했다. 12세기에 이르러 저작자들은 예술, 건축, 문학, 음악, 철학 등의 수도자 학문동아리 영역으로부터 자연 현상과 성사관습을 언어관습과 체험영역으로부터 그 차이를 찾아내며 문화에 접근했다. 자연 현상과 성사관습은 언어관습 변화와 같은 사건을 새로운 언어 존재관습으로 표현하는 매체였다. 특히 언어 존재관습 변화와 같은 사건을 새로운 종족언어 표현관습으로 전달하면서, 전문 지식인과 공동체 구성원의 성사관습도 달라졌다. 그래서 전문 지식인은 의례관습의 존재를 활용하여 자연 현상의 존재에 결합하는 역할을 담당했다. 또한 자연 현상과 성사관습의 존재는 의례관습의 존재를 구분했던 것처럼 신의 존재와 인간 역시 전혀 다른 공간의 존재로 표현했다.

특히, 신의 존재와 인간을 순수한 정신의 인식작용으로도 결속할 수 없었다. 위그(+1141)는 신의 존재와 인간이 오히려 정신의 인식작용에 대하여 장애물로 나타났으나 인간의 다양한 결속력이 새로운 공동체 출현을 가능케 했다는 것이다. 어쨌든 수도자 신학동아리는 당시까지 성사관습이라는 규격을 찾아내지 못했다. 수도자 신학동아리는 최근세대 인간의 귀에서는 생소하게 들렸으나 신학에서는 성사로서 12세기까지 인간의 전문 지식을 쉽게 특정지울 수 있었다. 12세기 르네상스도 기존 의례관습에 대한 표준 감각을 파괴하는 전문 지식, 즉 자연 현상과 성사관습을 라틴어 표현관습으로부터 분리하려는 전문 지식의 흐름은 11세기 서양 중세세계 전체 경향과도 관련되어 있었다. 현실론자는 자연 현상과 성사관습의 존재를 실제 그대로의 세계와 관련된 것으로 파악하여 존재의 명칭 문제를 제기했다. 자연 현상에서도 성사관습의 존재 명칭이 단순히 소리에 지나지 않았던가 문제까지 제기하고 성사관습의 존재가 자연 현상에 대하여 증거를 표지하고 존재 명칭의 사실 형태를 담고 있다는 것이다.

자연 현상과 성사관습의 존재 명칭이 과연 사실인가 문제를 제기했다. 즉, 자연 현상과 성사관습의 존재는 사실과 결합되어 전문 지식의 잠재력을 지니고 있었다. 성자 베르나르(1090~1153)는 자연 현상과 성사관습의 존재를 신의 존재와 대화라고 부언하고 있다. 한편으로, 아베라르(1079~1142)는 지식을 성사관습에서 터득하여 전거로서 확인하고, 다시 전문 지식에 대하여 성사관습의 전거를 성사 방어수단이라고 지적하고 있다. 수도자 철학동아리는 기록물이나 저작물의 의례관습으로부터 명칭의 근본 문제를 제기했다. 수도자 철학동아리의 근본 문제는 성사관습의 전거로부터 제기했던 존재 명칭을 두고 새로운 성사와 전문 지식의 분기점을 맞고 있었다. 12세기 이후 전문 지식의 출현과 함께 교구 교육기관을 비롯한 초창기 학문동아리 연합체에서는 교사와 수학자의 숫자도 현저하게 증가했다. 이들 고등 교육기관에서는 전문 지식에 합당한 전문 주제를 다루기 위하여 개작물을 교과과정에 편입하고 있었다. 물론 전문 지식의 출현은 학문동아리 수학자를 재편했다. 전문 지식은 전거로 확증된 사실에 근거해야 한다는 명분을 내세우며 개인의 체험 영역과 점차 분리되어 갔다. 물론 12세기 전문 지식인은 성사관습을 탐구하는 주체였지만 성사관습과 전문 지식을 따로 구분하여 가르치고 전문 직업인으로서 역할을 분리했다.

전문 지식인의 이런 역할 분리는 개인 우주관을 저작물에 담게 되었으며 수도자와 전문 지식인의 성사 존재관습 변화로 이어졌다. 그리고 개인 우주관은 강론을 특징지웠다. 강론은 수도자의 성직자 서임의식과 함께 주해 형태의 전문 지식으로 변모했다고 쉐뉘는 지적하고 있다. 레크르크는 전문 지식으로 저작물이나 기록물의 전거를 종합했기 때문에 강론과 다를 바 없는 것이 전문 지식이었다라고 지적하고 있다. 전문 지식의 이런 증거 구성요소는 저작물이나 기록물의 출발점이나 다름없었다는 것이다.

여기서는 이미 성사관습 논쟁을 거치면서 등장했던 새로운 성사관습 사례를 제시하고 성사관습 논쟁의 주제에 타당했던 전거를 확인하면서 진행하기로 하겠다. 물론 여기서는 새로운 성사관습과 관련된 상징물의 해석자로서 안셀름(1050?~1117), 아베라르, 베르나르(1090~1153)를 선정했다. 이 세 성사관습의 상징물 해석자는 성사를 이탈했던 성사관습 논쟁을 탈피하고, '개인주의'와 '합리주의'를 추구했던 근대 초기인 사고방식을 나타내고 있다. 이 책의 주제는 바로 이런 맥락에서 성사관습이 개인의 현실 문제에 국한되지 않고, 11-12세기 서양 중세세계의 현실 문제를 어떻게 해결하려고 시도했던지를 제시하게 될 것이다.

특히 안셀름은 중세세계 철학동아리의 전문 지식 창시자나 다름없었던 인물로서 두 가지 방향으로 철학동아리의 전문 지식 문제를 성사관습에서 제기했다. 안셀름의 성사관습이 우선 자연 현상의 관습과 연계되어 인간의 실천의식을 유발했다는 점과 다음으로 언어관습은 물론 교회조직의 법률 관례까지 자연 현상의 존재관습을 가지고 바꾸어 놓았다는 점을 이 책에서는 지적하게 될 것이다. 11-12세기 서양 중세세계의 이런 전문 지식 변화는 공동체 구성원의 사회구성 모형을 다시 제시하여 사회조직의 재구성 문제를 제기하고 있다고 하겠다. 또한 성사관습은 타당한 판단기준의 인식작용을 교회조직 법률의 관례와 관행에 반영하여 새로운 표준을 만들고 있었다. 그러나 안셀름의 이런 영향과는 다르게 아베라르는 성사관습을 해석대상으로 파악했다.

아베라르는 후기 고전시대의 라틴어 문법과 표현관습을 성사관습에 첨가하여 전문 지식의 기본 골격을 찾아냈다. 11-12세기 서양 중세세계에서 성사관습은 신의 존재관습은 물론 자연 현상의 존재까지 확증하는 모체일 뿐만 아니라 자연 현상의 의미 창고였다. 11-12세기 서양 중세세계에서는 빵과 포도주를 상징물로 활용하여 성사관습을 전달했다. 따라서 고유한 성사관습은 저작물의 성사에 대하여 편견을 갖고 있었다. 아베라르는 성사를 종족언어 표현관습에 귀속됐던 것으로 파악하면서도, 종족언어 표현관습의 성사관습을 계승해야 할 대상으로 파악하지는 않았고 종족언어 표현관습의 성사관습을 지키지도 않았다. 그럼에도 아베라르는 성사관습 변화가 일정한 법칙처럼 작용하고 있다는 점을 포착했다. 즉, 아베라르는 성사관습에 종족언어 표현관습의 존재관습이 함축되어 있다는 데에서부터 성사관습 문제를 제기하고 있다.

베르나르는 아베라르의 성사를 종족언어 표현관습의 존재관습과 관련지어 분석하고 있다. 그러나 베르나르는 아베라르의 성사관습에 대하여 전혀 다른 접근 방법을 제시하고 있다. 베르나르는 성사관습을 조합하는 언어 마술사나 다름없었다. 베르나르는 강론에 대하여도 찬미가와 같은 수도원의 성사 관행을 반복하여 활용하고 있다. 또한 베르나르는 수도원의 성사 관행을 수도자동아리 구성원의 금욕수행관습으로 구분하고 있다. 베르나르가 소속했던 치스터치엔스계 수도자동아리는 당대 가장 완벽한 성사 관행을 갖추고 있었다. 특히, 베르나르는 성사 주해자들이 발전시켰던 성사관습의 상징물을 활용하여, 개인을 수도자동아리에 결속하도록 개선했다.

2. 성사관습의 상징물에 대한 안셀름의 해석 논리

2. 성사관습의 상징물에 대한 안셀름의 해석 논리

안셀름은 서양 중세세계 철학동아리와 신학동아리 전문 지식인 중에서도 높은 명성을 떨쳤던 탁월한 문헌 해석가였다. 안셀름은 저작물에서 대개 신앙과 판단기준의 인식작용을 서로 연계하며 신비의 존재관습을 주요 관심대상으로 분석했다. 안셀름의 업적은 우선 저작방법의 정착, 즉 저작물 구성원리, 저작물 서술방법, 성사관습의 활용방법, 신의 존재와 성사관습의 관계 등을 확실하게 정리해둔 것이었다.

안셀름은 1060년 베크 수도자동아리에 입문했다. 이후 안셀름은 1093년 3월 캔터베리 대주교로 랑프랑(+1089)을 승계했다. 안셀름은 성직자로서 보직 업무를 관장했던 경력과 함께 12편의 신학 논문을 완성했다. 그라프만(+1949)은 안셀름을 스콜라 철학동아리 창시자라고 지칭하고 있다. 안셀름의 연구 업적을 신의 존재와 관련 지어 분석할 경우, 안셀름은 신학과 스콜라철학을 터득했을 뿐만 아니라, 수도자로서 자격을 모두 겸비했다고 지적할 수 있다. 안셀름은 기도, 신비, 절대자 가치를 열렬히 신봉했으며, 동시에 성사관습과 전문 지식의 대립논리 등을 활용하여 신학동아리와 스콜라철학동아리의 전문 지식원리 정수를 이끌어 냈다.

안셀름은 학자다운 면모를 갖춘 인물로서 주요 논쟁점이 주로 신의 존재관습에 집중되어 있었다. 안셀름은 신의 존재관습과 신의 존재관습 근거 등을 분석하지 않고, 신의 존재 관례를 신학의 『해석론』으로 발전시켰다. 당시 성사관습 논쟁은 신의 존재관습에 대한 표현 문제로부터 출발하고 있다. 안셀름은 자신의 입장에서 당시 신의 존재에 담긴 라틴어 표현관습을 활용했다. 안셀름은 신의 존재를 청중들의 라틴어 표현관습에 수용되도록 신의 존재를 성사관습이라는 주제에 담아 언급하고 있다. 이 책에서는 안셀름이 저작물의 성사관습에 함축된 신의 존재를 행동으로 실천하도록 종족언어 표현관습에 담아 전달함에 따라서 신의 존재가 공동체 구성원을 오히려 분리했던 문제를 분석하고자 한다.

물론 안셀름이 성사관습을 가지고 신의 존재에 대한 한계를 설정했다고 단정할 수는 없을 것이다. 안셀름은 종족언어 표현관습에 담긴 신의 존재관습을 활용하여 문헌 해석자나 저작자 사이에서 설왕설래하던 신의 존재관습에 대한 함축의미를 전문 지식으로 접근하고 있다. 한편 안셀름은 성사관습에 함축된 신의 존재를 종족언어 표현관습으로 이미 계승하고 있다는 것이다. 여기서 안셀름은 라틴어 해독력의 기본 문제를 분석하여 글자해독력 문제가 곧 수도자 신학동아리의 성사관습 문제임을 지적하고 있다. 따라서 여기서는 이제 안셀름이 언급했던 신의 존재관습에 대한 함축의미를 분석하여 안셀름이 성사관습 영역을 전문 지식 영역에 관련 지워 확인해 두고자 한다.

2.1. 『독백』과 『산문』에 나타난 신의 존재

성자 안셀름은 『독백』에서 먼저 종족언어 표현관습에 침잠한 신의 존재관습을 저작물의 성사관습에 가장 훌륭하게 결합했던 수도자였다. 안셀름은 처녀작인 『독백』을 1076년 중반기에 완성했다. 『독백』의 머리말에서 안셀름은 종족언어 표현관습과 성사관습을 분석하여 보편타당한 성사관습의 구성원리를 제시하고 있다. 안셀름은 유명한 『독백』에서 동료 수도자의 요청을 받아들여 고전시대로부터 종족언어 표현관습에 침잠해 있던 성사관습을 분석하고 있다. 안셀름은 성사라는 의례의 존재관습에 대한 전거까지 언급하고 있다.

여기서 안셀름은 성서의 성사관습이나 교부들의 성사관습에 대한 반대논리, 특히 아우구스티누스(†430)의 『성사론』에 대한 전거를 예리하게 분석하고 있다. 안셀름은 아우구스티누스의 『성사론』에 대한 전거를 '단순한 판단기준의 인식작용'과 관련되어 있다는 것이다. 안셀름은 '종족언어 표현관습에 침잠한 과거세대 교부의 성사 강론'을 성사에 대한 명상이라는 주제로 분석하고 "성사관습을 종족언어 표현관습에서 분석하여, 저작물에 포함하려고 시도하고 있다." 안셀름은 신의 '존재관습'을 성사관습에 연계하고 성사관습이 신의 존재에 대한 특정한 증거라는 인용문을 제시하고 있다.

안셀름은 수도자 형제들이 영원한 성사관습을 희망하는 『독백』 이외에도 다른 『독백』의 근거까지 요구하고 있다고 지적하고 있다. 안셀름은 『독백』의 성사관습을 한 편의 논문에 담아 자신의 분석으로 밝혀진 『독백』을 종족언어 표현관습에 흘러들어 가도록 시도하고 있다. 안셀름은 신의 존재관습을 활용하여 성사관습을 일치시켜 『독백』을 완성체로 만들려고 시도하고 있다. 안셀름은 '평이한 일상사에서도 신의 존재관습 문제를 제기하며, 간결한 성사관습'을 『독백』이라고 확실하게 표현하고 있다. 특히, 안셀름은 '타당한 판단기준의 인식작용'과 문장의 표현관습 관계를 『독백』에서 확인해 두고 있다. 안셀름은 정확한 성사관습이 아무리 무가치하다 하더라도, 성사관습 자체를 원로 수도자의 욕구를 충족해 주려는 의도에서 서술했기 때문에 어떤 성사관습 반대논리도 간과해서는 안된다고 판단했을 것이다.

『독백』에서는 특히 안셀름이 신의 존재관습을 찾아내어 신의 존재에 다가가려는 원로 수도자들의 욕구를 충족해야 한다는 대단히 어려운 임무 때문에 자기도 『독백』의 저술을 주저했다고 부언하고 있다. 안셀름은 소문에 대해서도 간략하게 평가하고 있다. 여기서 안셀름은 신의 존재관습에 다가가려는 바로 원로 수도자의 욕구를 충족해 줄 수 있는 신의 존재관습을 찾는 것이 가장 훌륭한 평판을 가져다 줄 수 있을 것이라고까지 지적하고 있다. 신의 존재관습에 다가가려는 원로 수도자의 욕구를 충족하는데 불필요한 소문과 같은 반대이론을 피하기 위하여도 안셀름은 누구나 저작 목적 뿐만 아니라, 문장 구성 체제를 서문에 반드시 써 두어야 한다는 점을 필수조건으로 제시하고 있다.

안셀름은 신의 존재관습을 두 가지 측면으로 접근하고 있다. 첫째, 안셀름은 해독자와 완성될 저작물의 성사관습을 분석하고 있다. 둘째, 안셀름은 성사관습이나 문헌을 자기의 집필과정에서 활용하고, 증거 출처를 제시하며 설명하고 있다. 안셀름은 우선 저작물과 해독자의 관계를 설정하는데 관심을 표명하고 있다. 『독백』에서 안셀름은 '청중 모습'을 생생하게 묘사하고 있다. 안셀름은 『독백』에서 청중을

'수도자동아리 구성원의 모습으로 대체하고' 있다. 안셀름의 이 같은 대체 의도는 종족언어 표현관습의 존재관습 계승을 활용하여 신의 존재관습과 성사관습이 일치한다는 것을 더욱 명확하게 드러내려는 것이었다. 게다가 안셀름은 스승과 제자 사이의 전달자보다 의식 존재관습 위주의 서술방법을 명확하게 강조하고 있다. 안셀름은 『독백』에서 더욱이 청중인 일부 수도자가 박식하다는 사실보다 오히려 청중인 수도자가 저작자라는 가정을 염두에 두고 있다. 그래서 안셀름의 논문은 박식한 소수 수도자와 그렇지 못한 다수 수도자에게 성사관습 차이를 설명해주어야 한다는 것도 저작 목적에 암시하고 있다. 안셀름의 『독백』에서 수도자는 청중으로 등장하고 있다. 『독백』에 등장하는 수도자 청중은 두 가지 유형으로서, 청취자로서 청중과 해독자로서 청중으로 등장하고 있다. 『독백』에 등장하는 수도자 청중은 물론 가공된 청중이었다. 이들 청중은 다시 두 가지 성사관습에 매달려 있다.

우선, 안셀름은 마음속에서 자기의 대화 상대자로서 청중을 가공하거나, 한 명의 응답자를 청중으로 가공했을 수도 있다. 다음으로, 다른 청중은 안셀름의 마음속에 잠재해 있던 라틴어 해독자일 가능성도 있다. 안셀름은 가상의 청중을 본래 신의 존재관습 근거로 활용하고 있다. 청중은 보다 광범한 공동체 구성원으로서 신의 존재관습과 별개가 아님을 안셀름은 일단 전제하고 있다. 안셀름은 이런 점에서 수도자동아리 구성원을 청중으로 가상했을 뿐만 아니라, 당시 독서 인구를 염두에 두었던 최초 저작자였다고 지적할 수 있다. 안셀름은 실제로 수도자 해석자를 청중으로 가정하여 『독백』을 신의 존재를 중심으로 구성하고, 신의 존재를 청중이 파악하도록 기술하고 있다.

안셀름은 바로 이런 점에서 논문형식인 『독백』을 통하여 철학동아리 문헌에 담긴 신의 존재 관례가 바로 성사관습과 라틴어 해독력의 일치 모형이기 때문에 신학동아리 역시 철학동아리 문헌에 담긴 신의 존재 관례를 지향해야 한다고 지적했음이 틀림없다. 그렇다면, 어떤 단계에서 신의 존재 관례가 성사관습과 라틴어 해독력의 일치 모형에 함축되어 수도자 청중에게 전달될 수 있도록 저작할 수 있는가 문제를 제기할 수 있다. 안셀름은 『독백』에서 라틴어 해독력과 성사관습의 일치 문제에 대하여 아주 간단하게 해답을 제시하고 있다. 안셀름은 『독백』에서 성사관습을 인간의 존엄함에서부터 출발해야 된다고 강조하고 있다. 안셀름은 『독백』에서 바로 당시 '신의 존재에 대한 명상' 보다는 신의 존재와 성사관습이 일치함을 뚜렷하게 나타내고 있다.

안셀름은 43세에 『독백』을 저술했다. 당시 안셀름은 어느 정도 성숙한 전문 지식인으로서 성서와 과거세대 교부들의 성사관습을 이미 습득하고서 『보편타당한 성사론』은 1086년 이후 저작했다. 그런데도 안셀름은 심지어 과거세대 성사관습을 "성서 연구와 서로 연관되어 있다"고 언급하고 있다. 안셀름의 『보편타당한 성사론』은 당대 서양 중세세계에 대하여 신의 존재관습 흔적을 저작물 전반에 걸쳐 찾아내어 담아내고 있다. 결국 안셀름은 수도자동아리 형제들의 독백 요구에도 불구하고 '성사관습의 전거를 철저하게 찾아내지 않고', 자기의 성사관습 전거를 확보하려는 의도로 서술하고 있다. 그래서 안셀름은 성서의 성사관습을 거부하려 했다기보다는 오히려, 단순한 해독자가 성서의 성사관습에 담긴 신의 존재관습만을 전거라고 주장하는 것을 탈피하려는 시도 일환임을 지적하고 있다.

성서의 성사관습에 대한 안셀름의 접근방법은 『보편타당한 성사론』

제6장 '성서의 성사관습 표상에 관한 편지글'에서 명백하게 나타나고 있다. 『보편타당한 성사론』 제6장은 1092년 이전에 완성되었다. 안셀름은 바로 제6장에서 『독백』과 『산문』에서 언급하지도 않은 성사관습의 전거를 성서에서 출처한 신의 존재관습 근거로 제시하며 성사관습 전거의 중요함을 끊임없이 강조하고 있다. 여기서 안셀름이 성사관습을 끊임없이 강조하고 있는 것은 전거도 없는 과거세대 성사관습을 탈피하거나 신의 존재 관례를 개선하려는 것이 아니라, 자기의 주위를 끌지 못하던 신의 존재관습 전거 문제를 충분히 검토하려는 것이라고 부언하고 있다. 이러한 의미에서 『독백』과 『산문』은 분명히 신의 존재를 확고하게 인식하고, 신의 존재를 간단하게 서술하려는 취지에서 활용자의 표현관습이 성사관습에 대한 보조 근거로 활용하도록 구상했다고 지적하고 있다.

신의 존재관습은 다음과 같이 파악할 수도 있다. 신의 존재관습에 따라서 새로운 성사관습을 분석하여 자기의 견해를 피력하고, 그 증거를 제시할 수 있다는 효과를 강조하고 있다. 그래서 안셀름은 신의 존재관습을 '타당한 판단기준의 인식작용'과 성사 '존재관습의 전거'에 일치했다는 것이다. 안셀름은 실제로 신의 존재관습을 성서와 교부전기에서 찾아낸 성사관습 전거라고 파악하고 있다. 안셀름은 신의 존재관습을 성사관습의 설득력과 관련 지우고 있다. 또한 안셀름은 성사관습이 설득력을 지니려면 신의 존재관습이 중요하다고 판단하고 있다. 그래서 안셀름은 '등장인물'을 대화자로 파악하고 있다. 이외에도 안셀름은 필자 역할도 대화자 역할에 한정하고 있다.

안셀름은 자기의 대화 상대자로서 어떤 인물 등장에 초점을 맞추고 대화 상대자 '등장인물'을 성사관습에 일치토록 예시하고 있다. 안셀름은 대화 상대자를 가정하여 신학동아리의 성사관습을 옹호하고 대화 상대자의 등장을 '판단기준의 인식작용'과 신학동아리의 성사관습이 종족언어 표현관습의 사슬에 얽매인 것이라고 지적하고 있다. 신의 존재는 신학동아리의 성사관습을 종족언어 표현관습에 일치토록 등장시켜 가본을 구성하고 있다. 그래서 안셀름은 신학동아리의 성사관습이 종족언어 표현관습에서 출발하지 않으면 안된다는 뜻을 강조하고 신의 존재를 성사관습의 대비물을 활용하여 전달하고 있다. 안셀름은 성사관습의 대비물을 활용하여 신의 존재를 청각의 인식작용으로 확신토록 다른 사람을 설득하는데도 활용하고 있다.

더욱이 안셀름은 신의 존재관습이 성사관습을 분리한다는 것을 전제했을 가능성도 있다. 안셀름은 또한 종족언어 표현관습으로 전달되는 신의 존재관습이 일개 철학자의 기본 틀을 벗어날 수 없다고 판단하여 철학자 역할에 대하여는 언급조차 회피하고 있다. 안셀름은 평범한 신앙인이지만 철학자가 원한다면 신의 존재에 대한 필요성을 강조할 수도 있다는 것이다. 그래서 신의 존재관습은 성사관습을 배제하고, 저작물의 타당한 성사관습을 수용할 수도 있다는 것이다. 안셀름은 신의 존재가 자기에게 즐거움을 주는 것을 당연하고 타당하다고 인식하고 있다.

그래서 안셀름은 기록물이나 저작물의 성사관습을 타당한 성사관습의 전거로 판단하기 때문에 성사관습의 분석에 전거가 필요하다고 인식했을 가능성도 있다. 신의 존재 근거는 성사관습 분석에 필요한 것이었다. 이런 시각에서 안셀름은 신의 존재 근거를 중시했다고 지적할 수 있다. 실제로 안셀름은 신의 타당한 존재를 무시하고서라도 타당한 판단기준의 인식작용과 저작물의 성사관습을 일치하려고 시도하고 있다. 또한 안셀름은 성서가 성사관습의 전거를 무용지물로 만들었다고 강조하고, 기존 성사관습과 새로운 성사관습이 서로 보완 관계를 유지해야 한다는 것이다. 이것은 곧 과거세대 성사관습에 침잠한 신의 존재가 새로운 성사관습의 보조물이 되어야 한다는 의도를 드러내는 것과 다름없다.

종족언어 표현관습에 침잠해 있는 신의 존재관습은 새로운 성사관습을 제시할 수도 있고 성사관습을 달리하더라도 과거세대의 성사관습을 활용하고 있는 것이나 다름없다. 안셀름은 성사관습과 종족언어 표현관습에 침잠한 신의 존재관습을 분리할 수 없다고 판단하여 신의 특정한 존재관습 사례를 신학동아리의 성사에 적용하려는 취지를 드러내고 있다. 대개의 경우, 성사관습에 침잠한 신의 존재관습은 글자 해독력, 즉 글자 자체의 결과물임을 부인할 수 없다. 그럼에도 안셀름은 글자를 모르는 사람을 '무식자'로 파악하고 있을 뿐만 아니라, 글자 자체의 합리성보다는 글자의 표상으로 성사관습 체제를 전문 지식으로 파악하고 있다. 성사관습의 구성원리는 신의 존재관습에 바탕을 두고 신학동아리의 전문 지식으로 공동체 구성원을 결속하고 있다. 신의 존재에 바탕을 둔 성사관습은 전거에 근거하여 신의 존재에 접근하고 신의 존재를 합당하게 인식하도록 보완하고 있다. 그래서 11-12세기 유럽세계에서 정전의 성사관습은 신학동아리 연구자들이 공동체 구성원을 결속하면서 그 영역을 확대하는 매체였다. 전거의 글자는 신의 존재 표상을 추구하는 특정한 정전을 성사관습에 결합하고 신의 표상을 신의 존재관습 근거로 제시하는 기능을 담당했다. 성사관습에 침잠한 신의 존재관습에는 점차 신의 존재 표상과 관련된 정전과 글자 전거를 필요하게 인식했다. 신의 존재 표상과 관련된 인간의 이런 성사관습 변화는 인간 만의 신 출현과 함께 '개인'의 등장을 자극했다.

여기서 『독백』을 조금 더 면밀하게 검토하기 앞서 신의 존재와 성사관습의 관계를 간략하게 개괄해 두는 것이 필요할 것 같다.

1. 안셀름은 마음의 인식작용으로 선택한 성사관습을 신의 존재관습 근거이자 신의 존재 표상에 일치시킨 다음 신의 존재 표상을 글자의 표상으로 이동하는 방식으로 일단 신의 존재관습 근거를 조합하고 있다. 이어서 안셀름은 신의 존재관습이 글자의 의미를 이동하도록 조합해둔 성사관습의 구성물을 타당한 판단기준의 인식작용으로 배열하는 방식으로 문장을 서술하려고 시도하고 있다. 즉, 안셀름은 신의 존재와 마음의 인식작용을 성사관습에 일치토록 문장을 배열하여 그 성사관습을 해독자에게 전달하는 방식으로 신의 존재를 서술했다. 안셀름은 그래서 정전의 성사관습처럼 해독자에게 신의 존재와 마음의 인식작용이 행동에 일치하여 신의 존재를 실행하도록 서술하고 있다.
2. 안셀름은 신의 존재가 해석자의 성사관습으로서 해독자에게로 다가가도록 신의 존재를 서술하고 있다. 안셀름의 생각으로는 그래야 신의 존재를 서술한 해석자의 성사관습이 해독자의 행동과 일치하여 신의 존재를 실천하는 역할을 담당하게 된다고 강조하고 있다. 안셀름은 정전의 성사관습을 수도자 형제와 해독자들에게 성사관습의 '구상물 형태로' 상상할 수 있도록 서술하고 있다. 여기서 안셀름은 성사관습에 침잠해 있는 신의 존재관습을 서로의 대화 수단으로 인식하고 있다.

3. 안셀름은 성사관습에 침잠한 신의 존재 취지를 일단 긍정하고 있다. 안셀름은 해독자도 성사관습에 침잠한 신의 존재 취지를 해독자로 하여금 긍정하고 실천토록 만들게 되리라고 가상하고 있다. 뿐만 아니라 정전은 신의 존재와 성사관습을 다시 반복케 만들어 해독자가 신의 존재를 실천하게 되리라는 것이다.

안셀름은 대화 상대자를 이어주는 정전의 성사관습을 신의 존재와 연계하여 정전의 성사관습이 신의 존재와 대화로 다시 신의 존재 근거로 상대자에게 다가가게 된다는 것이다. 안셀름은 이렇게 정전의 성사관습에 어느 정도까지 세련미를 더하여 마음의 인식작용과 신의 존재가 성사관습으로 일치하면서 성사관습에 침잠하게 된다는 것이다. 신의 존재는 또한 성사관습을 더욱 명확하게 만드는 필요조건이나 다를 바 없다는 것이다. 안셀름은 여기서도 신의 존재와 성사관습의 일치과정에서 성사관습의 이동원리를 활용하여 종족언어 표현관습의 우월함을 확인하고 있다.

안셀름은 성사관습으로 신의 존재를 확신하는 단계를 설정하여 신의 존재를 다시 평가하도록 서술하고 있다. 안셀름은 정전의 성사관습을 평이한 신의 존재에 필요한 근거라고 내세우고 있다. 안셀름은 정전의 성사관습에 근거하여 서술한 대화를 다시 조합할 수 있다고 주지시키고 있다. 즉, 안셀름은 성사관습에 침잠한 신의 존재 근거가 성사관습의 응답과 일치하면서, 전문 지식인 해석자와 전문 지식인 해독자 청중이 타당한 판단기준의 인식작용을 활용하여 일치하는 것으로 파악하고 있다. 여기서 다시 안셀름은 '신의 존재'를 전문 지식인 해독자 청중에게 전달하기 위하여 성서의 인용문을 문법과 성사관습에 일치하도록 만든 다음, 성사관습에 침잠한 신의 존재가 대화로서 성사관습에 일치했으나, 신의 존재를 타당하고 완벽한 성사관습 자체임을 입증할 수는 없었다.

안셀름은 『독백』에서 정전으로부터 발췌하여 인용한 성사관습의 전거가 신의 존재를 구성하게 만드는 것으로 파악하고 있다. 신의 존재는 이와 같이 성사관습의 전거와 관련되어 있다. 안셀름은 『산문』에서도 가우니로의 주장도 성사관습의 전거가 필요하다고 언급하고 있다. 그리고 안셀름은 『산문』에서 성사관습의 전거가 필요치 않은 것으로 파악하여, 오히려 『산문』과 성사관습의 전거를 분리하려고 시도하고 있다. 안셀름은 『독백』과 『산문』이 서로 다른 종족언어 표현관습에 침잠한 신의 존재관습으로 구성된 성사관습과 관련된 것으로 파악하고 있다. 안셀름의 『독백』이나 『산문』은 당연히 신의 존재관습이 적어도 성사관습을 포함하기 때문에 성사관습의 구성물이 되어 있다는 것이다. 따라서 여기서도 『독백』과 『산문』을 중심으로 신의 존재관습이 11-12세기 서양 중세세계에서 어떤 현실성을 갖게 될 수 있었던가 문제를 검토하기로 하겠다.

안셀름은 우선 『독백』의 머리말에서 신의 존재 개요를 밝히고 있다. 안셀름은 신의 존재를 『산문』에서처럼 우선 해독자를 대화 상대자로 가상하고, 신의 존재가 해독자인 청중과 대화하는 과정에서 세 가지 성사관습을 전달하고 있다는 것이다. 우선, 신의 존재는 성사관습을 절대자 의지에 따라서 좌우할 수 있다고 지적했다는 것이다. 여기서 안셀름은 신의 존재를 인식하여 찾아내야 한다며, 신의 존재가 절대자의 성사와 세속인의 성사를 비교할 수 있도록 성사를 전달해야 한다는 것이다. 둘째, 안셀름은 신의 존재를 찾아내어 신의 존재와 성사관습이 일치하도록 성사관습의 조합물을 전달하는 것이 절대자의 성사관습이라고 지적하고 있다. 안셀름은 신의 존재를 절대자의 성사관습에 일치시켜, 자연현상과 성사관습까지도 절대자의 창조 영역으로 일반화하고 있다. 셋째, 안셀름은 '절대자의 자연질서'에서 창조된 피조물이 신의 존재임을 확증할 수 있다고 강조하고 있다. 즉, 안셀름은 신의 존재를 절대자의 창조물로 인식해야 된다는 것을 은근히 암시하고 있다. 안셀름은 신의 존재를 절대자의 '선'일 것으로 파악하고 있다. 그래서 안셀름은 감각과 마음의 인식작용으로 많은 (자연) 현상을 체험하기 때문에, 절대자의 선이 무엇이든 '특정한 자연 현상이라는 존재'일 가능성까지 암시하게 된다는 것이다. 안셀름은 자연계 존재가 절대자의 선을 전달하는 데 성사관습의 대비물이 될 수 있는지를 다시 검토하고 있다. 그리고 안셀름은 자연 현상의 존재가 절대자의 '선'을 전달하는 데 성사관습의 대비물이 될 수 있는지를 검토하는 것이 신의 존재를 검토하는 차선의 방법임을 주지시키고 있다.

안셀름은 신의 존재와 문법을 연계하여, '선'에 대하여 성사관습의 이분법 논리를 도입하고 있다. 그리고 안셀름은 '선'을 언제나 선하지 않은 것이라고 지적하고 있다. 그래서 안셀름은 신의 존재를 '선'과 '악'의 이분법 논리로 구분하고 있다. '선'에 대한 안셀름의 이 같은 구분은 '선'에 대하여 성사관습의 대비물을 활용하겠다는 의사를 내비치는 것이나 다름없다. 안셀름은 신의 존재가 '선'의 표준이 될 수 있다는 취지에서 '선'을 성사관습의 대비물로 활용하고 있다. 그래서 안셀름은 신의 존재에 대한 '선'을 절대자의 '선'으로 파악하여, 다시 절대자의 '정의'와 관련 지우고 있다. 안셀름은 신의 존재를 '선'과 '정의'의 대비물로 활용하고 있다. 그리고 안셀름은 신의 존재가 종족언어 표현관습에 침잠하고 있기 때문에 '선'과 '정의'라는 성사관습의 대비물로 활용될 수는 있지만, '선'의 표준과는 전혀 다른 것이라고 지적하고 있다. 한 필의 말은 힘이 세고, 다른 말은 힘이 세지 않고 온순하다면, 두 필의 말은 선한 것으로 표현할 수 있다는 것이다. 그러나 힘이 약한 말이 힘이 센 말을 공격하게 되는 경우, 힘이 약한 말을 나쁜 것으로 표현하게 된다는 것이다. 그러므로 '선'의 측정은 신의 존재에 근거하여 판단하게 된다고 안셀름은 부언하고 있다. 종족도 '선'의 측정기준에서처럼 종족언어의 표현관습을 활용하여 존재를 증명할 수 있다는 것이다. 신의 존재는 '선과 유사한 의식 존재관습으로부터' '선'의 근거를 찾아낼 수 있다는 것이다. 즉, 신의 존재는 모든 속성으로부터 창조물을 파생하게 된다는 것이다. 물론, 어떤 창조물은 무형으로 존재할 수도 있고, 또 어떤 창조물은 유형으로 존재할 수도 있다. 그러나 신의 존재는 본래부터 형체를 파악할 수 없다는 것이다. 신의 존재는 성사관습의 대비물을 활용하여 존재하게 된다고 안셀름은 지적하고 있다.

신의 존재는 '자연 현상의 존재'여서 시각의 인식작용으로 파악할 수 있으며, 개인 의지에 따라서 다르게 나타날 수도 있다는 것이다. 신의 존재는 성사관습에 따라서 확대될 수 있다고 안셀름은 지적하고 있다. 자연 현상과 존재는 부류로 존재하게 되지만, 신의 존재는 자연 현상과 존재 이상의 어떤 성사관습으로 존재하고 있다는 것이다. 안셀름은 만물이 종류로 존재하고 있기 때문에, 종류도 신의 존재 경우처럼 존재라고 결론지우고 있다. 어떤 존재는 다른 존재보다 우월할 수도 있다는 것이다. 여기서 우월한 존재를 우수한 것으로 틀림없이 인식할 수 있다고 안셀름은 부언하고 있다. 안셀름은 자연 현상의 존재도 신의 존재처럼 한 가지로서 존재할 수밖에 없다고 안셀름은 판단하고 있다.

안셀름은 신의 존재가 절대자의 성사관습으로 존재하게 된다고 강조하고 있다. 안셀름은 절대자와 존재의 이 같은 관계를 활용하여 창조자와 피조물을 분리하고 있다. 안셀름은 창조자와 피조물의 구분을 성사관습에 일치시켜, '침잠한 의지로 무형의 존재관습 창조'로 정의할 수 있는 계기를 찾아내고 있다. 그래서 안셀름은 신의 존재와 자연 현상의 존재를 절대자의 의지에 근거하여 구분하고, 신이 존재하고 있다는 것을 일단 유보하고 있다. 그리고 안셀름은 신의 존재로부터 다시 자연 현상의 존재를 분리하고, 이어서 '절대자의 성사관습'으로부터 '자연 현상의 존재'에 다시 접근하고 있다. 즉, 안셀름은 절대자의 성사관습을 자연 현상의 존재를 분리할 수 없다고 지적하고 있다.

안셀름은 이렇게 절대자의 성사관습에서 창조자와 피조물에 접근하고 있다. 절대자는 성사관습을 만들어 내고 있다. 절대자는 다시 사람을 포함한 모든 성사관습을 만들어 낼 수 있다. 그러나 안셀름은 신의 존재와 성사관습을 분리하는 것이 무엇을 의미하는가 문제를 제기하고 있다. 신의 존재를 제외한 모든 성사관습은 행위나 자연 현상의 존재에 걸맞은 보완기능 형태로 존재하게 되는 것처럼 인식될 수 있다는 것이다. 신의 존재는 어떤 형태로든 성사관습에 침잠한 모든 자연 현상을 창조하고 있다고 안셀름은 지적하고 있다. 따라서 피조물의 성사관습은 절대자의 창조보다 선행될 수 없으며, 절대자의 창조가 어떤 성사관습에 침잠한 자연 현상의 존재보다 선행하게 된다는 것이다.

안셀름은 이와 같이 절대자의 창조에 성사관습을 도입하고 있다.

어떤 성사관습도 절대자의 창조를 능가할 수 없기 때문에, 절대자는 스스로 존재하게 된다고 안셀름은 부언하고 있다. 안셀름은 빛과 성사관습의 관계를 가지고 신의 존재를 설명하고 있다. '빛'이 '빛', '빛을 내다', '빛을 내는 것'과 같은 뜻으로서는 자연 현상의 존재와 성사관습을 설명할 수 없다는 것이다. '빛'은 "성사관습으로서 자연 현상의 존재와 성질을 동시에 나타낼 수 있다"고 안셀름은 강조하고 있다. 절대자는 빛을 창조했다. 절대자가 창조한 빛은 창조자의 존재이기 때문에 창조라는 사건으로나, 어떤 형태로든 존재하고 있음을 부인할 수 없다고 안셀름은 강조하고 있다.

모든 성사관습은 틀림없이 네 가지 원소로 구성되어 있다. 그렇다면 모든 성사관습은 자연 현상의 존재에 근거하고 있다. 신의 존재는 물론 네 가지 원소를 만들었다. 그러나 신의 존재가 만든 네 가지 성사관습의 원소가 어디서부터 존재하게 되느냐 문제를 제기할 수 있다는 것이다. 안셀름은 최초의 창조가 '절대자의 자연'에서만 이루어질 수 있다고 부언하고 있다. 그러므로 최초의 창조가 자연 현상의 존재를 바탕으로 이루어질 수는 없다는 것이다. 창조물은 절대자의 성사관습으로부터 물질 형체를 드러낼 수 있게 된다고 안셀름은 강조하고 있다. 절대자가 "없는 상태, 즉 비존재 상태에서 자연 현상의 존재를 창조했다"고 안셀름은 강조하고 있다.

즉, 자연 현상의 어떤 존재도 창조할 수 없는 것까지를 의미하지 않는다는 것이다. '자연 현상이라는 무형의 존재'는 성사관습으로부터가 아닌 다른 '자연 현상의 존재'를 의미하지 않는다는 것이다. 안셀름은 절대자가 성사관습을 창조의 대비물로 활용하는 과정을 자세하게 분석하고 있다. 절대자는 '자연현상의 존재에 대한 창조 행위'를 성사관습으로 구성하고 있다. 그러나 신의 존재는 아무 것도 없는 상태에서도 존재하고 있다. 이것은 가난한 사람이 부자가 되고, 병든 사람이 건강하게 된다는 환원을 나타낼 수도 있다. 즉, 아무 것도 없던 비존재 상태는 현재 다른 존재 모습이 나타나게 된다는 뜻으로 안셀름은 성사관습의 창조에 대하여 언급하고 있다. 성사관습은 절대자의 창조에서처럼 자연 현상의 존재로 구성되어 있다. 그러나 자연 현상의 존재가 성사관습을 만드는 경우, 인간도 절대자의 성사로부터 다른 성사처럼 '창조되었을' 가능성을 전제할 수 있다는 것이다. 그래서 안셀름은 신의 존재가 자연 현상의 존재를 어떻게 창조할 수 있었겠느냐 문제를 검토하고 있다.

안셀름은 신의 존재와 성사관습 현상을 서로 종족언어 표현관습에 일치시키고 있다. 안셀름은 신의 존재가 성사관습의 출발점이라는 아우구스티누스의 『성사론』으로부터 자연 현상의 모든 존재가 창조주의 의지에 달렸다는 구절을 인용하고 있다. 즉, 자연 현상의 어떤 존재도 비존재의 상태에서는 어떤 행위자가 '타당한 판단기준의 인식작용으로서도' 존재나 모습을 찾아낼 수 없을 뿐만 아니라, "신의 존재로부터도 창조될 수 없다"는 구절을 안셀름은 강조하고 있다. 신의 존재는 창조되기 이전부터 이미 존재하고 있었다.

안셀름은 신의 존재도 성사처럼 비존재로 구성되어 있으며 창조보다 우선하고 있다는 것이다. 안셀름은 또한 신의 존재가 성사관습을 구성하기 이전 단계부터 해석자의 마음에서 설계되었다고 부언하고 있다. 신의 존재는 '타당한 판단기준의 인식작용으로 파악할 수 있는 창조자의 존재'를 마음속에서 만들어 내고 있다. 안셀름은 마음이나 타당한 판단기준의 인식작용으로 창조자의 존재 가치까지를 선택하여 확정할 수 있다고 지적하고 있다. 안셀름은 소리로 존재를 파악하는 것이 아니라, 현재나 미래의 존재 모습을 상상하여 시각의 인식작용으로 신의 존재를 '소리로' 파악하는 것이라고 부언하고 있다.

안셀름은 상상력, 시각, 청각으로 인식할 수 있는 신의 존재를 성사관습에 일치시키고 있다. 즉, 안셀름은 신의 존재가 이 세 가지 인식작용과 종족언어 표현관습의 궤도로 전달될 수 있다는 것이다. 안셀름은 감각의 인식작용으로 성사관습의 표지를 파악하여, 그 표지를 다시 인간 심리작용에 일치시킴으로써 신의 존재를 인식할 수 있게 된다는 것이다. 즉, 감각의 인식작용으로 파악할 수 있는 신의 존재와 감각의 인식작용으로 파악할 수 없는 신의 비존재를 마음에서 존재로 그린 다음, 표상이나 표지에 근거하여 신의 존재 모습을 파악할 수 있게 된다고 안셀름은 지적하고 있다. 안셀름은 사람의 존재를 사례로 제시하고 있다. 인식자가 일단 사람 관례를 받아들이려면, '사람'을 소리로 발음하게 된다는 것이다. 그리고는 사람을 소리내지 않고, 상상력이나 마음에서 사람의 두 가지 표상을 떠올려 사람 명칭과 명칭의 관례에 근거하여 사람 모습을 떠올리면서 인식에 이르게 된다고 안셀름은 지적하고 있다. 여기서 안셀름은 보에티우스의 표현론을 수용하고 있다. 그래서 안셀름은 사람을 사람이라는 관례로 구성한 다음, 사람 관례를 다시 종족언어 표현관습에서 분리하고 있다. 안셀름의 이 같은 관례는 사건과 장소에 따라서 변화하고 있다. 안셀름은 그런데도 제3의 사람 관례가 타당하다고 평가하고 있다. 즉, 사람의 관례는 종족 모두에게 동일하다는 것이다. 종족언어 표현관습의 사람도 혈통이라는 사람 관례 때문에 명칭을 지닐 수 있게 된다는 것이다. 종족의 혈통에 대하여는 사람의 관례나 전거를 필요치 않게 된다고 안셀름은 지적하고 있다. 그러나 종족이 없는 곳에서는 어떻게든 혈통을 충족할 수 없다는 것이다.

사람 관례는 종족언어 표현관습과 유사할수록 더욱 명확하게 표시된다고 안셀름은 지적하고 있다. 그래서 사람 관례는 '더욱 정확하게 사람의 인식논리에 근거하게' 된다고 할 수도 있다. ('a' 라는 문자처럼) 소리는 'a'라는 사람 관례로서 사람을 단지 암시하고 있으며, 사람 관례와는 다르게 어떤 다른 사람과 흡사하나 사람 모습을 정확하게 표현할 수는 없다는 것이다. 따라서 사람은 마음속에서 표지로 인식되기 마련이다. 안셀름은 '사람과 종족언어 표현관습의 조화물'을 사람 관례라고 지칭해야 된다는 것이다. 다음으로 안셀름은 신의 존재로부터 사람 관례를 세분하고 있다. 안셀름은 창조자의 '존재'가 표현자의 마음속에서 형성되는 인식과정과 같다는 존재 관례에 대하여 이미 언급한 바 있다.

여기서 안셀름은 이러한 창조주와 '동일한 존재 범주에 있는 사람의 관례'를 '동일한 존재 범주에 없는 비존재의 관례'로 파악하고 있다. 절대자의 성사관습은 그 밖의 어디에서도 정전의 관례를 끌어내지 않는 반면, 그 표현자는 마음속에 아무 것도 없으나, 존재에 대한 인식논리를 활용하여 외부로부터 존재 관례를 끌어낼 수 있다. 표현자는 창조자와는 다르게 존재 관례를 실현하기 위한 일련의 행동기반으로 어떤 존재를 필요로 하고 있다.

그 실례로 평범한 운명의 인간을 특정한 표상이 없는 어떤 동물로 표현할 수도 있다. 인간은 이미 알고 있는 동물에게서 나온 관례의 원소들을 기억으로 그려냄으로써 존재하지 않은 특정한 동물을 표현하게 된다는 것이다. 그래서 다음과 같은 동물의 원소 분리점을 설정할 수 있다. 즉, 창조자와 '표현자'는 실천하고자 하는 존재의 관례를 마음의 인식작용에서 표현의도에 따라 활용하고 있다. 표현자의 사례에서 존재의 '관례'는 처음으로 만들어지지도 않았고, 단일한 것도 아니었다. 또한 소리의 존재는 이전 존재의 관례에 근거하고 있다. 그러나 만약 절대자가 존재 관례를 만들어 내고 있다면, '존재 관례'는 '절대자의 존재'인 것이다. 절대자의 존재는 모든 모습을 지니게 된다는 것이며, 절대자의 존재는 존재 관례로 존재하게 된다는 것이다.

그러나 무엇이 존재 관례인가라는 문제를 안셀름은 제기하고 있다. 안셀름은 절대자의 존재에 관한 문제를 『독백』에서 두 가지 차원에서 접근하고 있다. 이전의 종족언어 표현관습으로 전달되는 신의 존재라는 관례 검토는 절대자에게 적용되고 있다. 이 경우 신의 존재는 청취자와 전달자의 상호 원리를 염두에서 사라지게 하여 인식논리 영역에서 존재 표상을 설정하고 있다. 신의 존재 경우처럼 인식논리에 입각하여 지적한다면, 어떤 존재 관례도 절대자의 성사관습보다 나은 것이 없으며, 그 절대자의 성사관습은 그 자체가 다른 어떤 존재 관례보다 우월하다는 것이다. 절대자의 성사관습은 신학동아리의 전문지식에 근거하고 있다. 안셀름은 절대자의 성사관습을 제26장에서 심도 있게 검토하고 있다. 안셀름은 '절대자의 자연'을 언급하기 위하여 시간과 공간에 주의를 집중하고 있다. 안셀름은 존재 명칭이 신의 존재 이면에서 작용하고 있다고 지적하고 있다. 그래서 신의 명칭을 도대체 어떤 구성요소라고 지칭할 수 있겠는가라는 문제를 제기하고 있다. 신의 명칭이 지니는 존재를 분석한다는 것은 존재 관례를 혼합하여 구성해야 함으로써, 막연한 추정이나 우연한 사건 경우와는 다르게 소리 변화조차도 순탄하지 않다는 근거에서 다시 존재 명칭과 존재 관례 문제를 제기하고 있다.

안셀름의 응답은 이러한 맥락에서 신의 존재가 실제로 성사관습을 의미하고 있다는 것이다. 절대자의 성사관습은 다른 존재 관례처럼 전체와 개체 존재로 분리되지 않는다는 것이다. 이것은 인간이 된다는 것을 인간 개인과 구분할 가능성이 있는 것과 마찬가지인 데에서부터 지적될 수 있다. 절대자의 성사관습은 정신의 인식작용으로 절대자의 존재에 귀속되어 있다는 것이다. 그러므로 절대자의 성사관습에 함축된 존재는 '존재의 표상근거'를 가장 순수하게 지니고 있다고 안셀름은 부언하고 있다. 안셀름은 표상근거를 특정한 정신의 인식작용으로 파악하고 있다. 안셀름은 또한 절대자의 표상 근거가 완벽한 것으로 파악하고 있다. 뿐만 아니라 안셀름은 시간과 비교하면, 거의 절대자의 성사관습도 창조물이 생겨나서 존재하게 된다고 파악하고 있다. '정신 인식작용 창조자'는 아무 것도 없는 상태에서 어떤 존재 관례까지 창조하고 있다는 것을 암시하고 있다.

그러나 창조물로서 표면화된 신의 존재와 '창조'의 관례가 어떤 관계를 갖게 되는가라는 문제를 안셀름은 제기하고 있다. 만약 신의 존재가 존재 없이 어떤 존재도 만들지 못하고 있다면, 표현자가 만들어내는 존재 관례를 어떻게 설명해야 하는가 문제도 아울러 제기할 수 있다. 그리고 만일 표현자의 존재 관례로부터 존재의 표상근거가 만들어지게 된다면, 거기서는 존재의 두 가지 표상근거와 신의 존재가 일치하게 된다는 것이다. 안셀름은 이전에 언급했던 신의 존재를 반복하고, 이후에는 독단에 가깝게 신이 존재한다라는 결론에 이르고 있다.

안셀름은 결론에서 '정신의 인식작용으로 창조하는 존재'도 창조하려는 '정신의 인식작용' 없이는 어떤 존재도 있을 수 없다는 점을 신의 존재로서 입증하고 있다. '정신의 인식작용으로 창조된 신의 존재'는 표현행위 자체에서부터 창조되고 있다. 그래서 안셀름은 창조하는 신의 존재를 존재 관례에 포함할 수 없는 것이라고 강조하고 있다. 이러한 점에서 절대자의 인식작용으로 창조된 신의 존재는 정신 자체였다고 강조하고 있다. 신의 존재는 '정신의 인식작용으로 찾아낸 전문 지식의 존재'에 불과하여, 그 정신의 인식작용으로 지각한 신의 존재는 만물을 인식하거나 '파악하는' 전문 지식의 출발점이 된다고 안셀름은 파악하고 있다.

실제로 창조자도 신의 존재를 찾아내고 있다. 물론 창조자는 인간과는 다르게 스스로의 인식논리에 합당하도록 신의 존재에 부응하기 위하여 존재의 표상근거를 반드시 찾아내야 한다. 그래서 창조자는 신의 존재를 자기의 마음속으로 상상해 보는데 불과한 존재 관례라고 안셀름은 파악하고 있다. 그러므로 안셀름은 '절대자의 정신작용으로 생겨난 신의 존재'는 하나이며, 절대자의 정신작용과 신의 존재를 분리할 수 없다는 것은 성사관습에서 일치했기 때문이라고 지적할 수 있게 되었다. 신의 존재는 종족언어 표현관습으로 이동하는 성사관습의 왕복 궤도에 일치하여 존재의 표상 근거로 구현되고 있다. 종족언어 표현관습의 표상근거는 성사관습으로 모든 존재 모습을 지니게 된다는 것이다. 거기서 안셀름은 다시 신의 존재 자체를 다시 분석하고 있다. 안셀름의 시각에서 신의 존재는 '창조물 모습이 아니라, 신이라는 존재에 대한 확인'이라고 설명하고 있다. 그래서 마음속에서 신의 존재는 종족언어 표현관습에 침잠한 신이라는 존재와 종족언어의 존재 표상근거에 일치하고 있다.

신의 존재로 전달되는 신의 창조물은 사실에 가까우면 가까울수록 성사관습의 대비물을 활용하여 상상력에 모습을 드러내고 있다. 즉, 신의 창조로 모습을 드러내는 존재 관례는 신의 존재를 더욱 밀접하게 모방하고 있다. 그러나 창조자의 존재 관례는 부류 모습을 담지 않고 있다. 만약 창조자의 존재 관례가 가변성이 있는 존재 표상이라면, 그 존재 자체는 가변성을 반드시 내포하게 되었을 것이다. 그렇기 때문에 신의 존재는 사실에 입각하여 가공되지 않은 창조자의 존재처럼 불완전하게 모방된 현상 속에서도 창조되고 있다. 그리고 존재 관례를 종족언어 표현관습으로 전달하기 위하여 신의 존재에 침잠한 표상근거는 당연히 존재와 구분되어야 한다. 하여간 만약 모든 종족언어 표현관습의 존재가 '창조자'와 '창조물'을 이어주지 않았다면, 어떤 상황에서 과연 신의 존재를 확신할 수 있는가라는 문제를 안셀름은 제기하고 있다. 또한 만약 신의 존재가 아무 것도 남겨 놓지 않는다면, 어떻게 거기에 신의 창조물이 존재하고 있는지를 입증할 수 있겠는가라고 문제를 동시에 제기하고 있다.

안셀름은 신의 존재와 창조물의 관계가 마음을 작용케 만드는 절대자의 정신작용으로부터 출발하는 존재 관례라고 묘사하고 있다. 절대자의 정신작용은 영원히 지속되는 것으로 안셀름은 파악하고 있다. 그래서 절대자의 정신은 그 자체를 마음에 두고서 끊임없이 생각하고 마음에서 만들어지는 존재를 표상으로 다시 인식하고 있다. 그러나 절대자의 관례는 '타당한 판단기준의 인식작용으로 심성에 작용하여' 존재의 표상근거를 찾아내고 있다는 것이다. 만약 절대자의 존재 관례가 영원한 것이라면, 그 절대자의 존재 관례는 존재의 창조 자체를 영원한 것으로 인식시키게 된다는 것이다.

또한 절대자의 존재 관례 자체를 영원한 존재로 표현하게 되면, 그 관례는 창조자와 함께 영원한 존재로 인식된다는 것이다. 거기서 절대자의 존재 관례는 의식이라는 존재관습의 대비물로서 나타나게 된다. 또한 안셀름은 전혀 다른 성사관습의 대비물로도 존재를 창조할 수 있는가라는 문제를 단연코 부정하고 있다. 즉, '창조자가 자기 스스로 표현하고 있는' 신의 존재는 분명하게 '자기 자신에게 일치되고' 있다. 신의 존재로부터 나타나게 되는 절대자의 창조행위는 자기 자신을 표현하고 있는 성사관습과 존재 관례를 통하여 표현되고 있다. 그래서 신의 존재는 신의 존재와 동일한 '존재'를 지니고 있게 되는 것이다.

그럼에도 신의 존재에는 두 가지 존재가 포함되어 있다. 창조자는 신의 존재로부터 존재를 창조하고 있다. 그리고 신의 존재는 성사관습의 대비물을 활용하여 존재를 전달하고 있다. 그런데도 신의 존재에 함축된 존재 자체를 가지고 공동체 구성원의 결속력을 내세울 수는 없다. 신의 존재와 인간의 결속 관계를 설명하기 위하여 안셀름은 신의 존재를 인간 심리작용에 작용하는 성사관습에 일치시키고, 공동체 구성원의 결속력과 성사관습에 침잠한 신의 존재를 설명하고 있다. 종족언어 표현관습으로 전달되는 신의 존재는 타당한 성사관습을 생성하고 있다. 또한 신의 존재는 마음에서 명상을 거쳐 상상력의 인식작용으로 파악되며, 여기서 타당한 성사관습은 존재 표상으로부터 생겨나고 있다. 존재 표상이 성사관습을 만든다는 전제를 부인할 수 없다고 안셀름은 설명하고 있다. 종족언어 표현관습에 침잠한 신의 표상이 성사관습을 만든다는 전제는 마치 신의 존재에 대한 인식작용으로 존재 관례를 만드는 것과 마찬가지인 것으로 파악하고 있다. 여기서 종족언어 표현관습으로 전달되는 신의 존재는 신의 존재를 타당하게 인식시켜 성사관습을 생성하고 있다. 이 경우 마음에서 생성된 성사의 표상은 신의 존재를 이탈하고 있다. 그러나 신의 존재는 마음에서 생성된 성사관습의 표상과 분리될 수 없다. 신의 존재는 다시 성사관습의 표상을 낳고 있다. 절대자의 지혜는 성사관습의 표현관습을 활용하여 종족언어 표현관습의 징표를 형성하고 있다. 성사관습의 대비물은 '지혜 표상, 즉 표지'의 역할을 담당하고 있다. 신의 존재는 창조자의 존재 관례를 종족언어 표현관습으로 표현하고 있다. 이미 앞에서 지적한 바와 같이, 신의 존재는 종족언어 표현관습으로 전달되는 소리나 글자의 '표현관습'과 일치하는 것이 아니라, '존재'로 인식되고 있다. 그래서 신의 존재는 종족언어 표현관습으로 창조되는 것이 아니라고 강조하고 있다.

이후의 장에서 안셀름은 신의 존재를 세 인물을 등장시켜 삼위일체의 성사관습에 관련 지우고 있다. 그러나 안셀름은 신의 존재, 저작물, 설교의 관계를 더 이상 부연하여 설명하지 않고 있다. 이러한 점을 고려하여, 여기서도 『독백』의 성사관습 문제를 일단 남겨 두고 저작물 전체에 나타난 성사관습에 대한 안셀름의 입장을 검토하기로 하겠다. 안셀름은 어디에서도 성사관습의 대비물을 활용하여 종족언어 표현관습으로 전달되는 신의 존재와 존재 관례에 대하여 언급하지 않고 있다. 게다가 안셀름은 판단기준의 인식작용에 대한 역할을 신학동아리의 전문 지식인 입장에서 옹호하고 있다. 안셀름의 입장은 신의 존재가 성사관습에 통제되어 영향을 받고 있다는 것이다. 실제로 '종족언어 표현관습으로 전달되는 신의 존재'는 '합리주의'를 전제하지도 않으며, 존재 관례를 조합했다고 할 수 없다는 것이다. 문헌에서 신의 존재 관례는 종족언어 표현관습으로 전달되는 명상의 문답까지도 단순한 존재 관례로서 인식되지 않게 된다는 것이다. '타당한 판단기준의 인식작용'으로는 문장에 입각하여 신의 존재에 접근하여 모습을 만들어 내고 있다.

성서는 미전수자를 신비에다 몰아 넣고 있다. 이와 마찬가지로 '타당한 판단기준의 인식작용'도 신학이라는 미지의 형식논리를 활용하여 인간으로 하여금 신에게 접근하고자 갈구하는 욕구를 유발케 하고 있다. 안셀름이 진전코자 했던 명상에 관련된 대화내용은 두 대화자 서로의 존재가 반대논리 형식으로 저작물의 성사관습에서 신의 존재로 변형되고 있다. 그리고 명상에서는 '전문 지식의 화두'를 쌍방이 예상토록 설득하려는 의도를 드러내고 있다. 한 가지 차이점이 있다면, 종족언어 표현관습으로 전달되는 명상을 분석하는 과정에서 안셀름은 신학동아리의 전문 지식 관례를 활용하여 신의 존재 관례에 변화를 예고하고 있다. 안셀름은 또한 다수 존재 관례를 종족언어 표현관습으로 전달되는 명상에서 발견하고 있다. 안셀름은 신의 존재, 종족언어 표현관습으로 전달되는 명상에 대한 정의, 현상, 존재 관계를 따로따로 설정하고 있다.

『독백』에서 안셀름은 신의 존재를 활용하여 명상, 표상, 성사관습의 대비물로 전달되는 성사보다 오히려 신의 존재를 입증해 주고 있다. 그러나 안셀름은 '타당한 판단기준의 인식작용으로 선택한 존재'에 대하여 이동 원리를 활용하고 있다. 안셀름은 특히 성사와 문법의 경우처럼 신의 존재에 대하여 전거를 제시하고 있다. 안셀름은 또한 신의 존재가 신앙의 욕구처럼 감각의 인식영역에서 성서의 현존 소재에 첨가된 것으로 파악하고 있다. 이미 지적한 바와 같이, 신앙의 결속력은 지각의 인식작용으로 파악된 정전의 존재 관례, 즉 타당한 판단기준의 인식작용으로 선택한 존재 관례가 글자의 대비물과 신의 존재라는 소리가 일치하는 데에서 발생하기 때문에, 확실한 신앙이 공동체 구성원의 결속원리라고 안셀름은 강조하고 있다.

더욱이 안셀름은 신의 존재라는 글자의 대비물을 성사관습의 매개물로 활용하여 신의 존재 관례와 신에 대한 해석자의 존재 관례를 창조자에게로 전가하고 있다. 신의 존재는 형식상의 존재로부터 심성의 작용을 거치면서 발원하는 글자의 표지를 존재의 표상이라고 지적하고 있다. 그래서 신의 존재는 자체에서부터 성사관습을 요구하고 있다고 부언하고 있다. 여기서 신의 존재는 또한 창조하기 위한 시간과 성사관습에 일치하고 있다. 따라서 안셀름은 신의 존재를 어떤 완벽한 문법에 따라 종족언어 표현관습으로 전달되는 존재 관례로 파악하고 있다.

그러나 신의 존재는 특정한 배경을 지니고 있다. 신의 존재는 '존재'를 '모습'과 '표지'에 일치시켜, 문법을 활용하여 공동체 구성원에게 전달하고 있다. 이것은 신의 존재와 빛의 관계와도 같다는 것이다. 즉, 신의 존재와 '빛', 신의 존재와 '빛이 나다', 신의 존재와 '빛을 내는 것'에 대하여 성사관습의 대비물을 활용하여 신의 존재를 오아니데우스의 경우처럼 입증하고 있다. 결국 안셀름은 '존재한다'는 신의 존재로서만 인식하지 않고 있다. 존재한다는 신의 존재는 주로 성사관습으로서 존재하고 있다. 심지어 신의 존재도 존재이기에 앞서, 정전도 일종의 성사임을 지적하고 있다. 즉, 안셀름은 왜 신의 존재라는 말을 언어로 표현하여 단순한 존재가 되지 않도록 만들었느냐에 대한 문제를 제기하고 있다.

안셀름은 이러한 형태로 의례라는 존재관습의 의미이동 과정을 거쳐 명확한 존재 사례로서 '아무 것도 없는 비존재로부터' 창조되는 것이 존재 관례임을 지적하고 있다. 어떤 존재이든 아무 것도 없는 데서는 신의 존재라는 존재 관례를 창조할 수 없다. 그러므로 신의 존재라는 절대자의 관례는 어떤 존재를 창조했음이 틀림없다는 것이다. 성서의 구절은 신의 존재를 성사관습과 관련 지우고 있다. 신의 존재와 관련된 정전은 저작물의 성사관습 없이는 성사 기능을 수행할 수 없다. 신앙에서 성사관습 전거로 전환은 신의 존재, 즉 성서를 활용하여 신의 존재를 옹호할 수 있는 존재 관례로 발전시키는 과정이다.

안셀름은 『산문』에서 성사관습의 이동 과정을 거쳐 자기의 입장이 합당하다고 천명하고 있다. 안셀름의 『산문』은 1077년과 1078년 사이에 저작되었다. 가우니로에게 보낸 회신 편지글에서도 신의 존재에 대한 안셀름의 입장이 나타나고 있다. 『산문』에서 신의 존재는 아마 『독백』보다 1년 늦게 저술했던 것 같다. 『산문』에서도 신의 존재는 다시 한 번 의식이라는 존재관습의 대비물을 활용하여 전달되는 성사관습을 언급하고 있다. 『산문』의 머리말에서도 『독백』을 '판단기준의 인식작용으로 선택한 신앙인의 성사관습'으로서 저작했다고 안셀름은 밝히고 있다. 여기서 안셀름은 아무런 성사관습도 없이 스스로 성사관습에 접근함으로써 자기가 모르던 바를 분석하고, 다른 사람의 입장을 옹호하고 있다.

여하간 『독백』은 신의 존재가 서로 다른 존재로 복잡하게 얽혀 있다는 것을 암시하고 있다. 안셀름은 신의 존재가 실제로 존재하고 있다고 지적한 바 있다. 그리고 신의 선이 절대자의 선이라는 점을 안셀름은 입증하려고 시도하고 있다. 그렇다면 안셀름의 유일한 논거가 신의 존재라는 존재 관례로도 충분하다는 사실을 찾아낼 수 있느냐 문제를 제기할 수 있다. 『산문』은 신의 존재도 없는 정전에서 신의 존재를 찾아내려고 시도하고 있다. 그래서 『산문』은 기록물에 확실하게 담긴 신의 존재를 기록한 정전의 성사관습으로 전환하려는 시도를 두 번이나 거듭했을 뿐만 아니라, '단일한 화두'로 나아가게 되는 신의 존재로부터 존재로의 환원논리로 일괄하고 있다. 거기서 신의 존재 근거라는 '성사관습의 전거'로는 그 밖의 여러 가지 정전에서도 특정한 부류의 존재를 활용하고 있다. 신의 존재 근거라는 '성사관습 전거'는 감각의 인식작용으로 파악한 존재이며, 이와 서로 연계되는 신의 존재가 안셀름의 과제로 부각되고 있다. 또한 그 '신의 존재의 전거'는 이전의 전문 지식뿐만 아니라, 성서와 교부의 저작물에서 찾아낸 성사관습에 대한 전거에서 확인되고 있다.

물론 『독백』은 이전의 저작물이었다. 『독백』에 담긴 신의 존재는 이후의 저작물에서 어느 정도 위치를 차지하고 있다. 안셀름은 이전 해석자(일인칭)의 성사관습에다 개인의 분석력을 첨가하고, 그리고는 더욱 큰 자극제를 부여하여 외부세계에 대하여 행동으로 저작물의 성사관습을 드러내 보이고 있다. 또한 안셀름은 『독백』에서 청취자를 가공하고 있다. 안셀름은 청중의 모습을 마음의 인식작용으로 만들어내고 있다. 『독백』에서는 신의 존재를 거의 언급하지 않고 있다. 그러나 신의 존재는 증거를 지니고서 청중에게로 이동하고 있다. 안셀름은 해독자를 위해서 뿐만 아니라 청중에게 신의 존재에 대한 증거를 더욱 심오한 관조 상태에서 제시하려고 시도하고 있다.

그리고 안셀름은 신의 존재를 양피지 위에 지체없이 옮겨 놓고 있다. 신의 이러한 존재는 종족언어 표현관습으로 전달되는 성사관습에 대하여 운치를 오히려 지속해주고 있다. 신의 존재라는 운치는 『독백』과 『대화』에서도 감지되고 있다. 안셀름은 자기의 저작물에다 정전의 성사관습을 담고 있다. 그러나 정전의 특정한 성사관습은 종족언어 표현관습의 서술 양식을 나름대로 유지하고 있다. 성사관습에서는 스스로가 저작자의 정신으로서 신의 존재를 인식하고 있다. 신의 존재를 인식하는 행위는 위그로부터 자극 받아, 결국 자기의 해독자에게 신의 존재를 전달하기 위한 성사관습 형식이었다.

안셀름은 신의 존재에 대한 태도를 『산문』에서도 천명하고 있다. 해독자 개인이 신의 존재를 회상하기 위한 성사관습 출발점은 찬미가 14:1에 나타난 신의 존재인 것이다. 즉, "어리석은 자는 자기의 마음속에서 신이 존재하지 않는다"고 말했다. 안셀름은 신의 존재를 잠재의식으로 간주하여 어느 정도 부인하고 있다. 그러나 이것은 정확하지 못한 생활 변화를 포함하여 '종족언어 표현관습의 성사관습'과 '신의 존재'를 파악하여 구분하는 것까지 포함하고 있다. '어리석은 자'는 그 이상의 풍부한 상상력을 나타낼 수 없었다. '어리석은 자'는 어떤 존재, 즉 자기의 종족언어 표현관습으로 전달되는 신의 존재와 자기의 성사관습을 환기해 주는 신의 존재를 듣게 되었다. 이렇게 되자, '어리석은 자'는 비록 마음으로서나 상상력으로서도 신의 존재를 파악할 수 없었다. 그러나 '어리석은 자'라 할 지라도 신의 존재를 인식할 수 없다는 점에 근거하여 자기의 마음속에서는 동요를 일으키고 있었다. 이것은 어떤 성사관습에서 신이 존재한다는 것을 인식하는 것과는 전혀 별개의 것으로 판단하고 있다.

여기서 안셀름은 다시 아우구스티누스의 '크리스트 교리론'으로 돌아가서 미술가의 인식논리를 활용하여 신의 존재 증거를 이끌어 내고 있다. 안셀름은 미술가가 작업시간이 종료되기 전에 이전부터 그리고자 마음먹고 있던 신의 존재를 생각하게 되는 경우를 표상과 관련 지우고 있다. 안셀름은 이 경우 미술가가 이미 스스로의 인식작용에서 미래에 나타날 신의 표상을 지니고 있었다고 지적하고 있다. 그러나 미술가는 신의 표상을 존재 관례로 인식하지 않고 있다. 즉, 미술가는 신의 존재에 대한 표상을 아직 성사관습으로 인식하지 않고, 일단 신의 존재를 활용하여 그리려는 존재의 그림을 인식하고 있다. 그러므로 그 미술가는 신의 존재를 심리작용으로 파악한 다음 그리게 된다는 것이다.

그래서 안셀름의 시각에서는 아무리 '어리석은 자'라 하더라도 가장 풍부한 상상력으로 신의 존재를 인식할 수 있고, 그 신의 존재를 종족언어 표현관습으로 듣게 되는 경우, 미술가는 신의 존재를 인식하게 된다는 것이다. 또한 안셀름은 이런 방식으로 인식하는 신의 모든 존재를 자기의 마음속에 존재하는 것으로 표현할 수 있다는 것이다. 안셀름은 더욱이 신의 존재가 단지 판단기준의 인식작용으로 파악되어 신의 존재라는 관례가 전문 지식으로 전환하는 것으로 파악하고 있다. 그러므로 신의 존재는 아무리 풍부한 상상력으로서라도 존재로서 상상될 수도, 언급될 수도 없다는 것이다.

그렇다면 왜 '어리석은 자'가 인식론에 입각하여 그 같은 무책임한 존재를 늘어놓고 있는가 하는 철학동아리의 존재 문제를 제기하고 있다. 어리석은 자는 인식작용으로 파악할 수 있는 신의 존재와 그 존재 관례의 구분점을 인식하지 못하고, 신의 존재 모습을 그리고 있기 때문에 결국 신의 존재를 종족언어 표현관습으로 전달되는 성사관습이 아닌 상상력의 인식작용에 포함하고 있다는 것이다. 즉, 신의 존재는 마음의 인식작용을 거치면서, 신의 존재라는 관례를 성사관습에 일치하게 된다는 것이다. 이 경우 신의 존재는 마음이나 상상력의 인식작용 중 어느 한 가지 방식으로 성사관습을 전달할 수도 있다는 것이다. 마음의 인식영역에서는 신의 존재가 존재하지 않은 것으로 언급되거나 생각될 수도 있다. 그러나 상상력의 인식영역에는 신이 존재하는 것으로 인식될 수도 있다. 또한 신이 존재하지 않는다고 지적하거나 생각할 가능성도 나타날 수 있다. 게다가, 신이 존재함으로써 신의 존재는 성사관습과 일치하지 않고 있다. 안셀름은 신의 존재와 성사관습이 일치하는 경우를 신의 존재 증거로 제시하고 있다. 신의 존재에 대한 논거 순서를 바꾸는 경우, 안셀름은 다음 존재 논거의 주석을 신학동아리가 제시하려는 것이 아니라, 논증한 바와 같이 특정한 성사관습이 종족언어 표현관습으로 전달하는 존재 관례처럼 복잡하다는 점을 시사할 수도 있을 것이다.

여기서 안셀름은 다시 '어리석은 자'를 일종의 '무식자'로 파악해도 되는가 문제를 제기하고 있다. 물론 '어리석은 자'를 '종족언어 표현관습으로 전달되는 신의 존재와 그 관례'를 구분할 수 없는 부류의 인간이라고 단정하고 있다. '어리석은 자'는 단순하게 신의 존재를 소리 존재로서만 상상하여, 글자 존재를 수용하지 못하고 있음을 암시하고 있다. 다시 안셀름은 신비에서 파생하는 성사관습을 신의 존재와 결부하여 접근하고, 다시 타당한 판단기준의 인식작용과 신의 존재를 관련 지우고 있다. 신의 존재와 타당한 판단기준의 인식작용은 표준 가치와 자연 현상에 근거하여 일치하고 있다. 신의 존재와 타당한 판단기준의 인식작용이 표준가치와 자연 현상에 근거하여 일치하는 것은 신의 존재처럼 표상과 서로 보완 관계를 유지하고 있다. 마음속에서 신의 존재를 활용하여 창조된 표상이 실제로 저작물의 성사임을 부인할 수 없다. 신의 존재와 감각이나 지각의 인식작용이 일치하여 만들어낸 중간의 전문 지식을 창작물이라고 안셀름은 부언하고 있다.

그럼에도 '어리석은 자'는 그렇게 용이하게 침묵을 지키지 않았다. 안셀름은 어리석은 자의 사례를 가우니로에게 보낸 회신 편지글에서 제시하고 있다. 처음으로 가우니로는 자기가 파악한대로 신의 존재를 안셀름의 저작물로 설명하고, 거기서 '어리석은 자'에 대하여 일종의 비판논리를 찾아내려고 시도하고 있다. 가우니로는 절대자를 존재 관례로 인식하고 있다. 그래서 가우니로는 아주 간단하게 존재 관례가 자기의 성사관습에 포착되는 순간부터 존재하게 된다는 것이다. 안셀름은 이 점에서 존재 문제를 '신의 존재'라는 수준에서부터 '종족언어 표현관습으로 전달되는 존재 관례'의 수준으로까지 이동해 두고 있다. 안셀름은 마음으로 신의 존재를 인식하게 되는 어떤 순간에도 무형과 유형의 존재를 그 존재 관례로서 유지하게 된다고 파악하고 있다. 만약 인간이 성사관습의 표현수단을 활용하여 존재로서 표지되는 신의 존재를 청각의 인식작용으로 파악하면서도 표지로 인식하지 않는다면, 신의 존재와 그 관례 사이의 차이점을 어떻게 설정할 수 있는가 하는 문제를 제기하고 있다.

유일한 예외 사례는 신의 존재로 표현되어 청각의 인식작용으로 파악하게 되는 경우라도 상상력의 인식작용으로 파악될 수 없는, 즉 '마음의 인식작용에서도 유지될 수 없는 존재'가 절대자의 존재라고 지적하고 있다. 그러나 절대자의 관례와 존재가 일치하는 것은 불가능하다. 즉, 절대자의 관례를 전달하는 표현자인 일인칭은 신의 존재를 인식하여 상상력의 인식작용에 담아 두고 있어야만 한다. 물론 존재 관례의 표현자는 '절대자의 관례가 아무런 조건 없이 탐지하는 전문 지식' 이외의 방식으로 존재를 상상하지 않을 수 없다는 것이다. 이것은 안셀름의 의도와 반대되는 존재 사례라고 지적할 수 있다. 감각의 인식작용으로 어떤 존재가 되는 신의 존재는 성사관습보다 선행되지 않고 있다. 그래서 신의 존재는 성사관습을 부인할 수도 있게 되었다. 안셀름은 종족언어 표현관습으로 전달되는 신의 존재라는 관례를 신의 존재로부터 분리하고 있다. 더욱이 그 관례 표현자가 절대자의 존재에 관한 소리를 청각의 인식작용으로 파악하게 되는 경로 여부가 불명확하다는 것이다. 존재 관례 표현자는 마음속으로 들어보지 못하여 어떤 존재 자체도 확실하게 파악하지 못하고, 다른 성사관습의 대비물을 활용해도 전혀 존재하지도 않는 많은 현상이 있을 수 있다고 안셀름은 부언하고 있다. 안셀름의 논리전개를 분석해 보면, 혹자는 무형의 현상을 존재 관례로 파악할 수도 있다는 것이다. 그러나 무형의 이런 현상은 절대자의 존재를 의미하지 않고, 종족언어 표현관습으로 전달되는 존재 관례이기 때문에 입으로 표현할 수도 있다는 것이다.

가우니로는 미술가의 표현 의도를 활용하여 신의 존재에 대한 안셀름의 사례가 아우구스티누스의 「표상론」에 합당하지 않은 도안공의 그림이라고 언급하고 있다. 그림 도안공이 구상한 그림은 자기 마음속에서 마치 자기 정신이 활동하고 있는 것과 마찬가지로 그림이 존재 관례를 지니기에 앞서 인식되어야 한다는 것이다. 한 가지 예외는 순수한 존재를 위해 만들어질지 모르나, 도안공에게 존재가 소리로 전달되는 순간 그 관례는 지각의 인식작용을 거치면서 다시 전문 지식으로 바뀌고 있다는 것이다. 그러한 도안공의 그림은 지각의 인식작용으로 파악되는 경우, 마음과 전혀 별개의 존재라는 것이다. 그러나 신의 존재는 풍부한 상상력에 남아 있다고 해서 안셀름은 신의 존재를 이와 같은 유형의 존재에 포함되지 않는 것으로 정의하고 있다.

안셀름의 이 같은 논리를 받아들일 경우, 안셀름이 추구코자 하는 신의 존재는 상상력에 남아 있는 것이 아니라고 가우니로는 지적하고 있다. 안셀름은 신의 존재를 청각의 인식작용으로 파악하게 되면, 신의 존재를 상상할 수 없고, 신의 존재를 인식조차 할 수 없기 때문에 존재라고 단언할 수 없다고 지적하고 있다. 즉, 누구도 신의 존재를 입증할 수 없다는 것이다. 이것은 미술가가 그려낸 상상력의 인식작용을 분석해 보면, 그림의 형식과 내용이 신의 존재와 일치되도록 더욱 잘 파악하고 있는 존재의 형식과 내용을 그림과 비교함으로써, 잘 모르는 존재를 그려내기 때문이라고 지적하고 있다. 이것은 곧, 그림으로 생면부지의 어떤 사람을 묘사하게 되는 경우, 표현자가 파악하지도 못하는 사람을 어떻게 그릴 수 있는가라는 문제와 마찬가지라는 것이다.

그와 마찬가지로 표현자는 신의 표상을 심리작용으로 그릴 수 없거니와, '인식할 수 없는 존재'라면 더욱 명확하게 그릴 수 없다는 것이다. 신의 존재는 단순한 존재 관례를 나열한 것에 불과하다. 신의 존재를 가지고서는 그림의 형식과 내용이 신의 존재와 일치하게 신의 존재를 묘사할 수는 없을 것이다. 이러한 방식으로 '선'을 상상력의 인식작용으로 파악하고자 하는 경우, '선'이라는 소리는 인식행위에 포함되어 있다. '선'은 또한 종족언어 표현관습으로 전달된다. '선'은 물론 허상의 존재로 전달된다. '선'이라는 허상의 존재는 인식작용에 포함되어 있다. 게다가 '선'도 다시 생면부지의 존재를 표지나 형상으로 파악할 수 없다는 것이다. 종족언어 표현관습으로 전달되는 '선'이라는 존재의 관례를 소리로써 듣게 되면, 마음의 인식영역에서는 존재의 표상을 형성하고자 시도할 지도 모른다.

그러나 마음의 인식영역에서도 소리로 존재의 표상을 완벽하게 상상할 수는 없을 것이다. 이런 점에서 표현자는 신의 존재를 듣는 것에 불과한 경우에도, 신의 존재는 반드시 표현자의 인식영역에 포함되어 있다. 즉, 신의 존재는 '현상계의 존재로서'가 아니라, '종족언어 표현관습으로 전달되는 존재 관례로서' 나타나고 있다. 가우니로는 이와 유사한 형식으로 안셀름의 다른 인식논리에 대응하고 있다. 안셀름은 상상력을 풍부하게 만들어 주는 어떤 존재가 존재하지 않는다고 하더라도, 절대자의 존재 관례는 우선 형태로 존재하는 것도 있고, 마음의 인식작용에 내재하는데 불과한 것으로 천명하고 있다. 가우니로는 '최초의 착상'이 상상력의 인식작용으로 파악될 수는 없다고 주장하고 있다. 바로 절대자의 관례는 상상력으로 가공한 성사관습이라고 지적하고 있다. 안셀름은 어떤 특정한 존재 관례를 언급하고 있으나, 존재하지 않는 것으로 언급하고 있다.

안셀름은 존재 관례에다 순수한 존재를 포함해 두고 있다. 결국 신의 존재는 실제로 형식으로 나타나고 있다. 또한 신의 존재는 마음의 인식작용으로 파악할 수 없다는 것이다. 표현자는 판단기준의 인식작용으로도 신의 존재를 지적할 수는 없다. 이것은 지상의 어떤 다른 위치보다 높은 곳에 있는 낙원의 섬에 대한 위치를 가정하는 것과 마찬가지라는 것이다. 그러나 신의 존재는 그러한 가정의 전제이다. 그래서 신의 존재는 존재 관례가 아니라, 확신하는 존재 관례인 것이다. 또 한편으로 인간은 가정의 존재로서 신이 존재하고 있다는 것을 어떻게 확신할 수 있게 되는가라는 문제를 안셀름은 제기하고 있다. 실제로 안셀름은 신의 존재가 높은 곳에서 낮은 곳으로 이동하고 있다고 다음과 같이 지적하고 있다. 절대자의 관례가 불변이어서 신의 존재를 부정하고 있다는 것을 실제상으로도 가상할 수 없다는 것이다. 만약 가우니로의 지적이 정확하다면, 신의 어떤 존재도 마음의 인식작용으로 파악할 수 없을 것이라고 추리하고 있다.

안셀름은 최종 단계에서 가우니로에게 응답하고 있다. 신의 존재에 대한 가우니로의 출발점은 『산문』에서와 마찬가지로 신이 존재하고 있다는 점이다. 신의 존재에 대한 가우니로의 입증은 일종의 확증이며, 신의 존재는 다시 어떤 증거가 되는 정전의 입장으로 돌아가고 있다. 그러나 안셀름은 신의 존재에 대한 가우니로의 오류를 지적하는데 역점을 두고 있다. 신의 존재를 부정할 수 없는 것은 신의 존재가 시각의 인식작용으로 확증될 수 없는 존재와 동일한 것이 아니라는 점이다. 만약 '신의 존재를 인식할 수 없다면' 상상력의 인식작용에도 신의 존재를 포착할 수 없다는 것이다.

그래서 신의 존재를 감각이나 지각의 인식작용으로도 파악할 수 없다고 지적하고 있다. 최종 표현단계에서 신의 존재는 존재가 아닌 성사관습으로 나타나고 있다. 이것은 안셀름이 전제하는 바에 의하면, "신의 존재는 존재하고 있다"는 관례에 근거하지 않고 있다는 것이다. 그래서 가우니로의 핵심 논리에서 전제한 신의 존재가 관례라는 결론도 오류에 빠져 있음이 틀림없다고 안셀름은 판단하고 있다. 안셀름은 가우니로가 신의 존재를 표현자의 성사관습으로 존재할 수 없는 것으로 주장했다는 것이다. 그러나 가우니로의 견해는 정반대로 나타나고 있다. 상상력의 인식작용으로 파악될 수 없는 신의 존재는 영원한 존재이면서도, 출발점이 없는 어떤 존재로 여겨질 수 있는데 불과할 뿐이라고 강조하고 있다.

그럼에도 신의 존재는 이제까지 나타나지 않았다. 신의 존재는 그 관례로서 상상하게 만들고 있다. 신의 존재는 미래의 어떤 시점에 이르면 필요조건 형식으로 존재하게 될 것임이 확실하다. 그러나 이것은 절대자의 관례일 리가 없다는 것이다. 신의 존재는 출발점을 지니고 있지 않다는 것이다. 신이 존재하는 것이라고 여길 수 있다면, 신의 존재는 필요조건 형식으로 존재하고 있음은 틀림없다. 더욱이 신의 존재가 이와 같이 파악될 수 있다면, 신의 존재는 그 관례로서 존재하고 있음이 틀림없다. 비록 안셀름은 신의 존재를 상상력의 인식작용으로 존재 관례를 파악하면서도 신의 정의를 존재라고 지적할 수 없다는 것이다. 신의 비존재는 성사관습이나 존재 관례가 하나의 존재로 표현될 수 있음을 암시하고 있다. 존재와 비존재에 대한 결론은 다음과 같이 내려지고 있다.

즉, 만약 절대자의 존재를 인식할 수 있다면, 그 존재는 결코 특정한 시간이나 특정한 장소에서 유일한 형태로 존재하지 않을 수 있다는 것이다. 절대자는 모든 공간과 영원한 시간, 즉 장소와 시간을 초월하여 유일한 존재 형태로 존재하고 있다. 실제로 절대자는 존재 관례로 구성될 수 있도록 성사관습에서도 존재로 나타나고 있다. 그래서 신의 존재는 상상력의 인식영역에서도 존재로서 존재하게 된다는 것이다. 또한 신의 존재가 성사관습으로 존재하게 되는 경우, 그것은 성사관습의 존재 형태로 존재함으로써 상상력의 인식대상이 될 수 있다. 그러므로 신의 존재는 절대자의 관례로써 존재하게 된다는 것이다. 그와 마찬가지 결론을 다른 방식으로 표현하면 다음과 같다. 즉, 존재 관례는 상상력을 풍부하게 만들 수 없으나 상상력의 인식작용으로 파악될 수 있는 어떤 특정한 형태로 존재할 수도 있다. 이 경우의 존재를 신의 존재라고 설명하고 있다.

가우니로는 신의 존재를 인식하지 못하는 인간이 낙원을 상실했다고 지적한 바 있다. 가우니로가 상실했다고 지적한 인간의 낙원은 바로 신의 존재로서 모습을 드러내고 있다. 절대자의 관례는 사실에 근거하고 있다. 여기서 절대자는 존재의 형태로 존재하게 되며, 존재 구성물에 합당하게 확증되고 있다. 그래서 가우니로는 절대자를 존재하지 않는 것으로 여길 수밖에 없다고 주장하고 있다. 이와 반대로 안셀름은 절대자가 존재 관례로서는 전혀 존재하지 않는다고 설명하고 있다. 혹자는 절대자를 존재하지 않는 비존재로 상상할 수도 있다는 것이다. 이 경우 사람은 어떤 비존재를 더욱 풍부하게 상상하고 있으나, 스스로 비존재에 이르지 못하고 있다는 것이다. 표현자가 비존재에 이르지 않는다면 상상력의 인식작용으로도 파악할 수 없는 비존재를 행동으로 실천할 수 없다는 것이다. 표현자는 비존재를 행동으로 실천할 수도 있다. 그렇다면 표현자는 존재하지 않는 비존재를 상상력의 인식작용에서 어떤 특정한 존재형태로 파악하여 행동으로 실천하고 있는 것이나 다름없다는 것이다. 절대자는 존재를 존재하지 않는 것으로도 상상할 수 있다.

그렇다면 절대자의 비존재 관례는 출발점과 목표점을 지닌 행동방향으로 인식할 수 있다고 강조하고 있다. 이것은 다음과 같은 점에서 불가능하다고 안셀름은 지적하고 있다. 즉, 안셀름은 1/3정도 되는 부분에서 비존재인 신의 존재를 비존재로서 확증할 수 있도록 상상할 수 없다는 결론에 이르고 있다. 최종 단계에서 안셀름은 신의 존재에 대한 가우니로의 존재와 비존재를 분석하고, 비존재 관례를 존재와 비존재의 대응논리 형식으로 수용하여 신의 존재를 제시하고 있다. 신의 존재에 대한 가우니로의 대응논리는 신의 존재를 상상력의 인식작용으로 포착될 수 없는 것으로 파악하고 있다. 그러나 신의 존재는 감각의 인식작용으로보다 오히려 '전문 지식에 의한 지각의 인식작용으로도' 파악될 수 없는 비존재로 가우니로가 언급하고자 시도하고 있는 것 같다고 안셀름은 지적하고 있다.

안셀름은 가우니로가 지적한 존재와 비존재의 대응논리에 대하여 반대 입장을 천명하고 있다. 이와 관련하여 안셀름은 신의 존재를 증명하기 위하여 감각의 인식작용으로부터 상상력의 인식작용으로 대체되는 경우를 분석하고 있다. 신의 존재를 지각의 인식작용으로보다는 상상력의 인식작용으로 대체시켜 증명한다는 안셀름의 주장은 가우니로가 강조하는 안셀름의 오류 중의 한 가지와 관련되어 있다. 즉, 안셀름은 시각의 인식작용으로 인식될 수 없는 어떤 비존재는 실제로 상상력으로도 인식될 수 없다는 가우니로의 주장을 수용하게 될 수도 있다. 신의 존재에 대한 안셀름의 반대 논리도 '상상력의 인식작용'을 둘러싸고 비존재에 대한 가우니로의 논리와는 대립될 수밖에 없다. 신은 존재하고 있다. 신의 존재에 대한 특정한 반대 논리를 인정하더라도 신은 존재하지 않는 것으로 인식될 수는 없다는 것이다. 그러나 절대자의 존재는 존재하지 않으면서도 상상력의 인식작용으로 파악될 수 있다고 안셀름은 지적하고 있다. 표현자도 신이 존재하고 있다고 확신할 수 있다. 반면에, 신의 존재는 상상력의 인식작용으로 파악될 수 있다. 존재하는 많은 '비존재와 반대되는 악덕에 관하여 흔히들 어떤 존재 관례'를 내세울 수도 있다.

그러나 흔히 신을 존재하고 있는 존재로 상상하게 되는 것처럼 존재 관례는 상상력의 인식작용으로 '존재 징표를 부여함으로써' 상상력의 인식영역에서 정확하게 파악될 수 있다. 안셀름의 시각에서 신의 존재를 제외한 모든 존재의 관례는 존재하거나, 존재하지 않는 것을 인식작용으로 확증하거나 상상할 수도 있다는 것이다. 가우니로와 안셀름의 견해 차이는 신이 존재하는 것을 어떻게 확증할 수 있느냐에서 제기되고 있다. 뿐만 아니라, 이 두 해석자는 신의 존재를 인식할 수도 있느냐에 대하여 각자의 입장을 주장하고 있다. 이 두 해석자의 입장은 신의 존재와 성사관습을 간략하게 설명하는 부문에서 명확하게 드러나고 있다.

가우니로와 안셀름은 신의 존재에 접근하는 문제에서 베렝가르(1000?~1088)와 랑프랑의 성사관습으로부터 존재를 분리하던 것과 유사하게 신의 존재 논쟁을 표면화하고 있다. 이 두 해석자는 베렝가르와 랑프랑의 성사관습 논쟁으로 진행된 반대 측면, 즉 인간의 인식작용으로 성사관습이 신의 존재로부터 성사관습으로 전달된다는 성사관습 영향을 크게 받았던 것이다. 인간에게 문법과 성사관습은 신의 존재에 대하여 유익한 보조물을 제공하고 있다고 이 두 해석자는 지적하고 있다. 그런데도 이 두 해석자는 신의 존재로부터 인간의 존재를 추론할 수는 있으나, 문법과 성사관습이 신의 존재를 인간에게 오히려 단절토록 작용하고 있다는 것이다.

신의 존재에 대한 가우니로와 안셀름의 존재 논쟁에서는 신의 존재에서 문제시되는 것을 바로 성사관습이라고 지적하고 있다. 가우니로와 안셀름은 신의 존재에 중점을 두고 있다. 이들은 대개 신의 존재 논쟁에서 신의 존재, 사건, 성사관습, 현상을 중심으로 신의 존재를 설명하고 있다. 가우니로는 마음의 인식작용으로부터 파생되는 '신의 존재에 대한 인식작용'을 상상력의 인식작용보다 우위라는 견해를 피력하고 있다.

그래서 가우니로는 정전의 성사관습을 처음으로 신의 존재로 나타내고 있다. 마음의 인식작용으로 파악하게 된 신의 단순한 존재는 마음의 인식작용을 거치면서 눈으로 파악할 수 있는 성사관습과 눈으로 파악할 수 없는 비존재 관례가 일치한 것으로 나타나고 있다는 것이다. 신의 존재는 마음과 시각의 인식작용으로 파악될 수 있다. 또한 신의 존재는 종족언어 표현관습으로 전달되는 성사관습처럼 인식되지 않고 있다. 가우니로는 인간이 인식할 수 없는 비존재 관례라도 종족언어 표현관습으로 전달되는 성사관습을 인식작용으로도 파악할 수 있다는 논리를 전개하고 있다. 그러나 종족언어 표현관습으로 전달되는 성사관습을 감각의 인식영역에서 표상화하고 있는 것은 아니라고 부언하고 있다.

신의 존재는 성사관습과 일치하면서도, 어떤 형태의 증거도 찾아낼 수 없었다. 어쨌든, 지각의 인식작용으로 파악할 수 있는 '전문 지식에 의한 지각의 존재'와 성사관습의 사건과 연계점은 와해되었다 하더라도, 신의 존재는 안셀름의 결론에서도 타당하지 못하게 되었다. 가우니로는 어떤 존재 관례가 소리로 전달되어, 마음의 인식작용으로 파악한 후 현존 존재가 되는 경우, 그 존재는 감각의 인식작용으로 파악될 수도 있음을 수용하고 있다. 이미 지적한 바와 같이, 감각의 인식작용으로 파악되는 성사관습과 종족언어 표현관습에 침잠해 있는 존재와는 전혀 다르다는 점에 대하여 가우니로는 안셀름과 견해를 같이하고 있다.

그럼에도 가우니로는 종족언어 표현관습으로 전달되는 성사관습과 종족언어 표현관습 사이에 어느 정도의 차이가 마음의 인식작용 때문에 있을 수도 있다고 부언하고 있다. 가우니로의 입장은 신의 존재에 대한 화두로 시작하여 신이라는 존재와 인식논리의 일치점을 수용하면서 종결되고 있다. 인간은 마음의 인식작용도 종족언어 표현관습을 이탈할 수 없다. 이것은 신의 존재도 전혀 단순한 종족언어 표현관습에 불과하고, 어떤 인식작용으로 파악하든 신의 존재가 대응논리를 지니지 않고 있다는 것이다. 또한 신이라는 이름을 안셀름은 미세한 존재 관례로 인식하고 있다. 그러므로 신의 이름은 존재를 내포하고 있다. 안셀름은 신의 이름으로 지칭되는 존재는 특정한 지식과 관련되지 않은 것으로 처리하고 있다. '신의 존재를 단순하게 부정한다는 것'으로서는 신이 존재하고 있다는 것을 입증할 수 없다는 것이다.

안셀름은 이와 같이 전혀 다른 시각에서 신의 존재문제에 접근하고 있다. 안셀름은 신의 존재를 의심하지 않고, 타당한 판단기준의 인식작용으로 신의 존재를 확증할 수 있을 것으로 기대하고 있다. 안셀름은 신의 존재를 존재의 전제로 논증하여, 신의 존재사실을 어떻게 인식할 수 있는가 하는 문제를 제기하고 있다. 안셀름은 한 마디로 신이라는 존재 관례를 전달하려던 특정한 존재관례를 '전문 지식의 인식작용과 '성사관습의 사건으로서' 존재하고 있는 것으로 파악하고 있다. 안셀름은 '이전의 비존재를 인식할 수 없다는 신의 존재'로부터 출발하여 신의 존재와 성사관습의 관계가 무엇인가 문제를 제기하고 있다. 신의 존재는 표현수단일 경우만 인간이 인식작용으로 파악할 수 있는 성사관습으로서 파악될 수 있다고 부언하고 있다.

신의 존재는 여기서부터 특정한 성사관습임을 암시하고 있다. 신의 존재는 인식작용에서 존재와 균형을 이루고 감각의 인식작용으로 파악할 수 있는 존재 자체로 인식되고 있다. 결국 안셀름은 신의 존재를 절대자의 관례로 활용하고 있다. 안셀름은 절대자의 관례에서 신의 존재가 신이라는 명칭으로 존재 위치를 부여받고 있다는 것이다. 안셀름은 신의 존재를 논증하는 과정에서 가우니로와는 다른 출발점에서 성사관습에 대하여 존재와 비존재의 대응논리를 되풀이하고 있다. 가우니로는 신의 존재와 성사관습 사이에서 극복할 수 없을 정도의 격차를 드러내고 있다. 신의 존재와 성사관습의 격차에 대한 안셀름의 해결점은 단순한 성사관습으로부터 출발하는 존재와 비존재가 대응논리 모순에 불과하다는 입장을 피력하고 있다. 그러나 안셀름의 해결점은 현실론자의 입장도 아니고, 명목론자의 입장도 아닌 것으로 드러나고 있다.

이 두 해석자는 11-12세기 서양 중세세계에서 철학동아리의 인식론을 발아시키는 분기점에 위치하고 있다. 신학동아리의 존재에서 분기한 철학동아리의 인식론은 성사관습, 문법, 신의 존재를 가지고 존재와 그 관례를 파악하면서 피어나고 있었다. 가우니로는 성사관습에 침잠한 신의 존재 문제를 신의 명칭으로 대체하고 있다. 그럼에도 가우니로는 성사관습에 침잠한 신의 존재에 더욱 큰 관심을 가지고 있다. 이와 반대로 안셀름은 절대자와 신의 존재를 성서에 근거하여 신의 존재가 관례임을 전제하고 있다. 신의 존재와 성사관습의 분기점은 존재와 비존재의 대응논리에 대하여 확증 사실을 부정하지 않고 있다. 신의 창조과정에서 성사관습을 활용하고, 정전의 생성과정에서는 신의 존재에 대한 논증과정을 답습하고 있다.

2.2. 『독백』과 『산문』에 나타난 보편타당한 성사

안셀름은 신의 존재에 대한 가우니로의 논리에 대응하는 과정에서 『독백』과 『산문』을 동시에 분석하며 신의 존재 문제를 제기하고 전혀 다른 내용에 대해서도 반복하여 언급하고 있다. 안셀름은 신학동아리의 성사관습 문제를 분석하기 위하여 신의 존재가 중요하다는 점을 인식하고 있다. 안셀름은 신의 존재를 검토하면서 어떤 전제 조건에서 '옳다 혹은 틀렸다'라고 지칭할 수 있는 경우까지도 분석하고 있다. 안셀름은 여기서도 이른바 중요한 '논리학'의 명제 문제를 신의 존재에 관련 지우고 있다. 안셀름은 1080년과 1085년 사이에 저술했던 『보편타당한 성사론』에서 신의 존재라는 명제를 간략하게 언급하고 있다. 안셀름은 『문법원리』에서도 광범한 영역에 걸쳐 전문 지식의 명제에 대해서도 언급하고 있다.

안셀름은 여기서 신의 존재를 문법과 관련 지어 새로운 성사관습 문제를 발전시키고 있다. 안셀름의 『문법원리』는 1094년 이후 언젠가 『신이 인간인 이유』에서 신의 존재를 종족언어 표현관습의 성사관습과 관련 지우고 있다. 『신이 인간인 이유』는 장문일 뿐만 아니라, 『보편타당한 성사론』을 광범위하게 다루고 있다. 안셀름은 『보편타당한 성사론』과 『문법 원리』에서 신의 존재 관계를 밝히고 있다. 여기서는 간략하게 이 두 저작물을 요약하기로 하겠다.

『보편타당한 성사론』에서 안셀름은 절대자를 무한한 시간에서 타당한 판단기준의 인식작용으로 파악되는 신의 존재로서 불변의 시간에 이르게 된 것으로 추론하고 있다. 안셀름은 『독백』 제18장의 한 문장에서 신의 존재를 회상하면서 『보편타당한 성사론』에 접근하고 있다. 안셀름은 절대자를 '보편타당한 성사관습의 창시자'로 파악하고 있다. 그러나 보편타당한 성사관습 창시자는 절대자로서 타당한 판단기준의 인식작용으로 파악되기 시작하는 순간부터 시간으로서 존재하지 않는다는 것이다. 보편타당한 성사관습은 끝나 가는 순간까지도 존재하지 않기 마련이며, 상징물로 돌아가서 신의 존재로 확대될 수 있음을 암시하고 있다.

즉, 신의 존재가 변화되지 않는다면, 보편타당한 성사관습도 역시 변화되지 않는다는 것이다. 보편타당한 성사관습에서 안셀름은 미리 신의 존재 문제를 제기해 두고 있다. 그리고 제자가 스승인 안셀름에게 다시 묻는 대화록 형식으로 신의 존재를 안셀름은 입증하고 있다. 여기서 제자는 스승인 안셀름에게 보편타당한 성사관습을 정의해 달라고 요청하고 있다. 안셀름은 신의 존재를 활용하여 보편타당한 성사관습 문제를 제기해 다시 다음과 같이 응답하고 있다.

우선 '신의 존재 해명'에 무슨 보편타당한 성사관습이 있는가 문제를 제기해야 할 것이라고 안셀름은 지적하고 있다. 보편타당한 성사관습이나 신의 존재에 대한 논리상의 오류는 실제로 전달된 성사관습의 언급임을 상기하고 있다. 제자는 '신의 존재'에서 제시되는 성사론이 '실제의 신'이 되는 경우, 그 신의 존재를 긍정하는 입장이든, 부정하는 입장이든 그 신의 존재는 타당함에 근거해야 한다는 점을 암시하고 있다. 거기서, 안셀름은 다음과 같은 신의 존재 문제를 제기하고 있다. '신의 존재 해명'에서 성사관습이 '보편타당한 성사관습'에 근거하고 있는가라고 반문하고 있다. 제자는 그 문제를 부정하면서 다시 답변하고 있다. '신의 존재'를 부정하는 보편타당한 성사관습과 개재되는 것 이외에 타당한 판단기준의 인식작용으로 신의 존재를 파악할 수 있는 것이 아무 것도 없다는 이유를 밝히면서 안셀름은 제자의 질문에 답변하고 있다.

바로 이러한 점에서 '신의 존재'에 대한 타당함은 성사관습에서 추구될 수 있는 것처럼 나타나기도 한다는 것이다. 여기서 안셀름은 성사관습을 '신의 존재 표현', '인식작용으로 파악한 성사관습의 전달의미, '신의 존재 관례로 찾아내어 정의한 신의 존재 표현'에 신의 존재가 개재되어 있는가라고 반문하며 신의 존재 문제를 조금 더 발전된 형태로 다시 분석하고 있다. 그러나 제자는 그렇게 생각하지 않고 있다. 즉, "신의 존재는 보편타당한 성사관습을 내포하고 있으나 신의 존재에 함축된 보편타당한 성사관습이 정확하다 하더라도, 보편타당한 성사관습은 성사관습으로 구성되어 있다는 것이다. 그렇다면 보편타당한 성사관습조차도 특정한 성사관습에 불과하다는 것이다"라고 지적하고 있다.

또한 신의 존재는 성사관습으로 구성되어 있다. 물론 신의 존재는 이미 성사관습이라는 점에서도 인식작용을 전제하고 있다. 성사관습이라는 의례관습의 출발점인 신의 존재에 접근하기 위한 성사관습의 전제는 외부 사건으로부터 영향을 받지 않고 있다는 점까지 안셀름은 아울러 지적하고 있다. 즉, 성사관습의 논증과정은 형식상 성사관습이라는 의례관습에 입각할 수 있지만, 실제로는 의례관습의 오류일 가능성을 전제하고 있다. 그렇다면 신의 존재를 타당한 판단기준의 인식작용으로 어떻게 인식할 수 있는가 문제를 안셀름은 다시 제기하고 있다.

보편타당한 성사관습의 검토과정을 거치고, 안셀름은 자기 자신이 한 가지 해답을 제시하고 있다. 신의 존재는 신의 존재로서 전제를 지니기 마련이라고 지적하며 신의 존재 관례에 대하여 문제를 제기하고 있다. 안셀름은 신의 존재를 인식할 수 있는 또 다른 성사관습---제2의 특성---을 최종 표현단계에서 논증하고 있다. 신의 존재가 존재하지 않는 특정한 조건을 지칭하는 경우, 명목상으로 특정한 성사관습에 접근할 수 있는 것을 보편타당한 성사관습이라고는 지칭하지 않는다고 지적하고 있다. 그럼에도 불구하고 보편타당한 성사관습은 특정한 성사관습의 전제를 설정하여 당연하게 표지해야만 성사관습을 지닐 수 있다는 것이다. 이런 점에서 어떤 특정한 성사관습도 정당성을 지니고 있게 된다는 것이다. 하여간, 신의 존재가 한 가지 상태를 지칭하는 경우, 성사관습에서 그 존재를 표지하도록 받아들이면 성사관습에도 실제로 신의 존재를 동시에 표지하게 된다는 것이다.

보편타당한 성사관습은 단지 신의 존재와 성사관습의 표지를 이어주는데 불과하다. 이렇게 하여 안셀름은 『독백』에서 신의 존재와 성사관습의 간단한 분리점에 도달하고 있다. 신이라는 존재 관례는 주변여건에 따라 변화할 수도 있다. 그런데도 신의 존재는 변화되지 않는다. 종족언어 표현관습으로 전달되는 우연한 성사관습은 자체로부터 사건의 경우처럼 신의 존재 관례를 전달하고 있다. 즉, 성사관습은 명칭으로부터 신의 존재 관례를 전달하고 있다. 안셀름은 성사관습이라는 명칭에 합당하게 '종족언어 표현관습으로 전달된 정확한 신의 구두 존재 관례'로부터 보편타당한 성사관습을 찾아낼 수 있다고 지적하고 있다. 안셀름은 보편타당한 성사관습도 타당한 판단기준의 인식작용으로 파악한 신의 존재 관례가 기록되어 전달되는 경우를 가정하고 있다.

이 경우, 신의 모든 존재 관례는 표지와 부합하게 된다고 부언하고 있다. 저작물의 성사관습에 담긴 신의 존재에 대한 인식행위가 바로 종족언어 표현관습으로 신의 존재 관례를 전달하려는 동작으로 파악하고 있다. 안셀름은 이제 저작물의 서술양식을 분석하고 있다. 안셀름은 저작물의 서술 문제를 신의 존재 관점에서 분석하고 있다. 조금 더 분석해 보면, 저작물에 투영된 성사관습 문제를 간단하면서도 복잡한 문답 내용, 즉 『문법원리』를 근간으로 분석하고 있다. 안셀름은 저작물의 성사관습을 장으로 구성한 보에티우스의 『언어 표현관습 규범론』에서 저작물의 성사관습에 투영된 신의 존재 문제를 제기하고 있다. 안셀름은 저작물의 성사관습에 투영된 신의 존재 관례를 『문법원리』로서 전달할 수 있을 수 있는가로부터 신의 존재 문제를 제기하고 있다. 안셀름은 제자에게 한 가지 해답을 제시하고 있다. 제자는 안셀름이 다른 존재 명칭을 그 관례와 관련 지어 아리스토텔레스가 정의한 바 있음을 상기시키고 있다.

성사관습은 특정 존재 명칭에 따라서 존재 관례를 파생하고 있다. 문법 지식을 나타내는 라틴어 존재관습도 이 범주에 포함되어 있다. 헨리는 안셀름의 이 같은 존재를 정확하게 지적하고 있다. 즉, 라틴어 존재관습은 라틴어 해독력을 바탕으로 성사관습을 인식하게 된다는 것이다. 라틴어 해독력을 활용하여 신의 존재와 성사관습 관계를 이미 지적한 바 있다.

라틴어는 11-12세기 서양 중세세계에서도 기록물의 성사관습과 분리될 수 없는 상황이었다. 안셀름의 시각에서는 "라틴어 해독자를 라틴어 표현관습에 침잠한 신의 존재 표현자이다"와 "라틴어 해독자가 신의 존재 표현자이다"로 구분하여 파악하고 있다. 그러나 이들은 서로 상반되지 않는다고 강조하고 있다. 어쨌든, 안셀름은 성사관습을 확인하고 선택하기 위하여 성사관습을 전제하고 있다. 그래서 성사관습이 성사에 포함될 가능성의 범위를 성사관습의 필요조건처럼 모든 경우를 망라하여 언급하고 있다. 안셀름은 이 같은 성사관습 전제를 충족하기 위해서는 성사관습에 함축된 신의 존재를 찾아내는데 문답을 필요로 한다고 부언하고 있다. 우선, 안셀름은 문법 전문가를 라틴어 해독자로 전제하여 "라틴어 해독자는 한 인간이다"라는 명제를 결론으로 이끌어 내면서, 그 명제가 두 가지 형식에서 논리상의 오류임을 제시하고 있다.

안셀름은 "라틴어 해독자는 인간이다"라는 명제를 제시하고 이 명제의 오류를 지적하고 있다. 이 명제가 오류인 이유로서 안셀름은 결국 상식 범주를 벗어난 라틴어 해독자의 존재 관례, 즉 어떠한 라틴어 해독자도 인간이 아니다라는 뜻을 파생하고 있다는 점을 주지시키고 있다. 라틴어 해독자의 존재라는 명제가 오류임이 입증되면 "라틴어 해독자는 인간이다"라는 전제의 논증은 정당성을 지닐 수 없다고 안셀름은 지적하고 있다. 그리고 이 명제의 오류로서 동물이 보편타당한 동물에 필요하기 때문이라고 설명하고 있다.

3단 논법의 논증과정에 관한 두 번째 강론에서는 바로 '동물'/'타당한 판단기준의 인식작용으로 신의 존재를 파악하지 못하는 사람'/'타당한 판단기준으로 신의 존재를 파악할 수 있는 인식능력을 지닌 사람'이라는 존재와 비존재의 대립 전제로 구성하고 있다. 동물과 사람으로부터 "어떤 사람도 동물이 아니다"라는 점을 명제의 결론으로 찾아내고 있다. 제자는 자기 스승의 접근방법과 전제를 타당한 것으로 결론짓고 있다. 제자는 신의 존재 명제에 대하여 결론이 3단 논법의 논증과정에서 오류를 범하고 있다고 지적하고 있다. 제자는 두 가지 논리를 자기 은사가 유사한 존재 관례로 제시하고 있다고 언급하고, 다음 학습에서 이전부터 옹호될 수 있다고 여기던 명제의 전제를 실제로 전체 집합 명제, 즉 성사관습을 지니지 않은 것으로 파악하고 있다. 따라서 존재의 명제는 신의 존재 경우처럼 어떠한 결론도 나올 수 없다는 것이다.

전체 집합의 명제는 '전제 측면'이라기보다 오히려 '문장 측면'에서 존재 관례를 지칭하고 있다는 것이다. 어쨌든, 전체 집합 명제는 '전문 지식에서' 존재하고 있으나, 한 가지 '전제에서'는 존재하지 않고 있다. 따라서 또한 전체 집합 명제는 존재와 비존재의 대립 명제로도 존재하지 않고 있다. 전체 집합의 명제는 존재가 아닌 비존재의 논리로써 삼단논법의 논증과정에 결합하고 있다. 제자는 비존재 명제를 증명할 수 없었다. 제자는 이 경우에도 이미 전제한 전체 집합 명제를 상상할 수도 있는가 하는 문제를 제기하고 있다. 그러나 제자는 전체 집합 명제에 대하여 비존재 문제를 제기하지 않았다.

안셀름은 논증 순서를 다시 바꾸고 있다. 안셀름은 라틴어 해독자와 사람이 동일하지 않다는 의미로 정의되도록 논증 순서를 바꾸어 건전한 결론에 이르고 있다. 한층 더 발전된 비존재의 전제는 스승의 전제에 따라서 신의 존재라는 명제로도 존재 명제를 충족할 수 있다는 결론에 이르고 있다. 안셀름도 제자가 명제 모순 때문에 명제 결론을 증명하는 과정에서 끊임없이 혼란을 빚고 있는 것으로 파악하고 있다. 안셀름은 제자에게 존재에 너무나 집착한 나머지 문장에 담긴 존재 관례를 소홀히 다루게 되었다고 일러주고 있다. 제자는 자기가 특정한 삼단논법의 논증과정에서 신의 존재에 대하여 오류에 빠지게 되었다는 점을 찾아내지 못했음을 자인하고 있다. 종족언어 표현관습으로 전달되는 성사관습이 아무리 타당함에 근거하고 있다고 하더라도, 신의 존재를 보편타당한 성사관습과 단순하게 구분하려면 성사관습과 신의 존재를 구분해야 된다고 이후 설명에서 강조하고 있다. 종족언어 표현관습으로 전달되는 성사관습에 근거하여, 제자는 초반부터 혼란의 근원을 찾아낸 바 있다고 주장하고 있다.

이에 따라 안셀름은 제자를 '동물'과 '인간'의 존재 사례로 돌아가도록 권고하고 있다. 안셀름은 동물과 인간의 (존재)관례를 다시 논증하고 있다. 동물과 인간의 (존재)관례를 논증하기 위한 전제는 종류에 따라서 너무나 용이하게 확증되고 있다고 지적하고 있다. 그래서 종류는 타당한 존재 관례에 근거하고 있으므로, 종류를 논증하기 위한 전제는 논리상에서도 무효화될 수 없다는 것이다. 거기서 스승 안셀름은 어떤 존재 관례가 한 가지 정의 형식으로 존재할 수 있느냐 문제를 제기하고 있다. 따라서 동물과 인간의 존재 사례에서는 존재 관례만으로 무엇이 동물이며, 무엇이 인간인지를 탐구하고자 시도했는지 분명하지 않다는 것이다. 안셀름은 이전부터 활용되던 삼단논법의 논증순서를 다시 배열하여 전제의 결론을 예상대로 다음과 같이 찾아내고 있다.

즉, 라틴어 해독자가 된다는 것은 어떤 사람과 전혀 다른 사람이 된다는 뜻은 아니다. 그런데도 본질상에서 글자해독자가 되는 사람이면 누구나 라틴어 해독력 때문에 본질상에서 사람의 존재가 될 필요가 없다고 강조하고 있다. 라틴어 해독자가 된다는 말은 사람의 존재와 라틴어 해독력을 분리했기 때문에 사람의 의미 이동원리를 적용하여, 논리의 최종 확증단계에서 "라틴어 해독자는 무식자가 결코 아니다"

라고 설명할 수 있다는 것이다. 안셀름은 또한 신의 존재와 가공된 비존재 관례를 구분하는 전제를 새로운 검증방법으로 확정하고 있다.

제자는 다음 문제를 제기하고 있다. 아리스토텔레스는 '라틴어 해독자의 주어'가 존재 중의 하나라고 언급했음을 지적하고 있다. 게다가 어떤 인간도 주어는 아니다. 따라서 어떤 라틴어 해독자도 인간이 아니다라는 존재 관례에 대하여 타당함 여부를 제기하고 있다. 안셀름은 이 결론을 아리스토텔레스의 논증 취지와 반대되는 것으로 대답하고 있다. 안셀름은 다시 다음과 같은 존재 관례 문제를 제기하고 있다. 자녀가 나에게 라틴어 해독자에 관하여 언급하는 경우(그와는 반대로 자녀가 언급하는 것을 인식하고 있다고 가정하는 경우) 자녀는 '명칭'이나 '존재 관례'로서 다른 존재를 표지할 수 있는가라는 문제를 제기하고 있다. 제자는 존재를, 즉 '사람'의 관례와 '문법'의 결합으로 다른 존재를 전달하게 되는 것으로 답변하고 있다.

그러나 만약 라틴어 해독자가 그렇게 된다면, 라틴어 해독자의 명칭을 거기서 부르는 소리를 듣고서 아는 사람이 라틴어 해독자로 파악할 수도 있다는 것이다. 또한 일인칭 표현자는 라틴어 해독자를 언급하면서, 사람 관례로서 라틴어 해독력을 지닌 사람을 라틴어 해독자로 지칭할 수도 있다는 것이다. 바로 이런 관계에서 사람은 하나의 존재이며, 주어가 아니라는 결론에 이르는 것으로 지적하고 있다. 라틴어 해독력은 하나의 존재로서 하나의 주어인 것이다. 라틴어 해독력에 대하여 라틴어 해독자는 존재임을 논증할 수 있을 것이다. 제자는 아리스토텔레스의 존재론을 언급하고 있다. 제자는 이상의 반대논리를 설명하기 위하여 모든 존재가 제1과 제2의 (불변의) 특질을 지니고 있는 것으로 지적하고 있다. 라틴어 해독자는 둘 중 어느 하나의 특질도 아닌 존재처럼 나타나고 있다는 전제를 전달하는 의례관습 문제를 제기하고 있다.

그러나 안셀름은 라틴어 해독자가 주어로 나타나고 있다는 전제를 다시 제시하고 있다. 안셀름은 라틴어 해독자가 주어가 아닌 한 존재의 관례는 '종류'(*genus*)나 '부류'(*species*)에 귀속되고(실례로 동물과 사람을 지적하면서), 글 정도에 따라서 라틴어 해독자와 존재의 관례는 제2의 존재가 된다고 쉽게 대응하고 있다. 다음으로 라틴어 해독자 논쟁은 존재를 구성하는 방향으로 진행되고 있다. 안셀름은 제자에게 라틴어 해독자가 사람이 아니라면, 거기서 역시 라틴어 해독자도 라틴어 해독력이 아님을 입증하라고 요청하고 있다. 제자는 '사람'의 존재 명제에 대하여 명백하게 존재 관례 문제를 예시하고 있다. '문장해독자가 되는 성사관습을 사람이라고 지칭하는데 필요한 지식'이라고 지적하고 있다. 또한 제자는 라틴어 해독자임을 확증하게 되면, 문장해독자 뿐만 아니라 '무식자'도 비웃게 될 것이라고 지적하고 있다.

안셀름은 존재 명제를 풀어 나가는 과정에서 저작자의 경우를 지적하고 있다. 즉, 저작자는 '존재 명칭'에서 '존재를 문장으로 서술할 수 있는 것으로' 지적하고 있다. 그러나 저작자가 꾸중을 듣게 된다 하더라도, 어떤 존재의 관례를 정확하게 전달한 것에 중점을 두어 파악하게 되면 이보다 더 나은 존재는 없지 않는가라는 문제를 제기할 수도 있다고 부언하고 있다. 제자는 '종족언어 표현관습으로 전달되는 사람의 존재'와 '문장으로 전달되는 사람의 존재'를 구분하고 있다. 사람의 존재를 활용하여 서로 특질의 관례를 주고받는 동안 인식되는 사람의 관례가 우연히 생긴 것이 아니라, 어떤 '존재의 표현관습'이라고 라틴어 해독자에게 주의를 환기하고 있다.

게다가 존재의 명제를 논증하는 과정에서 라틴어 해독력은 「성사관습에 대한 주지사항」 형태로서 일종의 존재가 아닌 신의 '존재'가 된다면, 왜 사람의 존재도 마찬가지인가라는 명제조차 제기하지 않고 있다. 안셀름의 성실한 답변은 해독자로 하여금 존재의 명제에 대하여 문답을 거치면서 신의 존재에 대한 핵심에 이르도록 논증하고 있다. 제자는 라틴어 해독자가 신의 존재가 아니라는 자기의 논리에 반대하고 있다. 그 이유는 양자에게 '사람의 명칭'을 적용할 수 없기 때문이라고 안셀름은 지적하고 있다. 거기에는 '사람'과 사람의 존재와 그 표지 방법을 구분하는 표준을 나타내고 있다.

사람과 라틴어 해독자의 주요한 구분점은 신의 존재이며, 존재는 신의 존재를 포함하지 않게 되는 것으로 지적하고 있다. 존재는 다른 사람에 대한 필요조건도 충분조건도 될 수 없다. 이것은 비존재 상태에서는 존재 관례도 있을 수 없다는 뜻이다. 바로 이러한 점에서 결합된 라틴어 해독자는 다른 사람을 표지하여, 한 가지로 통일된 사람의 존재를 만들어 주고 있다. 그런데도 사람의 명칭은 주로 사람의 존재를 나타내는 '총칭 명사'인 것이다.

그렇게 하여 사람이라는 명칭은 "보편타당한 사람을 나타내면서 사람의 존재로 전달될 수도 있고, 그에 반대되는 악덕을 지닌 사람으로 전달될 수도 있다"는 지적에 대하여 정확성을 부여받게 되었다. 반대로, 라틴어 해독자는 사람과 라틴어 해독력을 사람에 대한 존재 관례로 표지하고 있다. 그러나 라틴어 해독자는 사람이거나 라틴어 해독력만을 표지하는 것은 아니다. 라틴어 해독자는 라틴어 해독력을 지닌 사람의 존재를 표지하고, 그 밖에도 사람의 존재를 표지하고 있다.

'문장해독자'는 또한 존재 명칭이다. 그리고 문장해독자는 존재의 총칭 명사이다. 따라서 문장해독자는 고유하게 사람을 지칭하지 않게 된다는 것이다. 더군다나, 문장해독자는 라틴어 해독력을 표지하고 있다. 그런데도 문장해독자는 라틴어 해독력에 대한 존재의 총칭명사라고 할 수는 없다. 문장해독자를 나타내는 일반 규칙은 다음과 같다. 즉, 어떤 특정한 사람의 총칭명사는 '종적언어 표현관습으로 전달되는 사람이라는 명칭명사의 관례로' 라틴어 해독력의 특성을 부여하고 있다. "라틴어 해독력은 라틴어 해독자다"와 같은 사람의 존재는 그와 같은 종적언어 표현관습에 역행하고 있다. 이렇게 설명했음에도 불구하고, 제자는 라틴어 해독자와 라틴어 해독력의 분리를 여전히 확실하게 파악하지 못하고 있다. 제자는 존재에 대한 정의 자체를 찾아내기 위하여 '존재 관례'가 어떻게 다른 '존재'를 아주 조심스럽게 구분하는가 하는 존재 전제를 제시하고 있다.

거기에는 라틴어 해독력과는 별개인 문장해독력은 존재하지 않는다고 지적하고 있다. 실제로 '문법을 알고 있는 사람으로' 문장해독자가 사람의 존재 정의를 부여받을 수 없는가 문제를 제기하고 있다. 안셀름은 다섯 가지 확실한 존재의 논거를 제시하며 이와 같은 입장에 대하여 반론으로 입증하고 있다. 안셀름은 라틴어 해독자를 엄격하게 말하자면 사람으로 지칭하지 않고 있음을 입증하고 있다. 라틴어 해독자는 라틴어 해독력을 지닌 사람의 표지에 불과하다고 지적하고 있다. 제자는 거기서 자기가 찾아낸 두 가지 존재, 즉 '사람이라는 존재'와 '사람의 통칭 명사'를 명확하게 사람의 관례와 구분 지워 주기를 요구하고 있다.

안셀름은 어떤 존재의 사례로서 한 마리의 백마와 한 마리의 흑우와 같은 존재를 활용하여 존재와 통칭명사의 관례를 구분하고 있다.

안셀름은 어떤 존재의 표지가 어떻게 지칭되는지를 설명하고 있다. 만약, 혹자가 두 마리의 말과 앞에 서 있는 백마를 때리라고 명령하면, 때려주라는 소리를 듣는 사람은 지체없이 말을 때리게 된다는 것이다. 여기서는 저절로 백마를 말로 표지하지 않게 된다고 부언하고 있다. 바로 이런 점에서 짐승에 적용된 형용사는 그 짐승의 관례에 함축되지 않은 어떤 존재의 표상을 떠올릴 가능성도 있다고 부언하고 있다. 제자는 모든 존재의 관례가 명사와 동사를 활용하여 타당한 표지를 부여하게 된다는 것을 논증하고 있다.

거기서 제자는 존재의 사례에 부합되도록 말의 관례를 명사와 동사에 관련 지워 파악하게 되었다. 그래서 말의 명칭은 '존재의 관례를 전달하는 목소리'에 가깝게 우연한 것이나, 존재는 표상에 근거하고 있다고 제자는 부언하고 있다. 제자는 존재의 명칭이 존재의 특질에 근거한다고 부언하고 있다. 소리는 존재를 전달하게 된다. 또한 소리는 '존재 자체를 통하여' 존재 이외에 어떤 것도 전달하지 않는다. 안셀름은 존재가 소리로 전달된다는 문제를 아리스토텔레스에게로 돌아가서 마무리하고 있다. 안셀름은 아리스토텔레스가 표지하는 존재의 통칭이 아니라, 존재의 명칭을 언급하면서 개진하고 있는 것으로 파악하고 있다.

거기서 안셀름은 이것을 문법에 대하여 '전문 지식인'과 '이론가'에게서 공통으로 나타나는 차이점이라고 역설하고 있다. '문법 전문가'는 존재 관례를 적용하는 대상이 전혀 다르다고 지적하고 있다. '논리 전문가'는 존재가 표지에 적용되는 한, 존재를 한 가지 방식으로 기록하여 존재의 총칭으로 인식되고, 종족언어 표현관습으로 전달되는 존재 관례와는 전혀 다르게 존재를 활용하고 있다고 부언하고 있다. 여기서는 전혀 다른 존재문제를 특정한 존재 관례와 관련 지어 관습을 분석하게 되었다. 『문법원리』는 주제처럼 종족언어 표현관습으로 전달되는 '관례 활용법'을 존재와 관련 지우고 있다.

'문법원리를 특정한 존재 관례와 그 존재 특질을 전달하는 목소리에 근거하여' 구분하고 있다. 『독백』, 『산문』, 『보편타당한 성사』 등은 저작물의 관례와 존재 사이에서 전개되던 다양한 신학논쟁을 해결하는데 기본 원칙으로 채택되고 있다. 그리고 이들 저작물에 담긴 존재 관례는 존재를 논증하기 위하여 의식관행의 전거로부터 타당성을 제시하고, 존재 관례와 목소리를 구분하기 위하여 글자의 대비물을 활용하여 예시하고 있다. 『문법원리』는 저작물의 의식 존재관습에 담긴 존재 관례, 전제, 활용 등에 국한되어 설득력을 발휘하고 있다. 『문법원리』는 '공동체 구성원'이 종족언어 표현관습으로 전달받는 의례관습과 존재의 표지에 대한 '구성논리'를 활용하여 '공동체 구성원'에게로 지식을 이동했다. 또한 『문법원리』는 신학과 철학의 구분점을 밝혀주고 있다. 그러므로 『문법원리』는 학문동아리 사이의 전문 지식원리 영역을 설정하기 위한 기본 도구로서 주요한 위치를 차지하게 되었다.

『문법원리』를 활용하여 종족언어 표현관습으로 전달되는 성사관습과 철학동아리의 전제 논거를 구분하고 있다. 그렇다고 『문법원리』가 공동체 구성원과 전문 지식인의 성사관습을 구분하는 단순한 표준은 아니었다. 안셀름은 저작물의 성사관습 논증이 공동체 구성원의 종족언어 표현관습에 타당하고 성사관습이 『문법원리』에 통용될 수 있느냐를 표준으로 판단하고 있다. 『문법원리』는 성사관습이 종족언어 표현관습으로 전달되도록 만드는 보조물 기능을 담당하고 있다. 문법은 특정한 성사관습을 대체하고 있었다. 그런데도 『문법원리』 자체는 학문동아리의 전문 지식과 논리에 근거할 수 없었다. 학문동아리의 전문 지식은 종족언어의 표현양식을 이어가는 성사관습의 기본 틀이나 다름없었다. 물론 학문동아리의 전문 지식은 저작물의 문법 형태로 성사관습에 대한 『종족언어 표현관습 규범론』에 근거하고 있다.

학문동아리의 전문 지식은 개개 전문성과 관련되는 성사관습을 종족언어 표현관습과 관련짓는 일련의 규칙처럼 자리잡고 있다. 성사관습과 종족언어 표현관습이 일치하는 규칙은 글자의 대비물을 활용하여 성사관습을 다음과 같이 언급하고 있다. 즉, 『문법원리』는 공동체 구성원의 종족언어 표현관습을 기록물로 표기할 수 있도록 성사관습을 결정할 수 있었다. 그래서 『문법원리』는 공동체 구성원들에게 존재에 대하여 규칙을 부여하고 있다. 『문법원리』는 흔히 종족언어 표현관습으로 전달되는 성사관습 모형의 정착에 필요했다. 즉, 문법규칙은 최소한의 종족언어 표현관습으로 전달될 수 있는 특정한 전제에 대하여 존재 관례를 갖추고 있다.

그럼에도 문법 규칙은 성사관습과 전혀 관련되어 있지 않았다. 성사관습은 문법이 없다면, 인식불가능 했을 가능성도 있다. 흔히 '인식불능'의 상황을 맞이했을지도 모르는 성사관습은 '라틴어 표현관습' 때문에 '인식불능'의 상황을 모면하고 있다. 안셀름은 인식가능과 인식불가능의 구분점을 모습을 갖추지 못한 모든 존재에 적용하고, 성사관습과 표지를 인식 영역에 포함하고 있다. 제자와 문답내용에서 안셀름은 신의 존재가 성사관습을 이탈하고 있다는 명제를 존재와 비존재의 대립논리로서 논증하고 있다. 뿐만 아니라, 안셀름은 '악마의 행동에 관하여'에서 "성사관습에 침잠한 신의 존재가 성사관습과 일치하지 못한 상태로 표현되고 있다"고 응답하고 있다. 또한 종족언어 표현관습으로 전달되는 성사관습은 라틴어 해독력과 분리된 악마의 행동을 분석할 수 있는 기본을 제공하고 있다. 안셀름은 보편타당한 성사관습을 은폐하기만 하는 '부적당한 성사관습'을 전달하는데 집착하지 말고 오히려, 다양한 성사관습 이면을 중시하라고 권고하고 있다. 안셀름은 "성사관습으로부터 철학동아리의 타당한 존재 근거를 찾아내고자 한다"고 강조하고 있다.

더욱이 안셀름은 이렇게 하여 '존재'와 '종족언어 표현관습으로 전달되는 소리 존재'를 구분하고 있다. 또한 안셀름은 소리 존재를 무한하게 활용하려는 신학동아리의 전문 지식 구성원리를 성사관습의 표현양식으로 판단하여 옹호하지 않고 있다. 안셀름은 저작물의 '성사관습 내용을 담고 있는 편지글'에서 존재와 비존재의 관례를 분석하고 있다. 안셀름은 이 편지글을 1092년과 1094년 사이의 기간에 대략 5회에 걸쳐 개작하고 있다. 안셀름은 잘 알려진 로케린을 등장시킨 편지글에서 성사관습 논쟁을 비판하고 있다. 로케린은 1092년 스와송에서 삼위일체 교리를 거부하고, 이단자의 교리에 빠져 있었다. 그러나 로케린은 얼마 후에 곧 정통론자 교회조직으로 복귀했다. 안셀름은 이 편지글에서 수도자 요한이나 푸르코와 이따금 편지를 교류하고자 시도했던 것으로 기술하고 있다. 안셀름은 수도자 요한과 푸르코와 편지를 교류하면서 명목론을 주장하던 지리한 성사관습 논쟁에 말려들지 않으면 안되었다.

안셀름은 로케린의 성사관습을 반박하고 있다. 안셀름은 『독백』과 『산문』에서 여러 가지 동일한 요인, 즉 신의 존재와 성사관습 문제를 해결하지 않으면 안된다고 인식하고 있다. 안셀름은 현재 '종족언어 표현관습으로 전달되는 간결한 신의 존재와 성사관습에 대한 필요함을 해결하기 위하여' 인간이면 누구나 신앙을 인식할 필요성을 느끼게 된다고 언급하고 있다. 그래서 누구나 '종족언어로 전달되는 이단자의 성사관습'에 현혹되어 정통론자 교회조직의 성사관습을 배반하는 희생 제물이 되지 않아야 된다고 지적하고 있다. 안셀름은 누구나 '신의 징표'를 가까이 하기 위하여 빠뜨리기 쉬운 '성사관습에 대한 주지사항'을 챙기라고 언급하고 있다. 안셀름은 존재 관례를 종족언어 표현관습에 일치시켜야 한다는 취지로서 신의 징표와 관련된 「성사관습에 대한 주지사항」을 옹호하고 있다.

안셀름의 『신이 인간인 이유』는 자기 저작물 중에서 가장 길고, 원숙한 경지에 이른 신학 저작물이다. 안셀름은 『신이 인간인 이유』에서도 신의 존재와 성사관습이 종족언어 표현관습에 일치해야 한다는 논리를 반복하면서도, 라틴어 해독력과 신학동아리의 전문 지식을 일치시켜 신학동아리의 전문 지식 영역을 넓혀놓고 있다. 『신이 인간인 이유』를 1098년 여름에 완간했다. 안셀름은 신의 존재가 타락한 인간을 구원하기 위하여, 인간의 형상을 신의 존재에 대한 전제로 삼았던 이유를 밝히려고 시도하고 있다. 『신이 인간인 이유』의 논지는 '라틴어 해독자'와 '무식자'를 결속하기 위하여 이들 양자가 공감할 수 있는 '타당한 판단기준의 인식작용'이 이전부터 필요하다는 취지를 일관되게 주장하여 성사관습 논쟁의 범위를 뛰어 넘고 있다. 『신이 인간인 이유』는 『신이 인간인 이유』를 11-12세기 신학동아리의 존재 형태로 비판하고, 철학동아리의 존재론을 결국 만개하게 만들었다는 점이다. 신의 존재, 악마, 인간은 과거부터 여러 갈래로 성사관습을 행동으로 실천했기 때문에 분리될 수밖에 없었다고 지적하고 있다. 그래서 인간은 과거부터 신의 존재에 아주 예속된 입장을 취했고, 신의 예속자 역할을 담당해 왔다고 사우던은 시사하고 있다. 새로운 '성사관습 질서'에서 인간의 역할은 과거의 결속관계를 보다 광범하게 확대하는 것이었으나 새로운 성사관습에서 신의 역할은 더욱 불안한 방향으로 나아가고 있었다.

『신이 인간인 이유』에서는 세례관습 원리를 속죄에 두고 있다. 한편으로 『신이 인간인 이유』에서는 이와 반대로 회개관습을 성사관습에 일치시키고 있다. 안셀름은 신의 모습을 『신이 인간인 이유』에서 속죄하기 위하여 기도를 드리는 크리스트의 모습으로 설정하고 있다. 안셀름은 언제나 인간을 위한 신학을 창출하였다. 안셀름은 신학을 신의 존재로 여기고 있으며, 신학의 관례를 성사관습 변화에서 야기되는 사건으로 파악하여 역사영역으로 흡수하고 있다. 안셀름은 신학영역을 역사영역으로 확대하고 인간 스스로가 신의 존재를 확정하여 신의 존재를 인식하도록 성사관습으로 대체했다. 안셀름의 이런 취지는 결국 죄와 구원의 존재들을 성사관습에 새로이 일치토록 하려는 시도였다. 안셀름의 이런 시도가 문학 이동자 관례와 신학 이동자 관례의 재평가와 관련되지 않았더라면 도저히 파악될 수 없었을 것이라고 지금까지 주장하고 있다. 안셀름의 전체 대화록은 명상에다 다시 명상을 부여하고, 또한 정전의 성사관습으로부터 새로운 성사관습으로 전환되고 있다. 뿐만 아니라, 새로운 성사관습을 신의 존재 관례에 점차 일치되도록 해명하고 있다. 안셀름은 모든 대화록에서 신의 존재와 성사관습의 일치를 주장하고 '종족언어 표현관습'과 '전문 지식에 의한 신의 존재 인식작용'을 유명한 기도로 변질시켜 공동체 구성원을 다시 동요시키고 있다. 즉, 각 대화록에 나타난 신의 존재 사례처럼 『신이 인간인 이유』에 대하여 보소와 같은 반대론자의 숫자는 안셀름 자신에게 둘도 없이 친밀한 '동반자'의 역할을 담당하고 있는 것이나 다름없다. 이러한 점에서 신이라는 존재의 명사는 양피지에 옮겨져 성사관습이 되기 이전에 이미 종족언어 표현관습으로 전달되는 신의 존재와 일치하도록 청중에게 전달되며 11-12세기 서양 중세세계에서 새로운 결속력을 창출했다.

11-12세기 서양 중세세계의 새로운 결속기반은 타당한 판단기준의 인식작용으로 성사관습을 행동으로 실천하는 것이었다. 11-12세기 서양 중세세계에서 성사관습은 타당한 판단기준의 인식작용을 인식영역의 공통분모로 활용하여 라틴어 해독자와 무식자를 결속했을 뿐만 아니라, 이단자까지도 서양 중세세계 문화구성원으로 결속했다. 안셀름의 『신이 인간인 이유』는 타당한 판단기준의 인식작용을 인식영역의 공통분모로 활용하여, 분리자를 기존 성사관습에 동화하려는 의지를 내포하고 있다. 『신이 인간인 이유』에 대한 재평가는 그라프만의 지적에서도 드러나고 있다. 안셀름은 『신이 인간인 이유』에서처럼 타당한 판단기준의 인식작용을 체계화하여 성사관습을 결속원리로서 정착시키고 있다.

그라프만은 안셀름의 그 같은 재평가에서 안셀름이 타당한 판단기준의 인식작용과 성사관습의 일치를 해석원리로 파악하지 않았고, 안셀름의 마음상태와 이후 저작자들이 성사관습을 찾아내는 데 정전의 역할이 중요했다는 의미를 내포하고 있다는 것이다. 따라서 11-12세기 서양 중세세계의 결속 요인은 성사관습으로부터 생성된 '합리'에서 찾아낼 수 있게 된다고 지적할 수 있게 되었다. '지금까지 안셀름의 해석방법으로 지칭했던 존재 관례'는 실제로 성사관습의 전거로 정착했다. 즉, 인간은 대화자를 사이에 두고 성사관습을 분담하여 11-12세기 서양 중세세계를 결속하는데 타당한 판단기준의 인식작용을 활용했고, 보편타당한 성사관습에 이르러서야 11-12세기 서양 중세세계는 비로소 결속력을 지니게 되었다.

안셀름은 인간의 의지와 마음에 관한 아우구스티누스의 『성사론』을 다시 타당한 판단기준의 인식작용에 일치시켜 이단자의 성사관습을 극복하고, 정통론자 교회조직의 성사관습을 근간으로 11-12세기 서양 중세세계를 체제화하는 업적을 남기게 되었다. 그래서 안셀름은 신의 존재를 일개의 대화 상대자로 흔히 부각시키고 있다. 안셀름은 정전에서 성사관습 근거를 독창성있게 찾아내어 신의 존재를 청중에게 전달함으로써, 『신이 인간인 이유』에 대한 성사관습 중개자로서 부각되고 있다. '타당한 판단기준의 인식작용'은 신의 존재가 정전의 존재 관례로 변화하는 과정에서 논증의 구심점을 형성하고 있다. 또한 타당한 판단기준의 인식작용으로 이 변화과정을 거쳐서 신의 존재는 성사관습으로서 확실한 전거를 부여받고 있다. 이렇게 '타당한 판단기준의 인식작용'이 변화하는 과정에서 "존재 창조는 신의 존재와 일치되어 나타나고 있다."

안셀름은 이처럼 타당한 판단기준의 인식작용을 내걸면서 윤리와 도덕에 접근하고 있다. 그리고 안셀름은 윤리와 도덕을 분리하고 있다. 안셀름은 도덕과 윤리를 타당한 판단기준의 인식작용으로 찾아내게 되는 표준 성사관습으로 파악하고 있다. 그래서 안셀름은 도덕과 윤리까지도 성사관습에 따른 신의 존재 문제로 파악하고 있다. 뿐만 아니라, 신의 존재는 성사관습의 대비물을 활용하여 성사관습을 종족언어 표현관습에 결합하여, 인식논리 핵심으로 활용하고 있다. 윤리와 도덕의 표준은 인간 체험에 다시 생명을 불어넣을 수 있는 방법이 되었다. 그리고 성사와 같은 사건을 성사관습으로 확대하고 있다. 바로 이런 점에서 안셀름에게 정전은 의도에 가득찬 성사관습을 존속 가능케 하고 정전을 저작물에 그치지 않게 보완하고 있다. 성사관습의 전거와 비망록으로서 정전은 인간과 신의 존재를 크리스트 모습에 일치시키고, 체험으로 확증하여 11-12세기 서양 중세세계의 새로운 결속원리를 다시 창출하기 위한 성사관습의 보조물이 되었다.

성서는 11-12세기 서양 중세세계에서 주요한 정전이었다. 그러나 성서는 그 자체에서도 증거를 이미 배제하고 있다. 어떤 해독자도 성서 내용을 모두 기억하고 있을 수는 없다. 실제로 안셀름은 성서를 '기록 표지', '확증된 표지', '전거', '관행이나 법률'이라고 언급하고 있다. 또한 안셀름은 '신의 존재'와 '기록물의 성사관습'을 구분하고, 타당한 판단기준의 인식작용에 일치하여 신의 존재에 대한 근거를 제시하고 있다. 안셀름은 성사관습 부분에서 그치고 있지만, 신의 역할은 타당한 판단기준의 인식작용으로 인간이 틀림없이 탐구할 수 있는 신의 존재 한계를 추적하도록 최근세대 인간을 유도하고 있다.

3. 신의 존재와 아베라르의 성사

3. 신의 존재와 아베라르의 성사

12세기는 11세기를 계승했던 서양 중세세계의 전환시대였다. 12세기 초반부터 새로운 결속력은 서양 중세세계를 재편하기 시작했다. 12세기 서양 중세세계를 새로운 모습으로 바꾸어 놓은 결속력은 신의 존재와 성사관습을 서로 다르게 주장하던 성사관습 논쟁의 결과물에서 끊임없이 생성되었다. 수많은 해석자는 신의 존재와 성사관습을 서로 다르게 주장했다. 아베라르는 이들 수많은 성사관습 해석자 중에서도 신의 존재와 성사관습 논쟁에서 독특한 위치를 차지했다. 아베라르는 신의 존재와 성사관습을 주장했던 수많은 해석자 중에서도 신의 존재와 성사관습 논쟁의 공통점과 차이점을 찾아내어 타당한 판단기준의 인식작용과 보편타당한 성사관습의 기본 골격을 독창성있게 제시했다.

아베라르는 1079년 브레타뉴 지방의 르 팔레에서 출생하여 1142년 4월 21일 크뤼니 계열의 쌩 마르셀 수도원에서 사망했다. 아베라르는 신의 존재와 보편타당한 성사관습을 주장하며 신학과 철학을 분리했다. 아베라르는 물론 다수 추종자의 후원을 받았고 신학과 철학의 분기점에서 12세기 서양 중세세계 역사 현장을 두루 체험했던 인물로도 평가받고 있다. 아베라르는 신학의 변천과정을 목격했고, 신학동아리 변화의 파고가 몰고 오는 기존 질서의 해체를 예언했으며, 실제로 체험했던 인물인 것이다.

11-12세기 서양 중세세계에서 신학동아리의 전문 지식은 기존 성사관습을 지지하던 체제학문이었다. 신학동아리와 철학동아리의 전문 지식 분리는 곧 기존 성사관습 해체를 의미했을 뿐만 아니라, 기존 신학동아리의 전문 지식은 급격한 전환시대를 맞이했다. 특히, 11-12세기 서양 중세세계의 전환시대 도덕과 윤리 역시 신학동아리의 성사관습 논쟁에서 터득했던 타당한 판단기준 영향으로 분리하기 시작했다. 12세기 서양 중세세계에서 철학동아리의 전문 지식은 타당한 판단기준과 보편타당한 성사관습 옷을 입고 신의 존재와 성사관습을 주장하던 신학동아리의 전문 지식과 분리되었다. 실제로 아베라르는 신학동아리의 이런 변화를 주도했다. 물론 아베라르 역시 보편타당한 성사관습을 주장하던 신학동아리 입장을 '신의 존재에 대한 강론'에서 피력하고 있다. '신의 존재에 대한 강론'은 아베라르를 신학 비판론자로 만들었다. 아베라르를 비판하던 신의 존재 해석자의 입장에서 파악하면, 베렝가르 경우처럼 아베라르도 기존 신학동아리 주장을 옹호하려 했던 인물이라는 명성을 여러 세대에 걸쳐 지니게 되었다. 아베라르에 대한 평가에서 볼 수 있듯이, 신학동아리의 역사는 곧 역사의 반복을 의미하는 것이나 다름없었다.

쌩 종교회의(1140년)는 성사관습에 새롭게 접근하고 있다. 그러나 쌩 종교회의는 「성사관습에 대한 주지사항」을 교회조직 법률에 수용하지 못하여, 단순한 유언비어까지도 종족언어 표현관습으로 전달하는 신의 존재가 기존 신학동아리 전문 지식과 배치되는 것으로 해석하고 있다. 따라서 종교회의는 유언비어 유포행위까지도 교회조직 법률상 유죄로 선고하도록 확인했다. 쌩 종교회의는 또한 베렝가르의 사문을 담당했다.

쌩 종교회의는 베렝가르의 성사관습 비판을 유죄로 판결했던 경우처럼 성사관습에 대하여도 교회조직 법률상의 오류를 그대로 반복했다. 루스콤베는 '신의 존재에 대한 강론'을 분석하여 아베라르의 신학동아리 전문 지식 한계를 실제로 입증했다. 그리고 드 리즈크와 쥬리베는 12세기 서양 중세세계를 풍미하게 만든 아베라르의 신학계 저작물을 성사관습에 초점을 맞추어 예리하게 분석했다. 드 리즈크와 쥬리베의 탁월한 연구업적에 힘입어 아베라르의 저작물은 정당한 평가를 받기 시작했다. 신학동아리의 전문 지식은 11-12세기 서양 중세세계 전문 지식의 주류를 형성하기 시작했다.

11-12세기 서양 중세세계에서 신학 주제인 성사관습은 상상력의 원형질이나 다름없었다. 신학동아리의 『성사 해석론』은 실제로 기존 성사관습 궤도였다. 이런 신학 위치를 파악하고 있었음에도 아베라르는 새로운 이론을 주장했다. 아베라르의 새로운 이론은 물론 11-12세기 서양 중세세계라는 기존 성사관습 토양에서 발아했다. 아베라르의 새로운 신학 이론은 성사관습을 체험에 바탕을 두었다. 특히 아베라르 스스로가 성장과정에서 체험했던 성사관습을 새로운 시각으로 파악했으나 아베라르의 신학 이론에서 주장하는 신의 존재 문제 때문에 격렬한 비판에 직면했다. 신의 존재 문제는 11-12세기 서양 중세세계의 두터운 성사관습의 장벽처럼 다가오며, 아베라르 비판자를 오히려 자극했다. 아베라르 비판자들은 아베라르를 이단자로 매도했다. 아베라르에 대한 비판 목소리는 11-12세기 서양 중세세계에서 냉혹

한 평가를 거치면서도 움츠려 들지 않았다.

그러나 아베라르는 담담하게 버티며 신의 존재라는 새로운 신학 이론에 접근했다. 아베라르의 새로운 신학 이론은 체험과 인식영역으로까지 신의 존재를 확대했고 물론 신학에다 새로운 전문 지식을 첨가했다. 새로운 신학 이론에 편입된 체험의 인식영역은 당대인의 새로운 가치관을 그대로 반영했다. 아베라르는 역사가가 아니었다. 그런데도 아베라르는 애송이 역사가처럼 기존 성사관습을 거부하고, 당대 최근세대 가치관에 저항하며 자기 주장을 펼치고 있었다. 기존 성사관습으로서 『성사론』은 성사관습의 이분법 논리로 구성되었다. 물론 존재와 비존재로 표현되는 신의 존재에 대한 이분법 논리는 전체가 아닌 부분 성사관습에 초점을 맞추고 있었다. 성사관습의 실천의식에 중심을 둔 존재와 비존재의 이분법 논리는 불과 1세기도 경과하기 전에 도덕과 윤리의 핵심 원리로 이미 자리잡고 있었다.

기존 성사관습을 구성하고 있던 존재와 비존재의 이분법 논리는 두 가지 방향의 실천의식을 미사에서 내걸며, 초대 교부 원전으로부터 「성사관습에 대한 주지사항」을 실천영역에 편입했다. 한편 종족언어 표현관습으로 전달되는 성사관습을 부정하고, 존재와 비존재의 이분법 논리를 미사의식에 조화하려고 시도했다. 새로운 신학은 「성사관습에 대한 주지사항」과 존재와 비존재의 이분법 논리 조화를 추구했다. 「성사관습에 대한 주지사항」은 물론 초대 교부들의 성사관습으로부터 존재와 비존재의 전거를 찾아냈고, 존재와 비존재의 대립논리는 타당한 판단기준의 인식작용에다 미사의식 조화라는 해답을 제시했다.

저작자들도 타당한 판단기준의 인식작용을 방대한 신학 영역에 일치시키고 있었다. 아울러 신학 논쟁자들도 타당한 판단기준의 인식작용을 활용하여 성사관습의 이분법 논리를 새로운 인식논리로 개창했다. 아베라르는 타당한 판단기준의 인식작용을 신학 영역에 끌어들여 새로운 신학 개창자 위치를 차지했다. 아베라르는 베르나르(1090~1153), 빌헬름(1068?~1122?)과 함께 신학의 성사관습 논쟁에 참여하여 기존 성사관습을 비판하고, 성사 차이를 제시했다. 아베라르는 여전히 타당한 판단기준의 인식작용을 활용하여 기존 성사관습을 비판함과 동시에 신의 존재에 대한 이분법 논리와 성사관습의 이분법 논리에 대한 차이점을 타당한 판단기준의 인식작용에 일치시키고 있었다. 실제로 루스콤베는 당대 신학 논쟁을 베르나르와 빌헬름의 성사관습에 결부하여 말끔하게 분석한 바 있다. 거기다 빌헬름은 아베라르와 베르나르를 계승하여 철학과 신학의 구성원리를 비판했다.

특히, 신학은 12세기에 이르러 신의 존재에 대한 인간의 욕구와 만족을 성사관습에 포함하고 성사관습을 새로운 시각에서 접근하고 있었다. 신학 영역의 성사관습에 대한 시각 변화는 실제로 (기록으로 확정된) 현상으로부터 전문 지식의 발전으로 이어졌다. 특히 신학 영역에서 신의 존재에 대한 인간의 욕구와 만족을 성사관습에 조화시키려는 시도는 성사관습 전거로서 기록물 형태를 수용하여 새로운 성사관습 문제를 제기했다. 동시에 공동체 구성원도 종족언어 표현관습으로 전달되는 성사관습을 시각의 인식작용으로 대비하면서 라틴어 해독력을 타당한 판단기준의 근거로 제시하기 시작했다. 물론 아베라르도 라틴어 해독력을 활용하여 전거를 제시하며 공동체 구성원에게 접근했다. 그리고 아베라르는 20여 명의 천재 제자를 거느리고 있었다.

제자들은 스승인 아베라르에 대하여 언제나 애착을 버리지 않았다.

특히 이들 제자들은 라틴어 해독력을 활용하여 '개인의 성사관습'에 대해서까지 전거를 제시하는 스승 아베라르의 명쾌한 논리를 높이 평가하여 끊임없이 수용했다. 아베라르는 제자들뿐만 아니라 공동체 구성원까지도 자극했다. 아베라르는 프랑스의 도시 리옹에서 처음으로 청중을 모아 놓고 신앙에 대하여 연설했다. 아베라르는 리옹에서 연설한 다음, 청중으로 보혜단을 구성했다. 아베라르의 리옹 연설원고는 정통론자 교회조직에 대한 반항자들을 더욱 고무하고, 12세기 서양중세계 학문동아리의 전문 지식 운동을 다양한 공동체 단위에까지 이동시키면서 기존 성사관습을 거부하는 반항자 조류에 활력을 불어넣었다.

아베라르는 성서를 새로운 시각에서 접근했다. 물론 공동체 구성원도 아베라르의 성서 해석을 타당하게 받아들였다. 아베라르와 동시대 인물 중에서도 고전시대 '문학'에 대하여 주해를 부여한 문필가들도 있었다. 이들 문필가 중에는 아베라르의 성서를 추종하는 해석자들도 포함되어 있었다. 특히 성서 주해자로서는 루페르트(1075/1080~1129), 안셀름(1050?~1117), 빌헬름(1068~1122?) 등도 지적될 수 있다. 그런데도 아베라르는 이들 주해자들보다 재치 있고, 체계 있게 성서를 분석하여 성서의 성사관습을 새로운 방향에서 찾아내고 있었다. 아베라르의 이런 새로운 성사에서는 바로 『존재와 비존재』의 문제를 제기하고 있었다. 아베라르는 유명한 머리말에서 『존재와 비존재』의 문제를 제기하고 있다. 『존재와 비존재』가 한 때 대단한 저작물로 평가된 적도 있다. 그러나 『존재와 비존재』는 과거 연구자들처럼 대단한 독창성을 지닌 것으로는 평가할 수 없다. 그런데도 『존재와 비존재』는 종족언어 표현관습을 성사관습과 신학에 일치시키는 지침서나 다름없었다.

따라서 아베라르의 『존재와 비존재』는 12세기 신학을 가장 명확하게 반영하고 있는 저작물로 평가할 수 있다.

아베라르는 『존재와 비존재』에서 '꽃'과 '문장원리'를 성사관습 사례로 제시했다. 『존재와 비존재』에서 아베라르는 '꽃'과 '문장원리'에 대하여 신이라는 존재 관례를 제시하지 않고 있다. 그러나 아베라르는 '꽃'과 '문장원리'를 활용하여 초기 크리스트교 시대 성사관습을 제시하며 초기 크리스트교 시대 성사관습이 어떻게 인정받게 되었던지를 상세하게 정리하고 있다. 아베라르는 『존재와 비존재』에서 58개에 이르는 인용문을 성사관습 사례로서 제시하고 있다. 물론 『존재와 비존재』에서 발췌했던 아베라르의 인용문은 성사관습에 대하여 타당한 판단기준의 인식작용을 제시하고 있다. 아베라르는 『존재와 비존재』에서 발췌했던 인용문을 두 가지 방향으로 타당한 판단기준을 제시하는데 활용하고 있다. 아베라르는 그 인용문을 신의 존재와 타당한 성사관습에 일치시키고 있다.

아베라르는 신의 존재로부터 성사관습을 분리하고, 성사라는 사건과 성사관습을 동일시하기 시작했다. 아베라르는 종족언어 표현관습으로 전달되는 성사관습처럼 신학의 『성사론』을 활용해야 한다는 주장을 옹호하고 있다. 또한 타당한 판단기준의 인식작용으로 성사관습 전거를 성사에서 확인해야 한다는 것이다. 아베라르는 또한 신의 존재로부터 성사관습과 성사 사건을 분리하여 크리스트교 공동체의 문화영역을 확장하려는 의도를 드러냈다. 아베라르는 무정형의 문답 형식으로 신의 존재에 문제를 제기하고, 끊임없이 제기되는 신의 존재 문제를 보편타당한 성사관습에로 돌아가고 있다. 아베라르의 보편 타당한 성사관습은 변함없이 세 편의 신학 저작물에 대하여 성사관습 논쟁을 유발하고 있다.

당시부터 신학 저작물은 12세기 서양 중세세계에서 제기했던 성사 사건을 보편타당한 성사관습의 옷을 입혀 가공된 상태로 전달했을 가능성도 있다. 거기다 대개의 신학 저작물 또한 보편타당한 성사관습을 기본 골격으로 구성했으나 그 이면에서 두 가지 현상, 즉 종족언어 표현관습의 궤도로 전달되는 기존 성사관습과 보편타당한 성사관습이 충돌하는 경우, 종족언어 표현관습의 궤도가 신학 저작물의 보편타당한 성사관습을 오히려 원활하게 만들어 기존 성사관습을 확장하는 효과를 지니는 경우도 나타났다.

보편타당한 성사관습이 기존 성사관습을 원활하게 전달하는 효과로서 작용했든지, 아니면 기존 성사관습과 충돌을 빚는 장애물로서 역할을 담당했든지, 그 성사 이면에서는 신의 존재로서 성서와 '교부의 저작물'을 활용하고 있다는 점이 중요했다. 아베라르는 성서와 교부의 성사관습을 원전으로 간주했다. 성서와 교부의 성사관습 원전에 대한 아베라르의 이 같은 인식태도는 아베라르가 안셀름보다는 더욱 강력하게 기존 성사관습에 집착했다는 증거인 것이다. 아베라르는 어쨌든 신의 존재를 신학 골격으로 파악하여 분석하고 있다. 아베라르의 이 같은 신학은 종족언어 표현관습으로 전달되는 성사관습을 신의 존재로부터 찾아내고 있다. 이것은 곧 안셀름의 신학이 아베라르의 신학과 분리될 수 없다는 증거인 것이다.

그러나 아베라르의 신학은 기본 논리골격에서 안셀름의 신학과 일치할 수 없었다. 특히, 이 두 가지 신학은 신의 존재에 대한 분석방법상에서도 공통점을 지닐 수 없었다. 그런데도 아베라르는 안셀름의 신학과는 다르게 종족언어 표현관습으로 전달되는 성사관습을 새로운 신학에 편입하여 고전시대 성사관습을 개조하여 기존 주석본과 구분하고 있다. 아베라르는 개인의 자유로운 성사관습을 기존 성사관습에 흡수하여 당연히 중요한 성사관습 문제로 인식하고 종족언어 표현관습으로 전달되는 성사관습을 신의 존재와 분리했다.

아베라르의 새로운 신학도 성사관습에 중점을 두었다. 성사관습의 의미 이동원리를 활용하면서도, 최종 선택단계에서는 '성사라는 사건'과 '신의 존재를 전문 지식으로' 파악하게 된다는 것이 아베라르의 신학 골격이었다. 아베라르의 신학에서 '성사라는 사건'과 '신의 존재를 전문 지식으로' 파악하는데 종족언어 표현관습을 매체로 활용했다. 아베라르는『존재와 비존재』에서 뿐만 아니라 다른 신학 저작물에서도 '성사라는 사건'과 '신의 존재'를 종족언어 표현관습과 관련 지우고 있다. 아베라르는『존재와 비존재』를 1110년과 1127년에 이르러 신의 존재에 대한 주해서 형식으로서 아리스토텔레스의『종족언어 규범론』이나『해석론』을 모방하여 저작했다. 이렇게 아리스토텔레스의 저작물이 서양 중세세계 인간의 손에 들어오게 된 것은 로마인 보에티우스의 업적에 힘 입었다.

로마인 보에티우스는 아리스토텔레스의『종족언어 규범론』과『해석론』을 자기 손으로 번역하고 해석까지 부여했다. 아베라르의『존재와 비존재』는 아리스토텔레스의『종족언어 규범론』이나『해석론』처럼 주로 고전시대 저작자의 논리학에서 활용하던 존재 주제를 개작했던 것이다. 아베라르는 또한『존재와 비존재』를 아리스토텔레스의『종족언어 규범론』이나『해석론』을 개작한 키케로(+BC 43)의 경우처럼 정전인 성서 주해서 형식으로 저작했다. 아베라르는 성서 주해서를 청중에게 전달할 수 있는 강론 원고형태로 저작하여 수차 수정을 거친 다음 『존재와 비존재』를 실제 성서 주석서처럼 저작했을 가능성도 있다. 특히 『존재와 비존재』는 이후 '저작물의 성사관습 논리 근거'를 개작한 것으로 내용상에서도 드러나고 있다. 또한 『존재와 비존재』는 성사의 의미 이동원리를 선택하기 위한 최종 단계에서부터 '종족언어 표현관습으로 전달되는 성사관습'에 초점을 맞추어 개작되었다.

아베라르는 성사관습에서 논리학을 원용하고 있다. 아베라르는 타당한 판단기준의 인식작용에 대한 전거를 고전시대 성사관습으로부터 찾아 제시하고 있다. 아베라르는 고전시대 성사관습으로부터 찾아낸 전거를 타당한 판단기준의 인식작용과 관련 지우고 있다. 이것은 아리스토텔레스의 논리학을 분석하지 않고서는 불가능했을 것이다. 아베라르의 이런 신학 기초는 대개 보에티우스의 『해석론』을 분석한 결과와 관련되어 있다. 아베라르는 이후부터 삼위일체론에 접근하는 과정에서 보에티우스의 『해석론』을 이탈하고 있다. 아베라르가 보에티우스의 『해석론』을 이탈하게 된 동기에 대해서는 최근 중세 연구자들의 주장과도 관련되어 있음을 부정할 수 없다. 최근 중세 연구자들의 주장에서는 아베라르의 개작서를 논리학의 정전으로 간주하고 있다. 논리학의 정전은 아베라르에게 라틴어계 저작물 중에서도 최상의 『해석론』으로 인식되고 있다. 따라서 논리학 정전은 『세상 근본원리』에 접근하여 『세상 근본원리』를 수정하는 지침서로 인식되었다.

아베라르는 라틴어 상용지역과 그리스어 상용지역의 철학 체제를 혼용하고 있다. 즉, 아베라르는 그리스어 상용지역에서 발아하여 로마인 고트어계 보에티우스와 중세 유대계 아랍인의 철학 영향을 수용하여 새로운 신학을 12세기 서양 중세세계에 접목했다. 아베라르는 그리스어 상용지역에서 발아했던 철학 영향으로 철학까지 수정했으나 아베라르의 이런 철학 수정태도를 놀라운 것으로 평가할 수는 없다. 이미 중세 초기시대를 거치면서 라틴어 상용지역의 철학은 그리스어 상용지역의 철학 영향을 받기 시작했다. 라틴어 상용지역의 철학은 그리스어 상용지역에서 피어난 철학 종합 명제에 서서히 접근하고 있었던 상황이었다. 유럽세계 철학은 그리스어와 라틴어라는 두 언어 병용시대인 로마제국시대를 거쳐 라틴어 상용지역에 순응하며 정착했다. 유럽세계 철학은 라틴어 영역에서 단일한 학문영역을 구축하면서 종족언어 표현관습으로 전달되는 다양한 성사 때문에 과거 그리스어 활용체제로부터 강력한 도전을 받던 상황이었다. 그리스어 영역의 철학은 다시 라틴어 영역에서 재생했다.

어느 시기에 이르러, 라틴어 영역과 그리스어 영역의 철학체제는 통합했으나 그리스인의 언어체제 유입으로 그리스인의 철학은 다시 라틴어 영역으로 급속하게 이동하여 당시 라틴어로 번역되었다. 그리스인들의 철학이 라틴어로 번역되던 시기로부터 라틴어는 학술언어로 자리잡아 학문과 저작에 필요한 도구 언어로 정착했다. 『황제 유스티니아누스의 법전』은 물론 그리스어와 라틴어를 혼용해서 편찬되었고, 『황제 유스티니아누스의 법전』에 버금갈 정도로 보에티우스의 저작물 또한 두 가지 언어체제를 혼용하고 있다. 그런데도 보에티우스의 학문체제는 종족언어 표현관습과 두 가지 언어체제 사이에서 확연하게 의미 격차를 드러내고 있다. 중세인들 그 중에서도 아베라르는 보에티우스의 학문체제와 표현관습 격차를 고려하지 않을 수 없었을 것이다.

보에티우스의 학문체제는 12세기 유럽인 학문체제와 다를 수밖에 없었다. 보에티우스의 학문체제는 의식과 무의식에 기초하여 종족언어 표현관습을 구분하고 있다. 즉, 종족언어 표현관습의 궤도를 활용하여 전달되는 성사관습을 의식 영역과 무의식 영역으로 구분하고 있다. 보에티우스는 종족언어 표현관습으로 전달되는 성사관습을 예리하게 분리하고 있다. 이런 맥락에서 아베라르의 『존재와 비존재』에 대한 저작 의도를 분석하려면 자연히 아베라르가 아리스토텔레스의 저작 의도를 모방했는지를 분석하는 것도 흥미를 더하리라 추측된다. 아베라르는 아리스토텔레스의 『해석론』에 포함된 『존재와 비존재』의 저작 의도와 깊은 관련을 지니고 있다. 아베라르의 이런 관련성은 흔히 중세 후기 르네상스로 지칭되는 고전시대 그리스어계 저작물의 부활과정에서도 입증되고 있다. 중세 후기 고전시대 그리스어계 저작물의 부활을 역사상에서 파악하면, 고전시대 그리스어계 저작물에 담긴 인식모형에 대하여 일종의 역류현상이 일어났던 것과도 다를 바 없다. 이런 점에서 파악하면 아베라르로부터 시작된 학문체제의 출발점은 타당했을 수도 있다. 아베라르의 출발점은 오류일 가능성도 있으나 아베라르의 학문이 타당하든, 오류이든, 아리스토텔레스의 『해석론』과 깊은 관련을 맺고 있다는 점을 부정할 수는 없다.

아베라르는 성사관습을 분석하는 과정에서 보에티우스의 소리를 활용하고 있다. 보에티우스는 지방민의 종족언어 표현관습으로 전달되는 성사관습을 소리에 일치시키고 있다. 보에티우스는 소리를 창조할 수 있는 성사관습에 대하여, 그리고 반대되는 입장에서 성사관습에 대하여도 존재 관례를 부여하고 있다. 아베라르는 보에티우스의 존재 관례를 활용하여, 12세기 서양 중세세계에서 통용될 수 있는 새로운 성사관습을 창출했다. 아베라르의 새로운 성사관습은 12세기 서양 중세세계에서 신의 존재 변화로 이어져 신학 구성체제에다 새로운 성사관습을 제시하고, 기존 신학의 성사관습 변질이라는 과제를 안겨주었다. 기존 신학에 아베라르의 새로운 신학 결합은 12세기까지 서양 중세세계의 버팀목인 결속원리에도 분리요인이 되었다. 이런 점에서 여기서는 아베라르의 새로운 신학 분석에 앞서 아리스토텔레스로부터 보에티우스를 거쳐 아베라르에 이르기까지 존재 구성원리를 분석해 두고자 했다.

3.1. 아리스토텔레스의 『해석론』과 보에티우스와 아베라르의 『해석론』

11-12세기 서양 중세세계에서도 성사관습은 신의 존재 때문에 문화성원을 다수 구성원과 소수 구성원으로 분리하는 요인이 되었다. 신의 이런 존재 문제는 소리로 전달되는 신의 존재에서 제기되었다. 물론 12세기 서양 중세세계에서도 다수 문화구성원은 기존 성사관습과 새로운 성사관습이라는 기본 틀을 핵심으로 구성되었다. 문화구성원의 이런 기본 틀은 12세기 서양 중세세계를 이끌어 가는 질서 견인차나 다름없었으나 새로운 성사관습은 질서 변화를 주도했다. 어떤 특정한 사회이든 마찬가지겠지만, 예외 없이 11-12세기 서양 중세세계에서도 성사관습은 글자성사와 소리성사관습으로 존속했고 아베라르 역시 성사를 소리 성사로 글자 성사로 나누어 분석하고 이 두 가지 성사관습을 기본 성사관습 틀에 맞도록 『해석론』에 근거하여 새로운 성사관습을 부여하고 있다.

아베라르는 그리스어나 아랍어 해독력을 갖추지 못하여 보에티우스의 『해석론』으로부터 아리스토텔레스의 『해석론』을 수용하고 있다. 아베라르는 종족언어 표현관습으로 전달되는 성사관습을 보에티우스의 『해석론』으로부터 찾아내고 아리스토텔레스의 『해석론』을 번역한 보에티우스의 『해석론』을 인용하고 있다. 따라서 여기서는 우선 아리스토텔레스의 『해석론』을 번역한 보에티우스의 『해석론』을 분석하고, 다음으로 보에티우스의 『해석론』에 대한 아베라르의 주해를 분석하기로 하겠다. 아베라르는 아리스토텔레스의 『해석론』을 번역했다. 아리스토텔레스는 『해석론』에서 사물의 존재를 전체 주제로 설정하고 『아리스토텔레스 해석론』의 사물 존재라는 주제의 순서 그대로 '명사', '동사', 부정어, 긍정어, 서술어, '종족언어 표현관습으로 전달되는 의례관습' 등으로 구성하여 서술하고 있다. 아리스토텔레스는 여기서 종족언어 표현관습으로 전달되는 의례관습을 존재에 관련 지어 분석하며 '종족언어 표현관습으로 전달되는 의례관습을 소리'라고 지적하고 있다. 아리스토텔레스는 이 소리를 '영혼의 인식작용으로 만들어진 감정의 존재 표지'로 인식하고 있다.

한편 아리스토텔레스는 '글자의 의례관습'을 소리로 전달되는 철자 모음체로 인식하고 있다. 아리스토텔레스는 종족언어 표현관습으로 전달되는 의례관습을 소리로 전달하게 되는 경우, 종족에 따라서 서로 다른 소리를 내게 된다고 언급하고 기본 철자가 소리를 상징하고 있다는 것이다. 그래서 철자는 소리 상징물로서 철자의 모음형태에 따라서 서로 다른 존재를 전달하게 된다는 것이다. 인간은 철자 모음체를 상징물로 변형하여 의례관습을 전달하고 있다. 그런데도 철자는 상징물이요, 신이라는 존재의 표지임을 부인할 수 없다. 물론 철자는 소리의 대비물을 전달하는 표지인 것이다. 글자는 소리의 대비물로서 존재 관례를 전달하고 있다. 글자의 대비물은 바로 '존재'를 나타내고 글자의 존재 관례를 글자의 소리로도 전달하고 있다는 것이다. 글자의 이런 소리는 영혼이나 감각의 인식작용처럼 특정한 존재 관례를 전달하는 과정에서 오류를 범할 수 없으나, 소리는 오류를 범할 수도 있다는 것이다. 소리 글자는 소리 존재와는 다르게, 글자 오류에 대하여 타당한 판단기준의 인식작용을 가능케 할 수 있다. 그래서 글자는 존재를 틀린 소리와 정확한 소리로 분리하나 소리는 글자 관례를 전달하고 있다는 것이다. 글자 관례는 소리를 활용하여 상대방에게 전달되면서 틀린 소리나 정확한 소리에 대하여 판단기준의 인식작용을 가능하게 만들고 있다는 것이다.

존재 관례에 대하여 오류를 적용하든 타당한 판단기준의 인식작용을 적용하든 이는 모두 소리 존재 관례와 글자 존재 관례의 '결합'에서 생기는 인식작용의 결과인 것이다. 소리 존재 관례와 글자 존재 관례의 '결합'은 다시 존재와 그 관례를 분리할 수도 있으나, 소리 존재 관례와 글자 존재 관례의 '분리'는 존재가 소리로 전달되면서 나타날 수 있다. 명사는 소리 존재 관례와 글자 존재 관례를 함축하고 있으나 동사는 소리 존재 관례 없이는 본래의 인식작용에 이를 수 없다. 명사와 동사는 존재와 관례를 결합하지 않고서도 '전문 지식의 인식작용으로 파악할 수 있는 소리 존재 관례'와 일치할 수 있다. 명사와 동사의 존재는 이처럼 이미 12세기 이후 유럽 언어영역에 깊이 침잠해 있었다. 유럽인들의 인식영역을 구축하고 있는 동사와 명사의 기본 골격은 '소리 존재 관례와 글자 존재 관례'를 결합시킨 것이 『문법원리』였다.

12세기 서양 중세세계에서 『문법원리』는 소리 존재 관례와 글자 존재 관례를 타당한 판단기준의 인식작용에 일치시키면서 논리학의 핵심 주제로 자리잡았다. 틀린 존재 관례나 정확한 존재관례는 존재 인식영역에서 타당한 판단기준의 인식작용과 결부되었다. 아리스토텔레스는 존재 사례로서 소리 존재와 글자 관례가 따로 분리되어 있을 경우를 가정하고 있다. 그리고 아리스토텔레스는 '사람'과 '흰색'의 경우, 이 두 가지 소리의 존재는 서로 다른 글자 관례를 포함하고 있다고 지적하고 있다. 그러나 '사람이라는 관례'나 '흰색이라는' 관례는 '타당하다' 아니면 '오류다'로 단정할 수 없다고 지적하고 있다.

아리스토텔레스는 '사람'의 관례와 '흰색'의 관례를 활용하여 소리의 존재에 대한 문제에 다시 접근하고 있다. 아리스토텔레스는 비존재 사례로서 홀애비 염소를 지적하고 있다. 홀애비 염소는 비존재이다. 홀애비 염소는 염소가 아닌 "다른 소리의 존재를 함축하고 있다." 홀애비 염소는 '명칭의 표지'에 지나지 않는다. 홀애비 염소의 명칭은 't'와 's'와 같은 기본 철자나, '나'와 '아니다'와 같은 글자 관례를 활용하지도 않고, 시간 간격을 활용하더라도 설명할 수 없다는 것이다. 따라서 홀애비 염소에 함축된 염소 명칭은 '오류다', '타당하다'로 표현할 수 없는 것이라고 지적할 수 있다.

아리스토텔레스는 이런 존재 명칭을 저작물의 존재 관례에 적용하고 있다. 그러나 여기서는 아리스토텔레스의 『해석론』을 분석하기 위한 것이 아니고, 아리스토텔레스의 『해석론』에 대한 보에티우스의 주해를 검토하려는 취지에서 아리스토텔레스의 『해석론』 일부를 검토하고 있다. 보에티우스는 아리스토텔레스의 『해석론』에 대한 주해에서 소리 존재와 글자 관례에 대한 의미 전달[이동]원리를 구분하고 있다. 보에티우스는 '소리'로 전달되는 존재와 의미를 분석하고 있다.

존재를 전달하는 '소리'는 혀를 활용한 입 속의 공간 진동이라고 설명하고, 존재를 전달하는 소리는 혀의 공간 진동으로 다시 목구멍을 진동하여 발생하게 된다고 설명하고 있다. 보에티우스는 혼탁한 소리나 맑은 소리와 같은 특정한 소리의 경우, 혀의 진동으로 존재를 만들지 않는다고 부언하고 있다.

그러나 소리를 "특정한 문자로 기록할 수는 없다." 소리는 존재의 관례를 전달하는 수단이 될 수 없다. 또한 '심리작용으로 소리의 존재나 존재의 영상을 전달하려면', '특정한 존재'는 기침 소리의 전달 경우와는 다르게 외부로 전달되고 있다. 소리는 완연하게 존재의 의미를 전달할 수 있다. 존재를 소리로 전달하게 되는 경우, 소리는 특정한 궤도를 따라서 존재를 전달하게 되는 것이다. 보에티우스는 존재를 전달하게 되는 특정한 소리의 궤도를 종족언어 표현관습이라고 정의하고 있다. 종족언어 표현관습으로 존재를 전달할 수 있는 소리 궤도인 관습은 언어에 함축된 '글자의 관례'라기보다는 '종족언어의 소리로 전달되는 존재의 전달의미'로 번역될 수 있다. 그리고 보에티우스는 종족언어의 소리로 전달되는 존재를 활용하여 글자의 관례도 가능하게 된다고 설명하고 있다.

글자의 존재 관례는 소리 원소로 구성되어 있다. 글자의 존재 관례를 전달하는 소리의 원소는 '글자(=철자)이다'. 글자의 소리를 서로 결합하게 되는 경우, 글자의 소리는 조화를 이루어 간단하게 결합되고 있다. 그리고 조화롭게 구성된 글자의 결합체는 이어서 문법으로 정확한 존재 관례를 전달하게 되는 것이다. 그리고 이 같은 글자 결합체는 다시 문법을 보조수단으로 활용하여 정확한 글자의 존재 관례까지도 구성하게 되는 것이다. 소리의 존재는 표지형태로 전달되고 있다. '사람'의 경우에도 소리는 사람의 존재를 표지형태로 전달하고 있다. 소리는 어떤 점에서 존재에 대하여 표지를 부여하는 보조 수단이라고 지적할 수도 있다. 그러나 소리가 존재를 전달하는 표지의 보조 수단이 될 수 없는 경우도 있을 수 있다.

소리의 존재는 문법을 보조수단으로 활용하여 전달될 수도 있다. 여기서 문법을 보조수단으로 활용하여 소리로 전달되는 존재는 본래의 존재나 표지가 아닌 전혀 다른 존재를 나타낼 수도 있다. 보에티우스는 소리의 존재를 활용하여 존재 모형에 접근하고 있다. 보에티우스는 소리의 보조 수단인 종족언어 표현관습에 따라서 존재모형을 구분하고 있다. 보에티우스는 소리로 전달되는 글자의 존재를 소리로 전달되는 '존재의 표지'에 편입하고 있었다. 보에티우스는 '소리의 존재'를 '단순한 소리 구성체'로 파악하고, 존재의 표지를 존재 모형이라고 지칭하고 있다. 소리의 존재는 "글자로 기록될 수도 있다." 소리의 존재를 '글자로 표지하려면' 심성에 작용하여 상상력의 작용으로부터 표지를 부여받아야 한다고 보에티우스는 지적하고 있다. 소리의 존재는 어쨌든 심성과 상상력이 작용해야만 존재의 표지를 인식할 수 있다고 부언하고 있다. 소리의 존재라는 인식작용의 '목적물'은 상상력의 인식작용으로 소리나 글자의 존재 관례로 전달되고 있다. 따라서 존재의 의례관습은 소리나 글자의 관례, 그리고 기록물에 담긴 「의례관습에 대한 주지사항」을 활용하여 표지에 접근하고, 다시 마음의 인식작용으로 표상을 찾아내어 목적물을 파악함으로써 전달될 수 있다.

아리스토텔레스는 『해석론』의 서문에서 소리의 존재와 글자의 관계를 언급하며 종족언어 표현관습의 소리와 글자로 전달되는 존재 관례를 서로 관련 지워 분석하고 있다. 아리스토텔레스의 존재 관례에 대한 이런 평가능력 때문에도 아리스토텔레스의 『해석론』은 물론 분석해야 할 것이다. 소리의 존재는 글자와 관련되어 있고 글자의 존재는 소리의 존재와 관련되어 있다. 소리와 글자는 공통으로 존재를 전달하고 있다. 소리를 글자의 관례에 관련 지우지 않는 경우에도 소리의 존재를 목적물 형식으로 인식하기 마련이다. 소리의 존재가 글자로 전달되려면 인식된 존재형태로 전달되기 마련인 것인데 보에티우스는 소리와 글자, 글자로 전달되는 존재와 소리로 전달되는 존재의 관계를 아리스토텔레스의 『해석론』을 도입하여 계속 분석하고 있다.

보에티우스는 먼저 아리스토텔레스의 『해석론』을 분석하기 위한 처음 단계로서 특정한 존재의 주제를 설정하고 있다. 보에티우스는 특정한 존재 주제에 국한하여 아리스토텔레스의 『해석론』을 활용하고 존재를 정의하고 있다. 보에티우스는 '존재를 표지하기 위하여 입에서 나오는 소리의 존재'를 존재라고 지적하며 각양각색의 소리나 글자로 전달되는 존재를 모두 존재로 파악하지 않고 있다. 소리라고 해서 모든 소리가 존재를 지니게 되는 것도 아니라고 지적하고 특정한 존재의 경우는 정확한 소리로 전달되면서도 존재를 지니지 않는 경우도 있다고 부언하고 있다. 아리스토텔레스는 여기서 다시 소리로 전달되는 존재 한계를 『소리 규범론』으로 설정하고 있다.

아리스토텔레스는 존재의 『종족언어 규범론』을 『해석론』의 한계로 설정하는 과정에서 '시의 표현론'에 대한 경우를 사례로 제시하고 있다. 아리스토텔레스는 존재를 소리와 글자의 음절, 그리고 문법으로 분리하고 있다. 아리스토텔레스는 『소리 규범론』에서 존재를 의례관습의 구성물로 파악하고 있다. 존재의 『소리 규범론』에서 아리스토텔레스는 존재를 전문 지식의 인식작용으로 파악하고, 그리고 타당한 판단기준의 인식작용으로 선택하여 마음의 인식작용에 이르러서야 전달된다는 방식으로 설명하고 있다. 존재의 『소리 규범론』에서도 존재를 전달하기 위하여 두 가지 사례를 언급하고 있다. 존재가 소리로 전달되기 위해서는 의례관습과 종족언어 표현관습이라는 두 가지 원소가 일치해야 통합된 존재의 원소가 전달될 수 있다는 것이다.

아리스토텔레스는 『해석론』 어디에서도 전문 지식에 관해서는 언급하지 않았고, 물론 전문 지식을 존재에까지 관련 지우지도 않았다. 아리스토텔레스의 『해석론』에서는 명사와 동사의 결합 경우, 사물의 존재를 분석하고 있다. 아리스토텔레스는 명사와 동사의 결합으로 하나의 문장을 구성하는 경우를 사물의 존재에 관련 지어 언급하고 있다. 아리스토텔레스는 명사와 동사의 결합으로 하나의 문장을 구성하는 경우 모든 사물의 존재를 문법에 일치하여 마음의 인식작용으로 파악하게 된다고, 존재의 『소리 규범론』에서 다루고 있다. 존재의 『종족언어 규범론』에 드러난 아리스토텔레스의 의도는 소리로 전달되는 존재와 문법을 결합하여, 존재와 문법의 일치점에서 존재를 파악하려는 것이다. 이처럼 아리스토텔레스는 존재의 『종족언어 규범론』에서 존재를 소리와 글자에 결합하여, 소리와 글자의 존재를 확대하고 있다.

아리스토텔레스의 존재의 『종족언어 규범론』에서는 존재를 전문 지식의 인식작용으로 찾아낸 글자의 관례와 외부로부터 전달되어 인식하게 된 소리 존재로서 구성하고 있다. 아리스토텔레스는 존재의 『종족언어 규범론』에서 10가지 정도의 존재가 자연계에서도 존속하고 있다고 부언하고 있다. 10가지라는 존재에서 10이라는 숫자는 자연계에 존재하는 존재 근거라고 지적할 수 있다. 자연계의 이 같은 10가지 존재는 명사와 동사의 결합으로 전달될 수 있다고 부언하고 존재를 명사와 동사의 결합으로 전달하게 되는 것을 종족언어 표현관습이라고 지적하고 있다. 그래서 존재도 종족언어 표현관습의 기본 틀을 이탈할 수 없다는 것이다.

보에티우스는 다시 아리스토텔레스의 존재의 『종족언어 규범론』을 활용하여 존재를 다섯 가지로 분류하고 있다. 보에티우스는 존재의 분류에서 아리스토텔레스와 같은 고전시대 저작자의 존재 소리를 분석하지 않고, '글자와 소리의 결합으로 소리 존재'가 전달된다는 아리스토텔레스의 지적이 지나치게 단순하다고 지적하고 있다. 리스토텔레스도 '글자와 소리의 결합으로 전달된 존재'는 타당한 판단기준의 인식작용과 관련되거나, 아니면 오류와 관련되어 있다는 맥락에서 소리의 존재를 활용하고 있다. 소리의 존재를 적용하는 과정에서 아리스토텔레스는 '타당한 판단기준의 인식작용으로 선택한 존재'를 전문지식으로 파악하여, 여기에다 다시 감각과 영혼의 인식작용 일치시키고 있다. 아리스토텔레스도 존재에 대하여 타당한 판단기준의 효용성을 다음과 같이 지적하고 있다. 즉, 존재는 시각의 인식작용으로 발생하여 아주 유용한 경우 심성의 인식작용을 거쳐 타당한 판단기준의 인식작용에 이르게 되며, 다시 전달자의 체험으로 확인하게 된다고 부언하고 있다.

보에티우스는 아리스토텔레스의 존재 모형을 자기의 존재 관례 모형에 옮겨 놓고 있다. 그런데도 보에티우스는 아리스토텔레스의 본래 존재를 어느 정도 저작물의 의례관습에 부합하도록 변형하고 있다. 보에티우스도 결국 존재를 선택자 문제로 파악하여 타당한 판단기준의 인식작용에까지 선택자에게 귀착시키고 있다. 인간이 존재 관례에 아무리 접근하려고 노력하더라도 인간은 결국 타당한 판단기준의 인식작용으로 존재를 선택해야 하며, 인간의 타당한 판단기준은 본래부터 세 가지 구성요소를 언제나 지니고 있다는 것이다. 보에티우스는 세 가지 구성요소에다 타당한 판단기준의 인식작용, 마음과 감각의 인식작용, 그리고 상상력을 포함하고 있다. 상상력의 인식작용으로 파악하는 존재를 타당한 판단기준의 인식작용으로 다시 선택하고 있다.

즉, 보에티우스는 타당한 판단기준의 인식작용에다 전문 지식을 포함하고 있다. 따라서 타당한 판단기준의 인식영역에는 자연스럽게 존재 영역에 소리와 글자까지도 포함하고 있다. 보에티우스는 존재를 마음으로부터 감각의 인식작용을 거쳐 상상력의 인식작용에 이르게 되는 것으로 파악하고 있다. 거기다 보에티우스는 다시 이 같은 존재를 상상력의 인식작용으로 파악하거나, 아니면 타당한 판단기준의 인식작용으로 지각하게 된다고 부언하고 있다. 보에티우스는 존재를 심성의 인식작용으로 포착한 이후에야 인식하고, 다시 표지에 이르게 된다고 설명하고 있다.

소리와 글자의 존재는 인식작용과 심리작용의 인식영역에서 하나로 일치되어 전달된다고 보에티우스는 설명하고 있다. 그리고는 글자 관례가 타당한 판단기준의 인식작용을 종족언어 표현관습에 예속시키는 것으로 보에티우스는 지적하고 있다. 어쨌든, 글자 관례는 종족언어 표현관습의 영역까지도 기록물을 하나로 일치시키고 있다. 소리와 글자의 '존재'는 타당한 판단기준의 인식작용을 불러일으키고 있다. 소리와 글자의 존재는 복잡한 마음과 감각의 인식작용을 거치면서 전달되고 있다. 종족언어 표현관습은 물론 소리와 감각의 축적물이었다.

타당한 판단기준의 인식작용은 종족언어 표현관습 영역에서 작용하고 있다. 따라서 타당한 판단기준의 인식영역에는 보고(시각), 듣고(청각), 느끼고(촉각), 맛보고(미각), 냄새 맡는 것(후각)까지 포함되어 있는 것이나 다름없다. 어쨌든, 존재는 유형이건 무형이건 소리로 전달될 수 있는 존재로부터 진행되며 소리의 존재는 복잡한 존재 의미를 함축하고 있다.

소리의 존재는 종족언어 표현관습으로 전달되고 있다. 소리의 존재는 또한 종족언어 표현관습에 바탕을 둔 인식작용을 거쳐 전달되고 있다. 소리의 존재는 물론 존재 의미로부터 생겨나고 있다. 존재는 심성의 인식작용으로 파악하지 않고서는 어떤 존재 의미도 지닐 수 없다. 그러나 보에티우스는 종족언어 표현관습으로 전달되는 글자 관례도 소리 존재를 함축하고 있다고 지적하고 있다. 글자의 관례에 대한 보에티우스의 이 같은 언급은 글자의 대비물을 활용하여 전달되는 소리의 존재와도 관련되어 있다.

아리스토텔레스는 글자와 소리의 대비물을 활용하여 전달되는 존재를 『해석론』에서 분석하고 있다. 아리스토텔레스는 글자와 소리로 존재를 전달하게 되는 사례로서 '종족'의 경우를 지적하고 있다. 동일한 종족이라고 가정하면, 종족은 종족구성원의 심성의 인식작용에서도 동일한 명사의 존재를 갖게 된다고 지적하고 있다. 각 종족은 서로 다른 종족언어 표현관습을 지니고 있다. 각 종족의 종족언어 표현관습이 다르기 때문에 기록물에서도 소리의 존재를 다른 부호로 표기할 수밖에 없다는 것이다. 그런데도 각 종족은 소리의 존재에 대하여 서로 비슷한 표상을 지니고 있다. 소리의 존재에 대한 심성의 인식작용은 유사한 표상으로 접근하게 되어 있다. 이런 경우 소리의 존재를 전달하게 되는 글자를 말에 대한 대비물이라고 정의할 수 있다. 즉, 소리의 존재는 글자의 대비물을 활용하여 실제로 동일한 표상을 지니고서 존재를 전달하게 된다는 것이다.

소리의 존재는 글자나 소리의 대비물을 활용하여 전달되고 있으면서도, 소리의 존재가 종족언어 표현관습에서 확증된 증거를 지니고 있다고 해서 그 소리의 존재를 인식 가능하다고 판단할 수 없다는 것이다. 여기서 소리의 존재는 종족언어 표현관습과 소리의 존재라는 글자의 관례까지 포함하고 있다. 소리의 존재라는 글자의 관례는 종족언어 표현관습 영역과 저작물의 영역으로 구분되어 있다. 보에티우스는 소리의 존재라는 글자의 관례를 종족언어 표현관습 영역에서 파악하고 있다. 그리고 보에티우스는 기록할 글자가 존재하지 않는 경우를 가정하고 있다. 글자가 나타나지 않았다면 소리의 존재라는 글자의 관례를 확정할 수 없었을 것이라고 추측하고 있다.

그럼에도 불구하고 '무식자'는 글자로 전달되는 소리의 존재라는 글자의 명칭을 전혀 파악할 수 없다고 부언하고 있다. 게다가 글자의 관례 없는 소리의 존재라는 명칭을 상상해보면, 명칭은 소리의 존재라는 글자의 관례가 없이는 어떤 인식도 불가능하여 아무 것도 표기할 수 없을 것이며, 수많은 존재는 존재하고 있으나, 그 글자의 관례를 어떤 방식으로도 인식할 수 없었을 것이라고 부언하고 있다. 글자의 관례를 타당한 판단기준의 인식작용에서 지식으로 파악할 수는 없을 것이라고 보에티우스는 부언하고 있다. 그리고 보에티우스는 타당한 판단기준의 인식작용으로 파악한 전문 지식을 글자의 관례로 파악하는 사례로서 그리스어계 신화에 등장하는 켄타우루스를 언급하고 있다.

켄타우루스는 그리스어계 신화에 등장하고 있다. 그러나 켄타우루스는 그리스어계 신화에서는 전혀 모습을 드러내지 않고 있다. 켄타우루스 모습은 전혀 알려지지 않았다. 그런데도 켄타우루스는 심성의 인식작용으로 파악되어 글자의 관례를 부여받아 표상으로 존재하고 있다. 켄타우루스는 글자의 관례 없이도 타당한 판단기준의 인식작용으로 지각할 수 있다는 것이다. 이것은 특정한 글자의 관례가 존재하지 않는 경우에도 전달자의 인식영역에서 전지전능한 신의 존재처럼 존재를 지니게 된다는 것과 다를 바 없다고 강조하고 있다. 그러나 글자의 관례는 서로 다른 진행과정을 거쳐 인식영역에 이르고 있다. 글자의 관례로 인식하게 되는 경우는 신의 존재를 인식하게 되는 경우와 다를 바 없다.

신의 존재를 분석하기 위하여 타당한 판단기준의 인식작용으로 신의 존재를 지각하여 존재하고 있는 경우를 분석해 보면, 신의 존재가 존재한다는 것은 복잡한 의례관습으로 구성되어 있음을 파악할 수 있다. 신의 존재와 같이 특정한 존재는 무수한 글자의 관례를 함축하고 있다. 그리스어계 신화에 등장하는 켄타우루스의 사례에서처럼 글자의 관례는 종족언어 표현관습과 종족언어 소리규범을 운영하는 궤도처럼 인식되었다. 신의 존재 경우처럼 특정한 경우에는 존재를 복잡하게 함축하고 있다. 글자의 존재 관례도 특정한 존재에 함축되어 있을 수도 있다. 특히, 켄타우루스의 경우처럼 존재는 복잡하고 특정한 의례관습까지 확증하고 있다. 따라서 존재를 파악하려면 우선, 특정한 글자의 존재 관례를 기록물에서부터 찾아야 할 것이다. 글자와 존재에 대한 개요는 다음과 같이 간략하게 설명할 수 있게 되었다.

글자의 존재는 기록물과 종족언어 표현관습으로부터, 그리고 전문 지식 영역에서 다양한 글자의 관례로 구성된 논리를 갖추어야 한다. 글자의 존재는 종족언어 소리 규범에서 실천의식을 전제하여 '종족언어 표현관습으로 확정되어' 있다. 의례관습에 포함된 글자의 존재는 '전달자의 상황'에 따라서 변화될 수도 있다. 그러나 글자의 존재는 흔히 소리에서 종족언어 표현관습과 결합하면서 전혀 다르게 파악될 수도 있다. 보에티우스는 여기서 아리스토텔레스의 존재 모형을 수용하고 있다. 그리고 보에티우스는 고전시대 저작자의 수많은 『해석론』을 활용하여, 소리와 표지의 관계를 분석하고 있다.

보에티우스는 종족언어 표현관습과 의례관습, 그리고 소리 규범 영역을 지각, 감각, 상상력의 인식영역으로까지 확대하고 있다. 보에티우스는 물론 종족언어 표현관습과 의례관습, 소리 규범을 특정한 존재와 관련 지어 의미 전달영역에서 분석하고 있다. 보에티우스는 특정한 존재를 분석하기 위하여 아리스토텔레스의 『영혼론』을 분석하고 있다. 보에티우스는 아리스토텔레스의 『영혼론』에서 문단을 발췌하여, 특정한 글자의 관례를 보완하고 이후부터 소리의 존재 개요를 『영혼론』에 근거하여 반복하고 있다. 특정한 글자의 존재를 설명하기 위하여 보에티우스는 소크라테스라는 인물의 경우를 실례로 제시하고 있다.

보에티우스는 소크라테스라는 사람의 존재모형을 표지에 관련 지어 분석하고 있다. 소크라테스는 특정한 사람이다. 소크라테스라는 이름은 심성의 인식작용에서 이미 특정한 사람을 떠올리고 있다. 그래서 소크라테스는 이미 존재하고 있는 사람이 되는 것이다. 그리고 소크라테스는 타당한 판단기준의 인식작용으로 파악되어 소크라테스라는 인물의 표지를 떠올리게 된다는 것이다. 여기서는 소크라테스를 타당한 판단기준의 인식작용으로 파악할 수 있다. 소크라테스는 소크라테스라는 사람을 그림으로 그리려는 사람에게 연필과 같다. 누군가가 소크라테스라는 사람의 그림을 그리려면, 스케치하려는 존재의 배경을 완벽하게 떠올린 다음 스케치에 담을 존재의 배경을 완벽하게 파악해야 한다. 스케치에 담을 존재에 대한 배경을 완벽하게 파악해야만 마음에 드는 물감으로 존재의 그림을 색칠할 수 있을 것이다.

소크라테스라는 사람에 대한 그림의 경우, 연필은 감각의 인식작용으로 파악하고 상상력의 인식작용으로 그리려는 존재에 대한 배경을 담을 수 있는 도구인 것이다. 보에티우스는 그리려는 그림의 구도를 타당한 판단기준의 인식작용에 결부시키고 있다. 보에티우스는 타당한 판단기준의 인식작용을 활용하여 지각의 인식작용으로 소크라테스라는 사람에 대한 그림의 구도를 확정할 수 있고, 영혼의 인식작용을 활용하여 지각의 인식영역에서 파악된 소크라테스라는 사람의 그림 소재를 선택할 수 있게 된다고 부언하고 있다. 보에티우스는 소크라테스라는 사람에 대한 그림의 존재를 지각의 인식작용으로도 파악할 수 있는 것으로 지적하고 있다.

이어서 보에티우스는 소크라테스라는 사람에 대한 그림의 존재와 상상력의 관계를 언급하고 있다. 소크라테스라는 사람에 대한 특정한 그림의 존재가 상상력의 영역에서 포착되는 경우, 마음의 인식작용으로 인식하여 심성의 인식영역에다 표상을 만들게 된다고 설명하고 있다. 그리고 마음의 작용은 혼란한 단계를 거쳐 소크라테스라는 사람의 모습을 존재로 면밀하게 변화시키게 된다는 것이다. 이어서 마음은 존재의 변화과정을 거쳐 소크라테스라는 사람의 복잡한 존재를 종합하여 정리하게 된다고 보에티우스는 부언하고 있다. 그러나 아리스토텔레스는 복잡하게 정리단계에 이르게 되는 표상문제에 대하여도 명사와 동사의 관계를 활용하고 있다. 아리스토텔레스는 사물을 명사와 동사를 가지고 감각의 인식작용으로 파악하더라도, 표상에 접근하여 존재를 드러낼 수 없다고 지적하고 있다.

아리스토텔레스는 오히려 마음의 작용영역에서 타당한 판단기준의 인식작용을 활용해서 지각한 후 표상을 떠올리게 되는 것으로 결론짓고 있다. 희랍어 영역에서도 존재는 복잡하게 해석되고 있다. 소요학파는 아리스토텔레스의 주장을 수용하고 있다. 소요학파는 아리스토텔레스의 주장을 수용하여 소리나 글자로 전달되는 존재를 대략 세 종류로 분류하고 있다. 즉, 존재는 첫째, '기술될 수 있는 것', '(언어)관습으로 전달될 수 있는 것', 그리고 '마음의 인식작용에서 종합하여 정리될 수 있는 것'으로 구성되어 있다는 것이다. 보에티우스는 다시 존재를 떠올리게 만드는 '표상근거'에 관하여 언급하고 있다.

보에티우스는 '표상근거'를 아리스토텔레스의 『해석론』에서처럼 소리나 글자에 포함된 것으로 파악하고 있다. 뿐만 아니라 아리스토텔레스의 『해석론』에서 글자에는 표상근거가 포함되어 있다고 언급하는 것과는 반대로 명사와 동사의 관계를 활용하여 표상근거를 언급하고 있다고 보에티우스는 부언하고 있다. 보에티우스는 글자의 관례가 문장으로 전달되는 것으로 파악하고 있다. 따라서 보에티우스는 글자의 관례를 인식작용으로 파악할 수 있느냐와는 별개의 존재로서 파악하여 아리스토텔레스와는 반대되게 설명하고 있다. 아리스토텔레스는 존재를 명사와 동사로 구성된 문장으로 서술하여 영혼의 인식영역에서 소리로 전달되는 존재로 파악하고 있다.

명사와 동사의 관계는 존재를 전달하는 과정에서 동전의 양면처럼 소리의 대비물을 활용하여 글자의 관례를 전달할 수도 있다. 동전이 가치를 표지하기 위해서는 양면이 있어야 한다. 동전은 앞면에 새겨져 있는 화폐의 표지와 뒷면에 새겨져 있는 가치의 표지를 지니고 있어야만 물건의 교환수단이 될 수 있다는 것이다. 동사와 명사의 경우도 동전의 앞면과 뒷면에 비교될 수 있을 것이다. 명사의 소리를 듣고서도 존재를 확정할 수 있다. 그리고 명사와 동사는 타당한 판단기준의 인식작용으로 파악하여 존재를 인식하여 존재를 확정하는 보조수단이 되고 있다. 단순한 소리로서는 아무 것도 표지할 수 없다. 소리로서 명사와 명칭을 전달한다 하더라도 결국 소리만으로는 존재를 전달할 수 없다는 것이다.

동전을 돈이라고 지칭하고 있다. 그렇다고 동전을 금속이라고 지칭하지는 않는다. 동전은 이처럼 소리를 포함한 명사와 동사를 가지고 물건의 가치를 표지하고 있다. 보에티우스는 기록물에 담긴 존재에 대한 아리스토텔레스의 언급을 활용하여, 존재를 유사한 부류 묶음으로 파악하고 있다. 보에티우스는 주어와 동사로 구성된 문장을 활용하여 서술한 글자 관례를 종족언어 표현관습에 일치시키려고 시도하고 있다. 보에티우스는 글자의 관례를 존재로 파악하지 않고 있다. 보에티우스는 아리스토텔레스와 거의 유사한 방법으로 소리로 전달되는 글자 관례를 영혼의 인식작용으로 생성된 것으로 파악하고 있다.

즉, 보에티우스는 소리로 전달되는 글자 관례를 영혼의 인식작용으로 생성된 표지로 파악하고 있다. 소리는 글자 관례를 전달하고, 소리로 전달되는 글자의 관례를 상상력과 타당한 판단기준의 인식작용으로 파악하고 있다. 존재를 체험영역에서 인식하게 되는 경우, 존재는 마음의 인식작용으로 파악되고 있다. 마음의 인식작용으로 파악되는 존재를 흔히 존재의 소리 규범으로 인식하고 있다.

그러나 여기서 존재의 소리 규범이라고 일컫는 존재는 글자의 외형 관례에 지나지 않는다. 글자의 외형 관례는 우선 심성의 인식영역에서 특정한 표상을 형성하고, 청취자의 체험에 따라서 존재로 파악되고 있다. 글자의 관례는 마음의 인식작용으로 인식되거나 전문 지식의 인식작용으로 파악되어, 심성의 인식작용에서 표상을 형성하고 있다. 글자의 관례는 표상을 형성한 이후 단계에서 마음의 인식작용으로부터 의지의 인식영역으로 다시 넘어가고 있다. 글자 외형의 관례는 다시 마음의 인식작용에서도 타당한 판단기준으로 본래 존재에 대한 인식을 중단하지 않고, 존재를 계속 정제하고 있다.

종족언어 표현관습으로 전달되는 글자의 관례는 표현 동작으로 영혼의 활동과 함께 존재를 인식할 수 있도록 근거를 제공하고 있다. 종족언어 표현관습으로 전달되는 존재는 글자의 존재에 대하여 세밀한 판단력을 부여하고 있다. 글자의 존재는 여기서 표지를 형성하고 있다. 표지로부터 파생되는 글자의 외형 관례는 존재를 더욱 세분하면서도 종족언어 표현관습의 궤도에서 현상과 하나로 일치하여, 존재의 모습을 전달하게 되는 것이다.

여기서 존재는 다양한 현상의 통합과정을 거치고 있다. 존재에 대한 현상의 통합과정에서는 물론 가치를 부여하는 동전이 전문 지식의 인식작용에 포함되는 것처럼 영혼의 인식작용으로 사물 외형의 다양한 글자 관례를 하나로 통합한 글자의 관례, 즉 존재의 현상이 반영되고 있다. 존재는 다양한 글자의 관례를 내포하고 있다. 다양한 글자의 관례를 내포하게 되는 존재는 '영혼의 인식작용으로 찾아낸 존재'로서 소리나 글자의 대비물을 활용하여 존재처럼 전달되고 있다.

여기서 보에티우스는 누군가가 일정한 영역이나 면적 단위를 파악하게 되는 경우를 사례로 제시하고 있다.

일정 면적이나 단위를 파악하려는 사람은 마음속에서 우선 단위의 형체를 파악하고, 다시 소리와 글자의 대비물을 활용하여 면적이나 영역을 환산하게 된다고 지적하고 있다. 일정한 영역이나 단위의 파악자는 심성의 인식작용으로 소리와 글자의 대비물을 체험에 결부시켜, 일정한 영역이나 단위를 파악하게 된다고 부언하고 있다. 보에티우스는 이후 단계를 글자와 결부시켜 분석하고 있다. 누구나 글자를 감각의 인식작용으로 파악하고 있다. 이 경우 글자의 존재를 현상의 관례 형태로 쉽게 파악할 수 있다. 표상도 물론 감각의 인식작용으로 파악되고 있다. 감각의 인식작용으로 파악되는 존재의 표상은 대비물을 활용하여 현상의 관례를 생성할 수도 있다. 존재를 마음의 인식영역에서 파악할 수 있는 것과 관련 지우게 되는 경우, 존재는 표상으로부터 타당성을 부여받게 된다고 지적하고 있다.

보에티우스는 존재에 대한 표상의 타당성을 분석하기 위하여 다시 아리스토텔레스의 『해석론』으로 다시 돌아가고 있다. 보에티우스는 '소리의 존재를 파악하려는 마음의 인식작용'에서 '소리의 대비물'을 파악하게 된다고 결론짓고 있다. 여기서는 간략하게나마 보에티우스의 존재모형을 검토하고자 한다. 보에티우스도 물론 아리스토텔레스의 『해석론』을 비판하고 있다. 보에티우스는 여기서 특히 아리스토텔레스의 『해석론』을 예리하게 비판하면서, 어디서든 종족언어 표현관습으로 전달되는 소리의 존재와 글자의 관례를 구분해야 되는 것으로 암시하고 있다.

보에티우스는 종족언어 표현관습의 소리와 글자로 전달되는 존재와 관례를 상상력의 인식작용으로 파악하고, 관습을 활용하여 청취자(독자)와 표현자의 관례를 교류하게 되는 것으로 파악하고 있다. 보에티우스는 특히 청취자를 이어주는 의미 교류의 매체가 관례임을 내세우며, 아리스토텔레스의 『해석론』을 예리하게 배제하고 있다. 보에티우스는 물론 종족언어 표현관습으로 전달되는 소리의 존재와 글자의 관례를 혼동하지 않고, 인식영역에 따라서 명확하게 구분하고 있다. 보에티우스는 '글자'가 '존재 명기'의 부분이지만 '소리의 글자가 마음의 인식작용으로 전달되는 존재의 관례'인 것으로 정의하고 있다.

글자는 물론 소리의 원소로 구성되어 있다. 그리고 '글자의 존재 원소'는 '외부로 전달되는 소리의 존재를 명기하는 행위'와 상당어구를 이루고 있다. 보에티우스의 경우, 기록물에 담긴 글자의 관례는 종족언어 표현관습의 소리로 전달되는 소리의 존재와 분리되고 있다. 보에티우스는 종족언어 표현관습의 존재 문제를 제기하고 있다. 보에티우스는 「의례관습에 대한 주지사항」을 기본 존재 형태로 제시하고 있다.

보에티우스는 의례관습에 담긴 존재가 종족언어 표현관습으로 전달되는 소리의 존재와 종족언어 표현관습 영역에서 하나의 존재로 통합되어 글자의 관례로서 성립하게 된다고 지적하고 있다. 존재는 언어에 예속되는 형태로 종족언어 표현관습의 토양에서 글자의 관례로써 나타나게 된다고 보에티우스는 부언하고 있다. 존재는 다시 글자의 관례가 타당한 판단기준의 인식작용으로 파악되어 종족언어 표현관습에 예속된다고 보에티우스는 주장하고 있다. 그러나 보에티우스는 두 가지 존재, 즉 종족언어에서 통용되는 소리의 존재와 글자의 관례에 담긴 존재에 대한 위치를 바꾸어 글자의 관례에 담긴 존재를 으뜸 위치에 올려놓고 있다. 보에티우스는 다음의 위치에다 글자의 관례에 담긴 존재가 어디에서나 명사와 동사의 결합으로 존재를 표지하게 된다고 부언하고 있다.

보에티우스는 소리 존재의 한계를 설정하고 있다. 보에티우스는 '소리 존재', '글자 존재', '전문 지식의 인식작용으로 파악한 존재'를 현상에 토대를 두고 분석하고 있다. 이어서 보에티우스는 글자 해독력 문제를 글자 관례와 관련 지우고 글자를 해독하지 못하는 사람, 즉 무식자를 위하여 글자를 상황에 맞도록 만들게 되었다고 부언하고 있다.

3.2. 존재에 대한 아베라르의 접근방법

여기서는 종족언어 표현관습에 침잠한 신의 존재관습에 접근하기 위하여 다양한 접근방법을 시도하고 있다. 이미 지적한 바와 같이, 글자의 관례를 가지고서는 결사를 언급할 수 없었다. 이제 결사의 바탕을 이루게 되는 종족언어 표현관습에 침잠한 신의 존재를 언급하기 위해서는 신의 존재와 글자의 관례가 성립되는 과정을 분석해야만 한다. 이 같은 취지는 신의 존재로부터 12세기 유럽사회가 어떤 결속력을 창출하여 근대인의 형성 바탕인 '개인주의'와 '합리주의'에 이르게 되었느냐 문제까지 내포하고 있다. 종족언어 표현관습에 침잠한 신의 존재를 활용하여, 이제 보다 쉽게 결사의 행동양식에 접근할 수 있게 되었다.

특히, 종족언어 표현관습에 침잠한 신의 존재와 글자의 관례는 지금까지의 분석에서처럼 대단히 복잡한 과정을 거쳐 특정한 성사관습과 관계를 지니게 되었다. 아베라르는 성사관습을 의례관습이 아니라, 글자로 표현되는 관례 요체로 파악하고 있다. 이미 지적했듯이, 아베라르와 보에티우스의 경우에도 신의 존재와 글자의 관례가 전혀 다른 것으로 지적하고 있다. 신의 존재에 접근하는 방법상에서도 아베라르와 보에티우스는 차이를 드러내고 있었다. 그런데도 아베라르는 성사관습을 보에티우스의 경우처럼 철자 덩어리의 관례로 파악하고 있다.

아베라르는 종족언어 표현관습에 침잠한 신의 존재를 발음과 글자를 포함하여 의례관습 단위로 파악했다. 그리고 아베라르는 글자 관례를 문맥의 문장이나 전달자의 취지와 관련 지워 확정하고 있다. 그러나 보에티우스는 아베라르의 경우와는 다르게 종족언어 표현관습으로 전달되는 소리의 존재를 타당한 글자의 관례와 문법에 관련 지워 확정하고 있다. 보에티우스는 또한 소리의 존재를 글자의 관례에 근거하여 확정하는 것을 타당하게 받아들이고 있다. 그러나 보에티우스는 소리의 존재와 관련하여 글자의 관례 문제를 제기하고 있다. 아베라르는 글자의 관례를 보에티우스의 경우와는 다르게 구성하고 있다. 아베라르는 존재의 구성 수단을 소리와 글자의 존재로 파악하고 소리를 감각의 인식작용으로 파악하고 있다. 그리고 소리를 존재 표지수단으로 지칭하고 있다. 이와는 다르게, 글자는 존재를 부호로 표지하고 있다. 따라서 글자는 존재를 더욱 광범하게 의례관습 영역으로 끌어들일 수 있다. 아베라르는 존재를 종족언어 표현관습과 의례관습의 주변환경, 즉 성사관습에 결부하고 있다. 아베라르는 글자로 전달되는 존재를 하나의 주어에 결합할 수 있다고 판단하여 성사관습을 신의 존재라는 주제에 결합하고 문법을 성사관습의 존재를 기술할 주제 배열 도구로 파악하고 있다. 아베라르는 신의 존재가 문법이라는 성사관습의 배열 도구를 보조수단으로 활용하여 종족언어 표현관습에 결합한다는 것이다. 아베라르는 존재의 주어를 종족언어 표현관습과 성사관습이 결합된 주제로 파악하고 있다. 물론 성사관습의 주제는 문법의 보조수단을 거치기 이전에 '타당한 판단기준의 인식작용'으로 존재의 주어에 합당하게 선택해야 타당한 존재가 되어 문법의 배열 기능에 따라서 주어에 합당한 존재로 전환한다고 아베라르는 부언하고 있다.

아베라르는 신의 존재와 성사관습을 문법의 배열과정을 거쳐 전달되도록 주어에 결부하여 구분했다. 여기서 아베라르는 소리나 글자를 공통으로 신의 존재 구성수단으로 파악하고 있다. 그렇다면 우선 보에티우스와 아베라르는 종족언어 표현관습으로 전달되는 신의 존재가 종족언어 표현관습에 접목되는 과정에서 소리의 존재와 뚜렷한 차이점을 드러내는 것으로 파악하고 있다. 신의 존재는 종족언어 표현관습에 접목되어야만 전달될 수 있다는 문제를 제기하고 있다. 신의 존재에 대한 아베라르와 보에티우스의 차이점도 글자의 관례가 종족언어 표현관습에 접목되는 과정에서 행동과 관련 지우는 점에서 나타나고 있다.

아베라르는 거목다운 자질을 지니고 있었다. 아베라르는 종족언어 표현관습의 소리로 전달되는 글자의 관례를 두 가지 부류로 파악하고 있다. 아베라르는 우선 글자의 관례를 문장으로 파악하고 곧 문장을 문법체제로 파악하여 글자의 관례를 문법을 갖춘 문장에서 파악하고 있다. 아베라르는 다음으로 글자의 관례가 종족언어 표현관습을 보조물로 활용하여 전달된다는 것을 정확하게 파악하고 있다. 아베라르는 문법과 종족언어 표현관습을 존재의 전달매체와 다를 바 없는 것으로 파악하여 글자의 관례를 신의 존재라는 주어에 결부하여 행동을 유발하는 핵심으로 파악하고 있다.

그러나 아베라르와 보에티우스는 존재를 서로 유사하게 주장하고 있다. 아베라르는 문장을 '소리로 전달되는 종족언어 표현관습의 글자 관례'가 문법과 결합된 것으로 파악하고 있다. 아베라르는 공기를 진동하여 전달되는 신의 존재라는 소리를 아리스토텔레스와 같은 맥락에서 인식할 수 있는 것으로 지적하고 있다. 아베라르는 아리스토텔레스의 『종족언어 규범론』을 활용하여 글자의 관례에 접근하고 있다. 아리스토텔레스의 『규범론』에 대한 주석에서는 글자의 관례를 미지의 주어형태로 언급하고 있다. 아리스토텔레스는 『종족언어 규범론』에서 글자의 관례를 소리의 발음으로 전달되는 것으로 파악하여 존재와 구분하고 있다. 아리스토텔레스의 『소리 규범론』에서 언급되는 글자의 존재 관례 문제는 이후 주해자들의 손을 거쳐 보에티우스에까지 이르고 있었다. 보에티우스는 아리스토텔레스의 『종족언어 규범론』에 대한 주석서에서 소리로 전달되는 글자의 존재 관례와 글자의 존재를 종족언어 표현관습에서 하나로 결합되는 존재로 정의한 바 있다.

아베라르는 보에티우스의 이 같은 존재 정의를 원용하여 소리와 글자의 존재 관례를 하나로 일치시킨 종족언어 표현관습의 존재를 '존재'라고 지칭하고 있다. 여기서는 종족언어 표현관습으로 전달되는 글자의 존재 관례를 소리와 글자의 존재 매체에 따라서 두 가지로 구분하고 있다. 아베라르는 존재를 또한 소리와 글자의 존재로 분리할 수 있는 원소가 서로 결합된 것으로 지적하고 있다. 존재는 소리와 글자로 전달되는 두 가지 존재의 관례를 결합한 원소로 구성되어 있다는 것이다. 따라서 소리와 글자로 전달되는 두 가지 존재의 관례를 존재의 구성원소라고 지칭할 수 있다. 존재나 현상은 존재의 원소로 구성되어 있으나, 소리와 글자로 전달된다는 점에서 음절이나 어휘로 구성되는 문장과 다를 바 없다고 지적하고 있다.

존재의 명칭은 소리의 존재로, 소리의 존재로 전달되는 존재의 명칭은 소리의 양으로 존재를 표지하고 있다. 존재의 명칭은 표지에 함축된 소리나 글자의 존재를 전달하고 있다. 아베라르는 아리스토텔레스의 『소리 규범론』에 대한 주석을 활용하여, 특정한 존재를 표지하게 되는 행위로부터 '글자의 관례를 담게 되는 소리의 존재까지'를 '존재'로 파악하고 있다. 아베라르는 저작물에 담긴 글자와 소리의 존재를 문법에 서로 결합하게 된다고 확신하고 있다. 그러나 아베라르는 『해석론』에서 존재의 취지를 기록물에 수용하지 못하고 있다.

아베라르는 프리시아누스가 'a' 하는 소리를 냈다 하더라도, 글자나 소리의 존재를 일치할 수 없게 된다고 지적하고 있다. 기록물에서 철자로 전달되는 글자의 존재와 종족언어 표현관습으로 청취되도록 전달되는 소리의 존재는 어떤 존재와도 동일할 수 없다고 부언하고 있다. 실제로 공기는 혀를 수 차례에 걸쳐 진동하면서 소리를 만들어 내고 있다. 혀로써 공기를 진동하여 만들어 내는 소리를 음성이라고 지칭할 수 있다. 그러나 공기를 진동하여 만들어 낸 소리의 존재를 청취하여 인식할 수는 있으나, 시각의 인식작용으로 파악할 수는 없다고 부언하고 있다. 소리의 존재를 현상의 존재로서 시각의 인식작용으로 파악할 수는 없다.

더군다나, 시각의 인식작용이 아니라 청각의 인식작용을 가지고서도 음성의 분자로 전달되는 소리의 존재를 파악할 수는 없다. 소리는 '시각의 인식작용으로 파악할 수 없는 존재'인 것이다. 그러나 소리는

'존재의 구성원소'를 포함하고 있다. 음성은 시각의 인식작용으로 식별할 수 없다. 그러나 글자는 시각의 인식작용으로 식별할 수 있다. 그런데도 글자는 소리의 문자형태로 존재하고 있다. 글자의 관례는 관습을 구성하는 시각, 청각, 미각, 후각, 촉각과 같은 오각으로 체험하는 축적물과 결부되어 있다. '종족언어 표현원리'도 오각으로 체험하는 축적물을 기반으로 구성되어 있다. 글자의 관례는 언어 표현원리로부터 파생되고 있다. 아베라르는 언어 표현원리를 활용하여 소리로 전달되고, 전달자의 관례를 존재의 체험형태로 개괄하고 있다.

아베라르는 소리로 전달되는 존재의 관례와 저작물에서 글자로 전달되는 존재의 관례가 서로 다르게 파악되어 격차를 드러내게 된다고 지적하고 있다. 아베라르는 저작물에서 글자로 전달되는 존재의 관례에 대하여는 그리스어계 관례를 수용한 보에티우스의 주장을 대체로 수용하고 있다. 그리스어계 저작자들은 세 가지 방향으로 존재를 구분하고 있다. 그리스어계 저작자들의 세 가지 존재 관례는 종족언어 표현관습의 소리로 전달되는 글자의 관례, 기록물에서 글자로 전달되는 존재나 현상, 그리고 인식작용으로 찾아낸 존재의 소재 등이었다. 보에티우스도 대체로 이 세 가지 존재 관례를 수용하고 있다. 보에티우스의 경우처럼 아베라르도 그리스어계 저작자의 세 가지 존재 관례를 수용하고 있다.

특히, 아베라르는 보에티우스의 존재 관례와 소재를 그대로 수용했다. 그러나 아베라르는 존재 문제를 다루는 과정에서 보에티우스의 경우를 그대로 수용한다는 것이 간단하지만은 않았던 것 같다. 프리치아누스의 경우처럼 소리 양으로는 결국, 소리의 존재와 글자의 관례를 파악할 수는 없었다. 소리로 전달되는 글자의 관례는 '정신의 인식작용으로 찾아낸 존재'를 소리의 강약과 고저라는 반작용을 활용하여 존재 표지를 전달하게 된다고 지적하고 있다. 아베라르에 대한 비판자는 소리로 전달되는 글자의 관례를 단순히 공기에 불과하다고 지적했다. 소리로 전달되는 글자의 관례를 단순한 공기 진동이라고 비판했던 아베라르 비판자의 이런 시각을 두고 존재 근거를 중요하게 인식했다고 판단할 수는 없다.

그런데도 소리는 공기 진동으로 전달되고 있다. 소리는 인간의 귀에 이르면 인식작용을 불러일으키게 되고, 그리고는 다시 존재를 체험하도록 변화되고 있다. 소리는 여기서 인식작용에다 체험 자료를 제공하고 있다. 소리가 인식작용에 체험 자료를 전달하게 되는 경우, 인식작용으로 체험한 소리 자료를 듣게 된다는 것은 글자의 관례를 다르게 인식하는 것과 다를 바 없다는 것이다. 그런데도 소리 존재는 글자와 복잡하게 관련되지 않고 있다. 소리의 글자는 아주 미세하나 소리 존재나 현상 명칭은 우주질서를 구성하는 원소와 조화를 이루도록 부여되고 있다고 지적하고 있다.

글자도 물론 존재를 전달하고 있다. 글자가 존재를 전달하려면 글자의 존재는 어절과 어휘, 그리고 문장을 활용해야만 전달될 수 있다. 게다가 존재를 전달하는 글자는 간단하기 그지없다. 존재가 글자로 구성되어 전달된다면 소리로 전달되는 존재와 동일할 수 없다는 것이다. 존재를 글자로 전달하게 되는 경우, 글자의 존재는 '소수 철자를 분자로 구성하여 문법체제를 이탈하지 않고' 전달될 수밖에 없다는 것이다. 글자는 물론 소리를 부호로 표기한 것이다. 소리는 가냘플 수도 있고, 여러 부분의 진동을 한꺼번에 거쳐야 존재를 전달할 수도 있다. 개개의 소리는 부분 진동을 거칠 때마다 달라지게 된다.

그러나 소리는 경우에 따라서 진동을 가지고서는 인식될 수 없다. 게다가 소리는 존재를 전달할 수 없는 경우도 일어날 수 있다. 소리는 존재를 표현동작으로 전달하고 있다. 그래서 소리는 간단하면서도 신기하기 그지없다.

글자는 이 같은 소리와는 다르게 철자로 분리될 수 있다. 존재의 관례를 표현하는 글자는 공기 진동과도 연계되지 않고, 존재를 전달하기 위한 소리의 요소로 구성되어 있다. 글자의 관례는 존재를 소리의 고저와 강약, 그리고 소리의 장단을 포함하여 어휘와 음절을 활용하여 전달하게 된다고 아베라르는 지적하고 있다. 따라서 소리로 전달되는 존재는 시간의 한계와도 서로 관련되어 있으나, 소리는 아무리 미세한 부분의 소리라도 영속성을 지닐 수 없다. 시간 흐름처럼 소리는 존재를 전달하는 '존재의 전달의미로서' '끊임없이 진행되는 인간의 행위를 표현하도록' 구성되어 있다.

소리는 임의의 시간 간격으로 존재를 전달하는 경우도 있으나 경우에 따라서 정지했다가 띄엄띄엄 이어지면서 존재를 전달할 수도 있다. 소리의 존재도 글자의 존재와 동일하게 전달되며 외형과 분리될 수도 있다. 그러나 글자의 존재는 소리로 전달되면서도 소리 자체를 인식단위로 표지할 수도 있다. 존재를 소리의 인식단위로 표지하게 되는 사례는 "사람이 달려가고 있다"를 지적할 수 있다. 누군가는 '어떤 사람'과 '달려가고 있다'를 서로 다르게 언급할 수도 있다. '어떤 사람'과 '달려가고 있다'를 서로 분리하여 말하게 되는 경우, 어휘를 나열하지 않고서는 문장으로 전달되는 존재를 파악할 수 없을 것이다. 각각의 어휘는 물론 본래의 존재를 지니고 있다. 각각의 어휘로 전달되는 존재는 기억력의 작용 이후와 기억력이 작용하는 과정에서 회상하지 못한 존재를 문장에 일치시키는 경우에서도 입증되고 있다. 과거의 존재나 현상에 대한 회상작용은 인식작용으로 구성되고 있다. 뿐만 아니라 과거에 대한 회상작용은 인식력의 보조수단이 될 수도 있다.

존재는 무작위로 배열되어 전달되고 있다. 무작위로 배열된 존재는 소리와 글자로 전문 지식의 인식영역에서 하나의 모습을 이루며 존재의 단일한 전달의미로서 전달되어 인식될 수 있다. 소리의 존재는 글자의 관례와 분리될 수도 있다. 어떤 소리의 존재로부터 분리된 글자의 관례는 또 다른 글자의 관례를 단절시키고 있다. 소리의 어휘는 존재와 글자의 관례를 서로 관련 지우고 있다. 존재와 글자의 관례를 서로 관련 지었던 소리의 어휘는 '어구를 구성함으로서' 서로 결합하고 있다. 그런데도 존재는 서로 다른 소리 계열로 배열되어 전달될 수 없다. 다른 소리 계열로 배열되어 전달되는 존재는 소리의 관례를 지닐 수 없다. 소리가 '개개의 존재'로 인식할 수는 없다. 소리는 존재를 전달하는 수단처럼 보일 수도 있다. 경우에 따라서는 존재를 소리의 관례라는 항목으로 서로 결합할 수 있다고 주장할 수도 있다.

그러나 소리로 전달되는 존재의 항목은 실제로 한 마디 어구로 구성될 수 없다. 그런데도 존재의 전달의미는 소리로부터 발생되고 있다. 그렇다면 여기서 존재가 왜 소리로부터 발생하고 있는가의 문제를 제기할 수도 있다. 소리로부터 발생하는 존재를 아베라르는 '소리의 존재'와 '글자의 존재'로 구분하고 있다. 존재는 소리로부터 발생하고 있다. 소리를 매체로 전달되는 존재는 글자의 관례영역으로 분리되고 있다. 그런데도 아베라르는 소리의 이런 의미 전달기능을 가지고서는 존재를 확정할 수 없다고 부언하고 있다. 다시 아베라르는 존재하지 않는 특정한 현상에 대해서 소리의 존재와 글자의 관례를 사례에 따라서 제시하고 있다. 아베라르는 존재하지 않는 특정한 비존재를 현상과 소리로 전달되는 존재의 구성분자와 표상에 관련 지워 부언하고 있다.

아베라르는 존재하지 않는 특정한 현상과 그 관례를 소리의 존재와 관련 지워 다시 설명하고 있다. 아베라르는 현상으로 존재하지 않는 임의의 비존재나 그 관례라 하더라도 이 같은 특정한 존재가 소리의 존재 형태로 존재하고 있다고 부언하고 있다. 따라서 존재는 소리로 전달되면서도 존재하지 않는 현상에 대한 표상을 지닐 수 있다는 것이다. 아베라르는 존재를 감각의 인식작용으로부터 찾아내고, 존재를 상상력의 인식영역과 관련 지우고 있다. 아베라르는 또한 존재를 인식하기 위해서는 서로 다른 여러 가지 소리가 배합되어야 한다고 강조하고 있다. 존재는 서로 다른 여러 가지 소리의 집합으로 인식되고 있다. 물론 존재는 이들 소리의 집합과 인식작용의 일치점에서 전달되고 있다. 그러나 소리의 집합과 인식작용의 일치점은 시간 경과와는 다르게 나타나고 있다. 존재는 지금까지 기억력의 작용과정을 거쳐 마음의 인식작용에서 한 가지 방향으로 일치점을 찾아 전달되는 것으로 지적한 바 있다. 그래서 하나의 문장으로 단일한 소리의 존재를 소리로서는 분명하게 전달할 수 없게 되어 있다고 언급하고 있다.

이외에도 소리의 존재는 당장 인식되지 않는 경우도 발생할 수 있음을 암시하고 있다. 소리의 존재는 순간으로 전달된다. 청각으로 전달되는 소리의 존재도 또한 검토되어야 할 것이다. 청취자는 소리의 존재를 청각의 인식작용으로 파악할 수 있다. 그런데도 청취자가 소리의 존재를 마음의 인식작용으로 파악한다는 것은 언제나 불안정한 심성에서 진행될 수도 있다. 청취자는 불안정한 심성 상태에서 오히려 소리로 전달되는 특이한 존재를 찾아낼 수도 있다. 청취자가 특이한 존재를 찾아내게 된다는 것은 본래의 존재에다 색다른 존재를 첨가시켜, 감각의 인식영역에서 존재를 변화시킬 가능성을 내포하고 있는 것이라고 하겠다.

청취자는 마음의 인식작용으로 소리의 존재를 포착하고 있다. 청취자가 마음의 인식작용으로 파악하게 되는 소리의 존재는 전달자의 표현행위가 중단될 때까지는 실제로 글자의 관례를 확보할 수는 없을 것이다. 그래서 어떤 존재도 언어 표현원리나 소리의 집합으로 완성될 수는 없으나, 감각으로 인식될 수 있도록 인식작용의 보완재를 활용하여 청취자에게 전달되고 있다. 여기서 인식작용의 보완재는 표지이며, 다시 표지를 청취자의 인식영역으로 끌어들이고 있다. 표지는 청취자로 하여금 인식하도록 다시 청취자의 마음을 작용시키고 있다. 표지는 마음의 인식영역에서 글자의 관례 문제를 제기하고 있다. 표지에서 제기되는 글자의 관례 문제는 키메라로 불리 우는 괴물의 인식작용에서도 입증될 수 있다.

키메라는 추측으로 존재하고 있는 것으로 인식되고 있다. 실제로 키메라는 존재하지 않는다. 이처럼 존재하지도 않는 키메라가 존재하고 있는 것으로 인식되는 것은 바로 키메라가 존재의 관례로 존재하고 있기 때문인 것이다. 바로 키메라의 생김새를 괴물로 인식시키는 키메라에 대한 전달자의 의미에 근거하여 키메라는 존재하는 것으로 나타나고 있다. 키메라는 글자의 표지 역할을 담당하고 있다. 그래서 키메라의 표지는 여러 가지 글자의 관례를 파생하게 되는 것이다. 키메라의 표지는 소리의 존재가 아닌 글자의 관례로써 지각의 인식과정을 거쳐 타당한 판단기준의 인식작용으로 파악되고 있다. 그래서 청취자는 순간의 선택으로 키메라의 존재에 접근하고 있다. 키메라의 표지는 또한 소리와 현상의 일치점에서 순간의 선택으로 키메라라는 글자의 관례를 청취자에게 전달하고 있다.

소리의 존재는 또한 현상까지도 전달하고 있다. 소리로 전달되는 존재의 현상은 새로운 글자의 관례를 창출하여 첨가하고 있다. 현상의 표지는 전달자와 청취자의 존재가 종족언어 표현관습에서 일치되는 순간 글자의 관례를 확정하고, 다시 그 존재를 지속하고 있다. 소리가 존재를 전달하는 방식을 검토하게 되는 경우, 아베라르는 보에티우스보다 더욱 밀도 있게 종족언어 표현관습과 존재의 집합을 글자의 관례에 결합하고 있다. 아베라르와 보에티우스는 존재의 표지로부터 글자의 관례를 찾아내고 있다. 아베라르와 보에티우스는 아리스토텔레스의 『종족언어 규범론』에서 지적한 표지를 글자의 관례에까지 적용하고 있다. 그리고 아베라르는 글자의 관례를 문장의 구성 도구로 인식하고 있다. 그런데도 아베라르가 글자의 관례를 구성 도구로 인식했던 문장은 다름 아닌 창작물이었다. 아베라르의 시각에서 문장은 글자의 관례를 감각의 인식작용으로 파악하여 체험에다 집합하는 기능을 담당하고 있다. 아베라르는 문장을 감각의 인식작용으로 파악하게 되는 체험의 접합제로 파악하고 있다. 문장은 체험영역에다 감각의 인식작용을 글자의 관례에 결합하기 때문에 체험영역을 능가하고 있다.

그런데도 아베라르는 문장을 글자의 관례와는 전혀 다른 체험과 감각의 인식작용을 이어주는 집합체로서 지칭하고 있다. 특히, 아베라르는 전달자와 청취자의 결속요인을 어떤 문장으로부터 발생하는 다양한 글자의 관례가 결합되는 데서부터 찾아내고 있다. 아베라르의 경우 전달자와 청취자라는 공동체 구성원의 결속의식은 이미 글자의 관례가 감각의 인식작용이나 체험영역과 결합되는 것을 전제하고 있었다. 글자의 관례를 공동체의 결속이라는 관점에서 파악하면, 집단의 결속력을 창출하는 것이 글자의 존재 관례라고 단정할 수는 없다.

아베라르는 전달자와 청취자로 구성된 공동체 구성원의 결속의식을 글자의 관례가 소리의 존재와 결합되는 데서부터 접근하고 있다. 글자의 관례는 개인의 인식영역에 귀속되나, 일종의 정의 형태로 결속력을 감각이나 체험의 인식영역에서 생성하고 있다는 것이다. 아베라르는 전달자와 청취자의 인식영역과는 관계없이 글자의 관례가 소리의 존재와 결합되는 데서부터 전달자와 청취자의 '우리' 의식, 즉 결속력을 찾아내고 있다. 아베라르의 시각에서 전달자와 청취자의 결속력은 글자의 관례가 소리의 존재와 결합되는 데서부터 발생하고 있다. 물론 전달자와 청취자에게서 생기는 존재의 일치점은 글자의 관례로서 결속력을 생성하고 있다. 전달자와 청취자에게 결속의식을 파생하는 글자의 관례는 존재 집합체로서 기존 의례관습이라는 일종의 궤도 위에서 운용되고 있을 뿐만 아니라, 종족언어 표현관습을 활용하여 최근세대 인간의 현실을 소리의 존재와 현상으로 창출하고 있다. 따라서 소리의 존재나 현상은 전달자와 청취자의 결속력을 공동체 구성원의 행동으로 표면화시키고 있다.

신의 존재는 다양한 결속요인을 함축하고 있었다. 신의 존재나 현상은 표상을 활용하여 다양한 글자의 관례를 전달하며, 전달자와 청취자에게 결속력을 만들어 내고 있다. 소리로 전달되는 신의 존재나 현상과 글자의 관례나 현상은 청취자와 전달자의 마음에 자리잡은 신의 존재로부터 결속력을 창출하고 있다. 따라서 당대인의 결속력은 마음의 인식영역에 자리잡은 신의 존재로부터 형성되었다고 지적할 수 있게 되었다. 공동체 구성원의 결속력은 소리와 글자를 매개체로서 생기는 존재와 관례로부터 생성되었다. 여기서 종족언어 표현관습은 마음의 인식영역과 문장을 결합시키는 결속의식의 매개체로 작용하였다. 종족언어 표현관습이 감각이나 체험의 인식영역과 문장을 일치케 한다 하더라도, 종족언어 표현관습은 시간의 제약을 탈피할 수 없었다. 종족언어 표현관습은 시간의 제약을 받고 있으면서도 문장을 새로이 창작하고 있다. 종족언어 표현관습은 바로 타당한 판단기준의 인식작용에 대하여 타당한 근거를 제공하고, 동시에 타당한 판단기준의 인식작용에 대하여 전문 지식의 인식작용으로 글자의 관례를 선택하게 만드는 역할을 담당하고 있다.

3.3. 글자의 관례와 존재의 표지

이제 소리나 글자로 전달되는 존재의 표지 문제를 검토하게 되었다. 아베라르는 소리나 글자로 전달되는 존재의 표지 문제를 두 가지 방향으로 접근하고 있다. 아베라르의 두 가지 방향은 소리의 존재와 글자의 관례가 서로 결합되어 있는 신의 존재라는 주어영역과 보편타당한 성사 영역으로 구분하고 있다. 유감스럽긴 하지만, 아베라르는 『해석론 주해서』 전반에 걸쳐, 소리나 글자로 전달되는 존재의 표지 문제를 명확하게 언급하지 않고 있다. 아베라르는 『해석론 주해서』의 초반부에서도 존재의 표지 문제를 언급하지 않고 있으나, 시간이 경과함에 따라서 소리나 글자로 전달되는 존재를 표지의 전제로 발전시키고 있다. 아베라르는 또한 종족언어 표현관습으로 전달되는 소리의 존재나 현상에 대한 종족언어 표현관습을 활용하여 소리나 글자로 전달되는 존재의 표지를 분석하고 있다.

아베라르는 소리나 글자로 전달되는 존재의 표지를 아리스토텔레스의 『해석론 주해서』에서 하나의 단원을 설정하여 분석하고 있다. 그러나 소리나 글자로 전달되는 존재의 표지에 관한 단원은 장편이면서도 아리스토텔레스의 『해석론 주해서』를 포함하고 있다. 그래서 아베라르가 아리스토텔레스의 『해석론 주해서』를 벗어나지 못하고 있다고 지적할 수 있다. 여기서는 『해석론 주해서』의 머리말을 활용하여 소리의 존재와 글자의 존재 관례, 그리고 소리나 글자로 전달되는 존재의 표지를 포함하여 존재 전반의 문제까지 분석하게 되었다. 아베라르는 우선 보에티우스의 경우와는 다르게, 아리스토텔레스의 『해석론』에 접근하고 있다.

보에티우스는 종족언어 표현관습으로 전달되는 소리의 존재를 종족언어 표현관습과 일치시켜 '소리나 글자로 전달된 글자의 관례'로 파악하여, 아리스토텔레스의 『해석론』에 접근한 바 있다. 그러나 아베라르는 보에티우스의 접근 방법과는 다르게 타당한 판단기준의 인식작용으로 선택한 글자의 관례에 대한 오류를 분석하며 아리스토텔레스의 『해석론』에 접근하고 있다. 아베라르는 아리스토텔레스의 『해석론』을 분석하기 위하여, 타당한 판단기준의 인식작용으로 선택한 글자의 관례에 대한 오류를 아예 국한하고 있다.

그러나 아베라르는 아리스토텔레스의 『해석론』을 분석하기 위한 출발 단계에서부터 존재를 인식영역에까지 확대하여 분석하고 있다.

그리고 소리와 글자로 전달되는 존재의 표지를 전달자의 인식작용에 결합시키고 있다. 아베라르는 전달자의 취지를 소리나 글자로 표현되는 존재의 표지로 파악하고 있다. 물론 이것은 '존재의 표지를 담게 되는 소리'를 프리치아누스의 관례에서 인용한 것이다. 전달자의 취지를 설명하는 과정에서 아리스토텔레스도 명사와 동사의 관계를 분석하고 있다. 특히, 아리스토텔레스는 소리의 '존재'와 '타당한 판단기준의 인식작용'으로 '선택한 전문 지식'을 공통으로 언급하고 있다. 아리스토텔레스는 『해석론』에서 소리의 존재를 심성작용과 관련되는 것으로 파악하고 있다.

그리고는 전문 지식의 인식영역에서 존재 한계를 설정하여 다시 존재를 창출하고 있다는 것이다. 존재의 인식작용은 전달자나 청취자 중 어느 한편에서 생기게 된다고 언급하고 있다. 그러나 소리의 존재는 전달자에게서 생기든 청취자에게서 생기든 동일한 방향으로 인식되어야만 글자의 관례를 전달할 수 있게 된다고 지적하고 있다. 아베라르는 소리의 존재를 인식영역에 결합시키고 있는 프리치아누스의 지적을 분석하고 있다. 아베라르는 소리의 존재에 대한 인식작용을 언급하는 대목에서 한 마리의 개가 짖는 경우를 소리의 존재 사례로 설명하고 있다.

아베라르는 한 마리의 개가 짖는 경우, 표현자의 존재를 소리로서 파악할지도 모른다는 것이다. 그러나 인간은 개가 짖는 소리를 듣고서 개의 소리를 파악할 수 없다고 지적하고 있다. 개가 짖는 소리와 청취자의 인식작용은 단순한 소리를 파악하는 데 불과하다는 것이다. 아베라르는 여기서 다시 아리스토텔레스의 『해석론』을 다시 검토하고 있다. 아베라르는 일단 소리로 전달되는 존재의 표지를 종족언어로 전달되는 글자의 관례와 구분하고 있다. 존재의 표지는 전달자의 의지를 청취자가 청각의 인식작용을 거쳐 감각의 인식영역에서 파악하게 되는 소리의 존재와 합치되는 경우에만 생성한다고 부언하고 있다. 이 경우 존재의 표지는 전달자의 소리만을 담을 수도 없다는 것이다.

이와 마찬가지로, 아베라르는 존재의 표지를 아리스토텔레스의 『해석론』에 근거하여 접근하고 있다. 그러나 아베라르는 존재의 표지를 최종 글자의 '인식영역에서 파악해야 된다고 판단하여' 청취자의 인식영역에 글자의 관례를 일치시키고 있다. 아베라르는 다시 소리나 글자로 전달되는 '전달자의 관례'를 분석하고 있다. 여기서 아베라르는 글자의 관례를 여러 가지 존재보다는 다양한 존재의 표지와 관련지워 분석하고 있다. 아베라르는 다양한 존재의 표지를 확증하기 위하여 종족언어 표현관습에 관심을 두고 있다. 아베라르는 존재의 표지로부터 생기게 되는 존재의 관례를 표상근거에 결부시키고 있었다. 아베라르는 존재의 표지로부터 표상근거를 제시하고 존재의 표지가 명사와 동사의 결합으로 명칭을 떠올리게 된다고 설명하고 있다. 아베라르는 그 사례로서 종족과 종족구성원의 경우를 제시하고 있다. 아베라르는 종족과 종족구성원을 구분하고 있다. 아베라르는 종족을 표지로 떠올리게 되었을 경우, 종족의 차이가 바로 종족구성원에 대한 차이와 동일하다고 지적하고 있다.

종족의 차이는 마음의 인식작용으로 파악되고 상상력의 인식작용으로 전혀 다른 종족의 표지를 파악하게 된다고 아베라르는 부언하고 있다. 아리스토텔레스는 다시 종족이라는 존재를 분석하기 위해서가 아니라, 종족의 차이를 서술한 문장을 분석하기 위하여 명사와 동사의 결합으로 종족의 차이를 검토하게 된다고 강조하고 있다. 물론 명사와 동사의 결합을 분석하기 위한 종족의 전제는 기본 자료로서 명사를 분석하고, 이어서 동사까지 검토해야만 문장에 담긴 종족이라는 글자의 관례를 정확하게 파악하게 된다고 지적하고 있다. 아베라르는 전달자의 취지를 파악하기 위하여 종족의 전제를 일단 검토하고 있다. 전달자의 취지에 대한 종족의 전제를 인식하기 위해서는 다양한 종족이라는 글자의 관례를 타당한 판단기준의 인식작용으로 일단 확정해야 한다는 것이다.

그런데도 전달자의 전제는 종족과 종족이라는 글자의 관례에 포함되지 않고 있다. 물론 문장은 어휘로 구성된다. 그리고 문장은 문장을 떠난 어떤 표지의 기반도 지닐 수 없다. 문장에 대하여 다시 소리의 존재는 영속성을 지닐 수 없으나, 글자의 관례에 대한 인식작용은 영속성을 지닐 수 있는 것으로 아베라르는 파악하고 있다. 아베라르는 장미의 경우를 사례로 제시하고 있다. 아베라르는 한 송이 장미를 두고 다음과 같이 지적하고 있다. 장미는 현물이 없다 하더라도 마음의 인식작용에서 이미 꽃의 존재를 지니고 있다. 장미를 마음의 인식작용에서 꽃으로 파악하게 되는 것은 소리나 글자로 전달되는 장미의 표지 때문인 것이다. 아리스토텔레스는 『해석론』에서 존재를 '소리나 글자로 전달되는 존재의 명칭'으로 파악하지 않고, '마음의 인식작용에서 파악되는 존재의 표지'로 파악해야 한다고 부언하고 있다. 소리와 문장은 실제로 존재를 전달하고 있다. 존재를 전달하는 소리와 문장은 장미의 존재가 존재하도록 만들지 않고 있으나, 상상력의 인식작용으로 장미의 존재를 만들어 내고 있다. 그리고 소리와 문장은 상상력의 인식작용으로 장미의 표지를 만들어 냄으로써, 타당한 판단기준의 인식작용으로 장미의 존재를 파악하도록 만들어 주고 있다. 따라서 소리와 문장은 '장미의 표지를 인식시키는 임무'를 부여하고 있다. 즉, 소리와 글자의 관례로 구성된 문장은 장미의 표지를 '전문 지식으로 만드는 역할'을 담당하고 있다.

아리스토텔레스는 소리와 인식작용의 결합을 『규범론』에서 언급하고 있다. 아리스토텔레스는 『소리 규범론』에서 '소리로 전달되는 존재에 대한 상상력의 인식작용'도 존재의 표지를 지식으로 지속되도록 만들려는 목적을 내포하고 있는 것으로 파악하고 있다. 아리스토텔레스는 존재의 표지를 마음의 인식작용과 '지식영역에서 파악한 존재의 표지'로 만든 존재의 표현원리를 '해석'이라고 정의하고 있다. 아리스토텔레스는 존재의 해석을 존재나 관례와는 확연하게 구분하고 있다. 특정한 존재나 현상에 접근한다는 것을 존재에 대한 인식작용으로부터 시작하여 존재나 표지를 제시하는 것으로 파악하지 않았다. 그러나 소리는 존재와 표지를 마음의 인식작용에서 일치시키고 있다. 소리는 마음의 인식작용에서 일치되는 경우에도 존재와 표지를 소리 덩어리를 이루어 전달하고 있다. 소리 덩어리라고 해서 소리도 없이 존재를 감각으로 파악할 수는 없다는 것이다.

소리는 어떤 형체도 지니지 않는다. 아리스토텔레스는 『소리 범주론』에서 소리를 글자의 대비물로 활용하여 '마음의 인식영역에서 포착되는 글자의 관례를 존재의 표지'라고 지적하고 있다. 글자의 대비물을 관례로 활용하여 전달되는 존재의 표지를 아베라르는 아리스토텔레스와는 다르게 '소리 덩어리'라기 보다는 오히려 '존재의 표지를 전달하는 강론'이라고 지칭하고 있다. 소리 덩어리는 또한 존재의 표지를 담고 있다. 보에티우스도 소리 덩어리를 존재의 표지를 담고 있다고 지적했다. 아베라르도 보에티우스의 표지를 수용하고 있다. 아베라르는 존재의 표지를 전달하기 위하여 소리 덩어리를 글자로 나타낼 수 있는지의 여부를 검토하고 있다. 그리고 아베라르는 만약 소리 덩어리를 글자로 나타낼 수 없다면, 글자가 무엇을 표지해야 하는지를 파악해야 한다고 지적하고 있다.

아베라르는 소리와 글자로 전달되는 존재의 표지에 대하여 아리스토텔레스의 『소리 규범론』을 수용하여 존재의 표지를 관습과 결합시키고 있다. 아베라르는 보에티우스의 경우보다는 더욱 미묘하게 감각의 인식작용과 상상력의 인식작용으로부터 타당한 판단기준의 인식작용을 분리시켜 존재의 표지를 종족언어 표현관습에 결합시키고 있다. 아베라르는 글자나 소리로 전달되는 존재의 표지를 이전의 표지와 일관되게 파악하여 '존재의 선택능력'을 인식영역에 접합시켜, '타당한 판단기준의 인식작용'을 활용하여 존재의 표지를 소리와 글자에 일치시키고 있다. 존재의 표지는 잠재능력으로 파악되고 있다. 존재의 표지를 파악하려는 잠재능력은 상상력으로 발휘되든, 아니면 마음의 인식작용으로부터 생겨난 부산물의 형태로 발휘되든, 존재의 표지를 파악하려는 선택 능력임을 부인할 수 없다. 아베라르도 존재의 표지를 파악하려는 선택능력에 대해서는 아리스토텔레스의 『해석론』에서 인식작용을 글자의 관례를 활용하고 있다. 아베라르는 아리스토텔레스의 『해석론』에서 존재의 표지를 글자의 관례로 제시하며, 감각의 단순한 인식작용으로도 존재의 표지에 이르게 된다고 부언하고 있다.

그러나 존재의 표지는 상상력의 인식작용으로 파악되고 있다. 아베라르는 소리나 글자로 상상력의 인식작용과 지각의 인식작용으로 파악되는 존재의 표지를 감각의 인식영역에 결부시키고 있다. 사례로서 존재의 표지는 감각의 인식작용과 분리될 수 없다고 지적하고 있다. 감각의 인식작용도 없이 존재의 표지를 인식한다 하더라도, 상상력의 인식작용으로 존재의 표지 문제를 해결하려는 것은 아니라고 아베라르는 언급하고 있다. 아베라르는 로마로부터 멀리 떨어져 있는 사람의 경우를 상상력의 인식작용과 연계된 존재의 표지 사례로 제시하고 있다. 누군가가 로마로부터 멀리 떨어져 있다면, 마음의 인식작용으로 로마라는 도시를 상상해 볼 수도 있다는 것이다. 상상력의 인식작용도 영혼의 인식작용으로 신의 존재를 확신하게 되는 존재의 표지 사례에서처럼 감각의 인식영역에서는 거의 불가능한 존재의 표지를 인식할 수 있게 되는 것으로 부언하고 있다.

상상력은 존재의 표지를 가공하는 방향으로 작용하고 있다. 마음의 인식작용은 '상상력으로 가공하는 존재의 표지에 대한 규격'을 실제의 규격대로 파악하도록 만들고 있다. 마음의 인식작용은 존재의 표지를 규격으로 실제로 예측하여 상상력이나 타당한 판단기준의 인식작용으로 파악하게 되는 존재의 표지를 제어하고 있다. 이것은 로마가 멀리 떨어져 있음에도 불구하고 로마라는 표상은 존재하지도 않는 도시의 존재로부터 영향을 받고 있다는 점에서도 입증되고 있다. 존재의 표지 문제를 다른 방식으로 표현하면, 상상력과 타당한 판단기준의 인식작용으로 존재의 표지를 파악하는 것은 존재가 현존하지 않더라도, '존재의 표지에 대한 규격의 모방'으로 인식되고 있다는 것이다. 존재의 표지에 대한 규격 모방은 플라톤, 아리스토텔레스, 키케로 등의 경우에 서로 다른 것으로 언급하고 있다. 존재의 표지에 대한 규격모방은 과거인의 관례에도 저작자에 따라서 서로 다르기 때문에, 존재의 표지에 대한 문제의 초점을 그와 유사한 존재에까지 확대했던 것이다. 존재의 표지에 대한 규격 모방이 유사한 존재에로 확대되는 사례는 플라톤의 이데아론에서 지적될 수 있다.

플라톤의 이데아론이나 '존재의 표지에 대한 일정한 규격의 사례'는 이데아의 대비물을 활용하여 전달되는 존재를 종족언어 표현관습에 일치시켜 전달하는 '표지'에서도 표지 차이점을 드러내지 않는 것으로 나타나고 있다. 프리치아누스도 표지의 이러한 차이점을 지적하는 부분에서 글자의 관례를 글자의 대비물로 파악하여 관습에 결합시키고 있다. 프리치아누스는 특정한 존재의 원형으로부터 마음의 인식작용에 포착되는 존재의 표지에 대하여 표상을 떠올리고 있다. 프리치아누스는 마음의 인식작용으로 존재의 표지로서 표상을 포착하여 특정한 표지의 생김새나 구도를 상상자의 머리 속에 떠올리게 된다고 부언하고 있다. 프라치아누스는 신의 존재가 세계를 창조하기 위해서는 창조하려는 '세상의 모습'을 특정한 존재나 현상으로부터 의식관행의 대비물을 활용하여 전달되는 글자의 존재 관례로 떠올릴 수 있어야 한다는 것이다. 여기서도 프라치아누스는 마음의 인식작용을 의례관습의 대비물을 활용하여, 소리나 글자로 전달되는 글자의 존재 관례까지도 의식관행에 연계하여 언급하고 있다. 글자의 존재 관례는 다양하게 전달되고 있다. 특히, 글자의 존재 관례는 의례관습의 대비물을 활용하여 전달되고 있다. 의례관습의 대비물을 활용하여 전달되는 존재의 표지는 본래부터 존재의 관례가 아니었다. 여기서 누군가가 현존하지도 않는 탑의 경우를 상상할 수도 있다.

누군가는 시각의 인식영역으로 탑의 모습을 그리게 될 것이다. 누군가가 탑의 모습을 그리려면, 마음의 인식작용으로 탑의 표지를 포착하여 탑의 높이와 모양을 명확하게 상상할 수 있어야 할 것이다.

그러나 탑의 표상이 글자의 존재 관례에 합당한 형식을 지닐 수는 없을 것이다. 아리스토텔레스도 『소리 규범론』에서 존재의 표상에 대하여 언급하고 있다. 존재의 표상은 상상력의 인식작용으로 전달되는 글자 덩어리의 표상과 오인해서는 안된다고 아리스토텔레스는 부언하고 있다. 글자는 존재의 관례를 전달하기 위한 종족언어 표현관습의 대비물에 지나지 않는다는 것이다. 그래서 종족언어 표현관습의 대비물을 활용하여 글자의 관례를 전달하게 되는 글자의 명칭은 종족언어 표현관습과 타당한 판단기준의 인식작용으로 선택하여 상상력의 인식작용으로 파악되는 것이 아니라고 부언하고 있다.

글자의 명칭은 존재 자체와 글자의 관례를 타당한 판단기준의 인식작용으로 선택하여 상상력의 작용영역에서 파악되고 있다고 강조하고 있다. 글자의 존재는 표상이 아닌 표지를 타당한 판단기준의 인식작용으로 인식하여 현존의 존재로 표면화하고 있다. 그러나 글자라는 존재는 존재하지 않은 존재의 표지와 결합하기 위하여, 마음의 인식영역에서 청취자로 하여금 존재의 표지를 인식토록 작용하고 있다. 글자의 존재는 '존재와 표상의 중간물'로 작용하여 표지로 인식되고 있다. 글자는 존재의 인식과정에서 표지를 전달하고 있다. 글자로 전달되는 존재의 표지는 종족언어 표현관습의 대비물을 활용하여 청취자로 하여금 마음의 작용영역에서 인식토록 조정하고 있다. 청취자는 표지의 인식과정에서 상상력과 감각의 인식영역을 구분해야 한다. 이것은 아킬레스의 조각상을 바라보는 경우에서도 입증되고 있다. 아킬레스의 조각상을 바라보게 되는 경우, 누군가는 조각상 때문에 바라보는 것이 아니라, 아킬레스 때문에 조각상을 바라보게 된다는 것을 잊지 않아야 할 것이라고 강조하고 있다.

조각상은 아킬레스를 표지하고 있다. 누군가는 조각상보다는 아킬레스라는 사람에게 초점을 맞추고 있다. 그리고 아킬레스라는 사람의 규격을 모방하기 위해서는 조각상이라는 존재보다 조각상의 대비물을 활용하여, 아킬레스의 명칭과 관습을 하나의 의미 덩어리로 결합시키고 있다. 여기서는 조각상을 아킬레스의 대비물이라 지적할 수도 있다. 그리고 그 조각상에는 타당한 판단기준으로 인식하는 경우, 아킬레스라는 사람을 포함시키지 않고 조각상을 인식하고 있다고 지적하고 있다. 조각상은 감각으로 인식하게 될 때까지 표지로 인식되어 다시 존재로서 마음의 인식영역에서 파악되어 아킬레스에 대한 인식작용으로 변화되고 있다.

그러나 아킬레스라는 사람을 배제하고 조각상을 인식하게 되는 경우, 조각상의 인식작용은 아킬레스라는 사람의 표지를 인식하면서 집중하는 경우보다 미약한 것으로 나타날 수밖에 없다. 누군가가 존재를 언급하고 표상을 떠올리기 위하여 아킬레스의 매개물을 활용할 수도 있다. 아킬레스의 존재를 언급하기 위하여 표상을 활용하려면 물론 아킬레스의 명칭을 타당한 판단기준의 인식작용에 개재시켜 인식하게 될 것이다.

여기서 아킬레스라는 존재의 명칭은 소크라테스와 같은 개인이든, 사람에 대한 총칭의 형태이든 그렇게 중요한 문제가 아니라는 것이다. 존재의 표지와 표상은 인식작용에서 구분되는 경우, 이 두 가지는 타당한 판단기준의 인식작용으로 파악되느냐에 따라서 표상과 명칭을 중심으로 구분되고 있다. 이것은 '상상력의 인식작용'을 실제로 마음의 인식작용에서 표지와 표상에서 실제 하나의 의미 덩어리로 결합되고, 거기서 다시 모든 창조물을 감각의 인식작용으로 인식하기 때문임을 나타내고 있다. 따라서 상상력의 인식작용은 타당한 판단기준의 인식작용으로 명칭을 파악하지 않고서는 이루어질 수 없다고 아베라르는 지적하고 있다.

아리스토텔레스와 보에티우스는 존재를 타당한 판단기준의 인식작용으로 파악하게 되나, 감각의 인식작용을 거쳐 타당한 판단기준의 인식작용으로 명칭을 파악하게 된다고 지적한 바 있다. 아베라르도 아리스토텔레스와 보에티우스의 이 같은 명칭 언급을 거의 그대로 수용하고 있다. 아베라르는 존재를 인식하기 위해서는 상상력의 인식영역을 거치지 않을 수 없다고 지적하고 있다. 지각의 인식작용과 상상력의 인식작용은 존재의 인식과정에서 마치 겨냥도와 펜, 그리고 물감이 한데 어울려 완벽하게 채색되어 그림의 모습을 지니게 되는 것처럼 명칭을 인식하기 위한 핵심 기반이라고 아베라르는 언급하고 있다.

상상력의 인식작용은 마음의 인식영역에서 '특정한 존재나 그 명칭을 인식하기 이전부터 존재에 대한 인식작용의 출발점'으로 나타나게 될 가능성도 있다고 아베라르는 부언하고 있다. 이와는 다르게, 상상력의 인식작용은 인식의 작용영역에서 존재나 관례, 그리고 존재의 표지나 인명 등을 인식하거나, 아니면 마음의 인식작용에 결합시켜 주는 것으로 언급하고 있다. 마음의 인식작용은 결국 존재를 무질서로부터 질서로, 그리고 인식작용의 혼란으로부터 타당한 판단기준의 인식작용으로 전환시켜 주고 있다. 아베라르는 전문 지식의 인식영역과 상상력의 인식영역, 그리고 타당한 판단기준의 인식작용 등을 개괄하고 있다. 아베라르는 인식영역의 이 같은 개괄을 마치고 나서, 다시 소리나 글자로 전달되는 존재의 표지를 분석하고 있다.

아베라르는 소리나 글자로 전달되는 존재의 표지를 상상력과 타당한 판단기준의 인식작용에 결합하고 있다. 소리나 글자로 전달되는 존재의 표지는 상상력과 타당한 판단기준의 인식작용을 이미 전제하고 있다는 것이다. 존재를 감각이나 상상력의 인식작용으로 파악할 수는 없다. 존재에 대한 인식작용은 감각과 상상력, 그리고 타당한 판단기준의 인식작용과 결합해야만 가능하다고 아베라르는 거듭 강조하고 있다. 아베라르의 이 같은 주장은 아리스토텔레스의 『해석론』에서 이미 지적된 바 있다. 특히 아리스토텔레스는 소리의 존재를 마음의 인식작용에 결합시키고 있다. 아리스토텔레스는 존재의 표지를 소리와 소리의 존재로 구분하고 있다.

아리스토텔레스는 그리스인에게도 소리를 '소리 덩어리'와 소리로 전달되는 존재, 그리고 단순한 소리로 구분하여, 소리 자체를 회상에 결부시키고 있다고 부언하고 있다. 아베라르는 소리와 인식작용의 결합에 대하여 다시 신의 존재 문제를 제기하고 있다. 아베라르는 신의 존재에 대한 인식작용과 소리의 관계를 보에티우스의 『해석론』으로부터 그대로 수용하여 반복하고 있다. 아베라르는 일단 소리와 글자, 그리고 감각의 인식작용을 서로 결합시키면 신의 존재에 대한 인식작용과 기본 관계를 이루게 되며, 그 기본 관계의 인식작용으로 신의 존재에 대한 해석에 도달하게 된다고 지적하고 있다. 여기서 아베라르는 소리보다는 오히려 신의 존재에 대한 인식작용이 서로 다른 종족구성원 사이에서도 동일하게 나타나게 되는가 문제를 분석하고 있다. 아베라르는 신의 존재에 대한 동일한 인식작용이 소리와 글자의 존재에 대한 일치점 때문이 아니라, '소리로 전달되는 신의 존재' 때문에 인식작용의 동일한 일치점을 찾아내어 다시 확신에 이르게 되는 것으로 지적하고 있다.

아베라르는 다시 사람의 경우를 사례로 제시하고 있다. 아베라르는 사람의 존재에 대한 인식작용을 '반드시 죽게 예정되어 있는 동물'이라는 글자의 관례와 일치시키고 있다. 사람을 그리스어에서는 '안트로포스'로, 그리고 라틴어에서는 '오모'로 지칭하고 있다. 그러나 이 두 언어에서 통용되는 사람은 '반드시 죽게 예정되어 있는 동물'의 관례를 내포하고 있다는 것이다. 아베라르는 사람에 대한 인식작용에서 왜 인식작용이 사람이라는 소리의 존재보다도 글자의 존재를 훨씬 더 오래도록 보존할 수 있는 것으로 지적하게 되었겠느냐 문제를 제기하고 있다. 아베라르는 이 문제의 해답을 아리스토텔레스의 『해석론』으로부터 접근하고 있다. 『해석론』에서 아리스토텔레스는 신의 존재를 타당한 판단기준의 인식작용으로 파악하게 되는 것보다는 마음이나 상상력의 인식작용으로 파악하는 것을 더 중요한 것으로 지적하고 있었다.

아베라르는 아리스토텔레스의 이 같은 입장을 확증하기 위하여 소리나 글자로 전달되는 신의 존재에 더욱 큰 관심을 두게 되었다. 아베라르는 아리스토텔레스의 『해석론』에 담겨 있는 인식작용을 몇 가지로 분류하지 않을 수 없다고 판단하여 인식작용의 영역을 확대시키고 있다. 그리고 아베라르는 그리스인이나 로마인이라 하더라도 신의 존재에 대한 인식작용의 방향은 본래의 소리와 글자를 지니고 있음에도 달라질 수 없는 것으로 파악하고 있다. 신의 존재에 대한 인식작용의 방향이 달라지게 되더라도, 신의 존재에 대한 인식작용의 변화요인을 종족언어 표현관습으로부터 기인하는 것으로 지적하고 있다. 신의 존재는 종족언어 표현관습으로 전달되기 위하여 신의 존재에 합당한 관례를 지니고 있다. 신의 존재에 합당한 글자의 관례를 지니고 있는 종족언어 표현관습을 다른 신의 존재 구성 도구로써 인식하게 되면, 신의 존재를 전혀 파악할 수 없게 된다고 부언하고 있다.

'신의 존재를 인식작용 영역에서 소리의 존재'로 파악하게 되면, 신의 존재는 전달하는 소리나 글자와 분리되지 않고 있다. 아베라르는 종족언어 표현관습을 활용하여 신의 존재에 대한 인식 문제에 접근하고 있다. 아베라르는 존재와 관례를 인식영역에 따라서 구분하고 있다. 언어로 전달되는 존재와 관례의 차이는 소리나 글자로도 아주 간단하게 파악될 수 있다고 지적하고 있다. 신의 존재와 관례의 격차는 존재의 표지로부터 나타나는 것이 아니라는 것이다. 다양한 종족은 종족 나름대로 각양 각색의 언어를 사용하고 있다. 다양한 종족이 각양 각색의 언어를 사용하는 것만큼 존재의 표지에서도 커다란 차이를 드러내게 되어 있다는 것이다. 존재의 표지 격차는 인식작용의 영역으로부터 생겨나고 있다. 그리고 인식작용의 영역으로부터 생겨나는 존재의 표지 격차는 존재와 관례로 결합되는 논리의 구성물, 즉 존재 모형을 형성하고 있다. 종족언어 표현관습으로 전달되는 존재와 관례의 격차는 '존재의 표지를 소리와 글자로 전달하는 종족언어 표현관습의 존재양식이나 기능'에서도 입증되고 있다.

아리스토텔레스는 존재의 표지를 소리나 글자로 전달하는 존재양식이나 역할을 감각의 인식영역과 마음이나 상상력의 인식영역으로 구분하고 있다. 아리스토텔레스의 이 같은 구분은 보에티우스에게서는 종족언어 표현관습과 관련하여 새로운 글자의 존재 관례 문제를 제기하고 있었다. 감각의 인식영역과 마음이나 상상력의 인식영역은 종족 구성원에 따라서 전혀 다른 것이 아니라, 오히려 종족언어 표현관습 영역에 따라서 거의 동일한 것으로 나타나고 있다고 지적하고 있다.

이 같은 아베라르의 입장은 언어 표현원리를 활용한 것을 제외하면 보에티우스와 다를 바 없다. 아베라르와 보에티우스는 현대 세계에서 흔히들 찾으려고 노력하고 있는 질서의 구성물을 언급하고 있다. 아베라르는 질서의 구성물을 '존재의 구성물'로 파악하고 있다. 존재의 구성물은 물론 소리와 글자, 존재와 지각의 인식작용을 활용하여 축적된 종족언어 표현관습에 기반을 두고 있다.

아베라르의 시각에서 종족언어 표현관습은 질서를 구성하는 존재의 거대한 구조물과 같다고 인식하고 있다. 그리고 아베라르는 질서의 구성물 문제를 검토하기 위한 존재의 전제로서 나름대로 질서를 구성하게 되는 존재와 현상의 표준을 미리 설정하고 있다. 아베라르는 표준질서를 활용하여 다양한 인식작용의 영역에 따라서 존재를 체험의 유형별로 분류하기 시작했다. 아베라르는 존재에 대한 표현 사례에서처럼, 타당한 판단기준의 인식작용도 종족언어 표현관습과 체험영역에 따라서 어느 정도 서로 다를 수 있다고 지적하고 있다. 아베라르는 타당한 판단기준의 인식작용으로 소리나 글자의 존재의 표지를 인식하게 되는 인식작용의 방향에 대하여 '사람'이라는 사례를 활용하고 있다.

'사람'이라는 존재의 표지를 소리로 듣게 되는 경우, '사람'이라는 소리는 청각의 인식작용으로 들을 수 있다. 누구나 '사람'의 소리를 듣는 순간 '사람'이라는 존재의 모습과 관례, 그리고 표상 등을 생각하여 인식 단계에 이르게 된다는 것이다. 그리고 '사람'이라는 존재의 표지를 상상력의 인식작용으로 그려보게 된다는 것이다. 이어서 '사람'이라는 존재는 '존재의 표지'로서 존재하고 있다. '사람'이라는 존재는 인식영역에서 상상력의 인식작용으로 파악되고 있다. 사람의 표지는 생생한 소리로 다른 존재의 표지와 분리되어 전달되고 있다. 사람이라는 존재에 대하여 누군가는 '사람'이라는 소리와 '반드시 죽어야 할 운명의 동물'이라는 소리를 듣게 되는 경우, 감각으로 인식하여 상상력의 인식작용으로 파악하게 된다는 것이다. 존재라고 하면 반드시 글자의 관례를 지니기 마련이다. 이것은 사람의 경우에도 다를 바 없다. '사람'은 일종의 존재이다. 사람의 관례를 '언젠가는 반드시 죽어야 할 동물'이라고 지적할 수 있다.

여기서 '사람은 언젠가 반드시 죽어야 할 동물이다'라는 명제는 『해석론』에 포함된 사람에 대한 글자의 관례인 것이다. 그렇다고 '사람'과 '언젠가는 반드시 죽어야 할 동물'을 흔히 사람이라고 지칭하게 되는 경우를 사례로 지적할 수 있다. 여기서 사람에 대한 인식작용은 사람이라는 명칭에 따라 진행되고 있다. 명칭에 대한 인식작용은 사람이라는 존재의 정의를 구성하는 과정에서 아주 단순하게 일어나고 있다. 명칭은 존재 부분이 아니다. 명칭은 존재의 표지나 다름없다. 명칭은 또한 글자의 인식작용에서도 언제나 단순하게 부여되고 있다. 이와는 다르게, 존재의 표지에 대한 인식작용은 소리나 글자의 대비물을 활용하여, 존재를 표지하는 명칭의 관례와 마찬가지로 인식작용으로 진행되고 있다. 존재의 명칭은 언제나 간단하게 부여되며, 아주 단순하게 인식되고 있다. 사람이라는 명칭은 인식작용 영역에서 사람의 관례와 결합되고 있다. '사람이라는 명칭과 관례의 일치'는 곧 '사람이라는 소리나 글자의 존재로 분리되어' 표지를 구성하고 있다.

사람이라는 소리나 사람이 아닌 다른 존재라는 소리는 청각의 인식작용으로 파악되고 있다. 청각의 인식작용으로 포착한 사람이라는 소리는 사람이라는 존재에 대하여 거의 전체 모습을 파악하지도 않는 사이에 청각의 인식영역에까지 전달되고 있다. 그러나 사람이라는 소리는 언제가 반드시 죽어야 할 운명의 사람을 명칭의 표지에 결합하여 전달하고 있다. 여기서 사람이라는 소리는 사람의 표지에 결합되면서, 표현자와 청취자의 새로운 결속력을 생성하고 있다. 사람이라는 소리는 사람의 표지에 결합되지 않는다.

그러나 사람의 표지는 상상력의 인식작용으로 일종의 동질의식을 창출하며, 죽어야 할 운명의 사람이라는 글자의 관례로부터 타당한 판단기준의 인식작용을 활용하여 존재의 공감대를 확정하고 있다. 사람은 죽어야 할 운명을 거부할 수 없다. 논리상으로 죽어야 한다는 운명을 벗어날 수 없는 사람은 이와 반대되는 논리, 죽지 않을 동물이라는 사람을 당연히 거부하게 될 것이다. 사람의 존재는 죽는다와 죽지 않는다의 이분법 논리 형식으로부터 형성되고 있다. 그러나 사람의 존재는 마음의 인식영역에서 일단 일치하고 있다. 사람의 표지는 소리의 존재로부터 인식되지 않는다.

사람이라는 존재의 표지는 마음의 인식작용으로 파악될 수 있다고 아베라르는 언급하고 있다. 사람이라는 존재의 표지를 인식영역에 따라서 구분하면 존재의 인식영역은 대단히 복잡하게 나타나고 있다. 그러나 사람이라는 존재에 대한 인식작용은 아주 간단하게 나타나고 있다. 이것은 사람의 관례에서도 이미 입증되고 있다. 사람이라는 소리에 대한 인식작용은 몇 명의 구성원과 같은 존재의 표지를 지니는 경우, 사람의 관례에 일치되어 나타난다. 사람이라는 소리에 대한 인식영역은 대단히 복잡하게 나타나고 있다. 사람이라는 소리의 존재에 대한 인식작용은 다양한 표상으로 진행되고 있다. 사람이라는 소리의 존재에 대한 표상은 동시에 결속력을 창출하게 마련인 것이다.

사람의 표상은 결속력을 창출하는 인식기반 역할을 담당하게 된다고 지적하고 있다. 물론 결속력을 창출하게 되는 사람의 표상은 종족에 따라서 다를 수도 있다. 표상을 지니는 사람의 명칭도 서로 다를 수 있다. 그러나 사람의 표상으로 인식하게 되는 명칭의 존재는 동일할 수 있다. 청취자는 소리로 존재의 명칭을 전달받게 된다. 그리고 청취자는 소리로 전달되는 존재의 명칭을 인식하여, 곧 사람의 표상을 떠올리고 있다. 청취자에게 전달된 사람의 표상은 간단할 수도 있으나, 대단히 복잡하게 인식될 수도 있다. 사람의 존재와 표상은 일치될 수도 있고, 서로 분리될 수도 있다. 그러나 사람의 존재는 표상과 결합되어 인식작용으로 존재하게 된다고 아베라르는 결론 짓고 있다. "소크라테스는 사람이다"로 전달자는 말할 수도 있으나, "소크라테스는 사람이 아니다"로도 말할 수 있다는 것이다.

표현자는 이 경우 소크라테스와 사람을 소리와 존재로 일치토록 인식시킬 수도 있고, 소리와 존재로 분리할 수도 있다. 존재와 소리는 글자의 관례와 일치되고 있다. 그러나 존재와 소리는 서로 분리될 수도 있다. 아베라르는 존재를 인식작용에 관련 지워 존재와 소리가 정확할 수도 있고, 정확하지 못할 수도 있다고 지적하고 있다. 인식작용의 영역에서 소리로 전달되는 사람의 표지가 종족언어 표현관습에 가깝게 결합했느냐에 따라서 사람과 소리를 일치시킬 수도 있다는 것이다. 인식작용의 영역에서 사람의 표지를 종족언어 표현관습에 가깝게 일치시키기 위해서는 소리의 표현방법과 당시 상황을 인식영역에 포함하고 있다.

사람의 표지는 소리와 사람의 일치점이나 소리와 사람의 분리점으로부터 표지를 형성되는 것이 아니라, 사람의 관례로부터 표지를 형성하고 있다. 사람의 표지는 마음의 인식영역에서 존재의 관례 영역으로 다시 소급되고 있다. 실제로 사람의 표지는 인식영역의 분리점으로부터 존재하고 있다. 그러나 사람의 표지는 인식작용에 근거하여 사람의 관례로 파악되고 있다. 아리스토텔레스는 사람에 대한 인식작용의 관점에서가 아니라, 소리로 전달되는 사람의 관례와 명칭을 인식영역에 따라 분리하면서 새로운 존재를 발생시키고 있다고 지적하고 있다.

누군가는 소크라테스가 앉아 있는데도 소크라테스가 서 있다는 말을 듣게 되자, 감각의 인식영역에서 소크라테스라는 사람의 상황을 파악할 수 있으나 사람과 존재 관례를 인식영역에서 분리하여 소크라테스라는 새로운 존재를 생성하고 있다. '사람에 대한 마음의 인식영역'에서는 '사람의 모습'을 종족언어 표현관습에서 확증하지 못하고 있다.

마음의 인식영역에서 소크라테스라는 사람의 존재에 대한 인식 영역을 분리하고 있다. 소크라테스라는 사람의 존재에 대한 인식작용은 종족언어 표현관습과 표상의 일치점으로부터 '상상력의 인식작용으로 표상의 재배열'에 따라서가 아니라, '마음의 인식작용'에 따라서 선택되고 있다. 소크라테스라는 사람의 존재에 대한 인식작용은 물론 존재의 관례를 중심으로 진행되고 있다. 소크라테스라는 존재가 과거에 존재했느냐, 아니면 존재하지 않았느냐, 그리고 존재가 현재 존재하고 있느냐, 존재하지 않느냐, 더 나아가서 소크라테스라는 존재가 미래에 존재할 것이냐, 아니면 존재하지 않을 것이냐에 초점을 맞추어 소크라테스라는 존재에 대한 인식작용은 진행되고 있다.

소크라테스라는 존재에 대한 이런 인식작용은 결국 마음의 인식영역에서 현재 존재하고 있는 존재의 표상과 일치하지 않고, 과거와 미래의 표상을 결합하여 진행되고 있다는 뜻이기도 하다. 존재에 대한 인식작용에도 타당한 판단기준을 활용하고 있다. 타당한 판단기준을 활용하여 존재를 인식한다는 것은 존재의 표상을 과거와 미래의 모습으로 '구분하여' 특정한 표상의 모습으로 나타내게 된다는 의미를 내포하고 있다. 이와는 다르게, 특정한 표상의 모습으로 존재를 인식하게 되는 이면에는 '상상력의 인식작용'으로 존재에 대한 표상으로 그 모습을 그려내어 마음의 인식영역에서 존재의 모습을 선택하기에 이르고 있다. 아베라르는 존재의 표상과 그 모습을 철학의 인식론 영역에 포함하고 있음에도 불구하고, 존재의 표상과 그 모습을 시간의 한계와 본래의 인식속도에 따라서 존재에 대한 소리의 표지로부터 존재를 분리해야 한다고 지적하고 있다.

그러나 존재의 표지와 표상은 인식영역에서 구분되고 있다. 존재의 표상은 상상력과 마음의 인식영역으로부터 생겨나고 있으나, 존재의 표지는 지각의 인식영역으로부터 생겨나고 있다. 존재의 표상은 인식작용의 영역에 따라서 존재의 표지와 구분되고 있다. 존재의 표상은 인식영역을 구분하려는 순간에 활용되고 있다. 존재의 표상은 물론 시간의 제약을 받고 있다. 존재의 표상은 시간의 제약을 받으면서 존재의 표지를 부여하고 있다. 그리고 존재의 표상은 타당한 판단기준을 활용하여 존재에 대하여 인식작용을 만들어 내고 있다. 존재의 모습은 표지와 표상의 일치점으로까지 소급하여 언급하지는 않는다.

그런데도 존재의 표지는 과거에 대한 회상이나 미래에 대한 예증까지도 감각의 영역에서 인식될 수 없다. 존재의 표지를 존재에 대한 과거나 미래를 상상력의 작용영역에서 인식하고 있다. 이 경우 존재의 표지는 판단기준을 활용하여 감각의 작용영역과 마음의 작용영역을 일치시킬 수도 없고, 그렇다고 분리할 수도 없다. 타당한 판단기준은 감각의 인식영역과 분리되지 않고 있다. 그리고 타당한 판단기준은 존재의 표지와 표상과도 분리되지 않고 있다. 우선 존재의 표상은 청취자의 주의를 집중시키고 있다. 존재의 표상은 표지를 부여하기 위해서라기보다는 마음의 인식작용을 자극하기 위하여 존재를 확정하고 있다. 아베라르는 존재의 표지와 표상 관계를 아리스토텔레스와 보에티우스의 『규범론』으로부터 접근하고 있다. 그리고는 타당한 판단기준을 활용하여 감각의 인식영역에서 존재의 표지와 표상 관계를 확정짓고 있다.

특히 아베라르는 아리스토텔레스의 『해석론』과 보에티우스의 의미론을 활용하여 종족언어 표현관습의 소리와 표지를 분석하고 있다. 아베라르는 또한 보에티우스의 의미론에서처럼 존재와 표지의 관계를 「의식에 대한 주지사항」 형태로서가 아니라, 공동체 구성원을 결속시키기 위한 목적으로 활용하고 있다. 아베라르는 존재와 타당한 판단기준을 감각의 인식작용과는 별개의 관계로 분석하고 있다. 그리고 당대인은 마음의 인식영역에서 존재에 대하여 표지를 창출하고 있다. 당대인은 존재에 대한 표지를 창출하기 위하여 표상을 활용하고 있다.

최근세대 인간에게 존재의 표상은 두 가지 구성물을 지니고 있다. 존재에 대한 두 가지 표상의 구성물에는 청각의 인식영역에서 전달되는 소리 덩어리와 '강론'이 포함되어 있으며, 시각의 인식영역을 비롯하여 마음과 상상력의 영역으로부터 생성되는 표지를 포함하고 있다. 아베라르는 존재의 관례를 전달하는데 문장을 활용하고 있다. 그런데도 아베라르는 문장이 존재의 관례와 유사한 것으로 인식하고 있다.

글자로 전달되는 문장은 존재의 관례로 구성되어 새로운 존재를 지니고 있다. 문장은 존재의 관례를 내포하지 않고, 타당한 판단기준의 인식작용을 활용하여 '지각의 인식작용으로 파악된 전문 지식'과 서로 연계시키고 있다.

우선 존재를 전달하는 소리나 강론은 존재 영역을 축소시키고 있다. 존재는 소리나 강론으로 전달되는 존재의 표지나 표상을 관습과 결합시키고 있다. 다음으로, 존재의 관례를 전달하는 표지는 존재의 인식영역을 확대시키고 있다. 아베라르는 존재의 표지를 감각과 마음의 인식작용 사이에 위치한 중간물에서 역할을 담당하고 있는 것으로 파악하고 있다. 그러나 존재의 표지는 표상 때문에 만들어지는 것이 아니라고 부언하고 있다.

존재의 표지는 관례에 바탕을 두고 있다. 소리는 존재의 관례를 전달하고 있다. 소리로 전달되는 존재의 명칭은 감각과 마음의 인식작용을 이어주는 중간물 역할을 담당하고 있다. 그런데도 존재에 대한 인식작용은 존재의 관례에 바탕을 두고 진행되고 있다. 소리와 문장은 존재에 대하여 공통으로 존재의 관례를 부여하고 있다. 그러나 소리와 문장으로 전달되는 존재의 관례도 관습과 결합되어야만 전달될 수 있다. 아리스토텔레스와 보에티우스는 소리와 문장에 포함된 존재의 관례에 대한 인식작용의 일치점을 타당한 판단기준의 인식작용으로 파악한 존재로 판단하고 있다. 그리고 이 두 해석자도 관습의 중요성을 지적하고 있다.

아베라르는 존재의 표지를 문법과 소리의 결합 때문에 접근할 수 있는 것으로 파악하고 있다. 그리고는 기존 표지로부터 벗어나며 문법 규칙대로 감각의 인식작용을 거치게 되면서 표지를 파악할 수 있다고 언급하고 있다. 존재의 관례는 가공되고 있다. 그러나 존재의 관례는 활용과정에서 새로운 존재의 관례에 접근하고 있다. 존재의 관례는 또한 심리작용으로 종족언어 표현관습에 결합되어 보편타당한 존재까지도 체험영역에서 인식할 수 있도록 만드는 표준 체험이라는 중간물을 만들어 내고 있다.

3.4. 보편타당한 성사관습과 아베라르

11-12세기 서양 중세세계에서 보편타당한 성사관습은 신의 존재나 현상과 그 관례, 그리고 표지와 표상의 관계를 단일한 의례관습, 즉 성사관습에 결합하고 있었다. 이제까지는 아베라르의 보편타당한 존재를 종족언어 표현관습으로 전달하는 성사관습, 현상의 관례, 표지와 표상에 관련 지워 상징물과 함께 분석하게 되었다. 당대인은 특히 보편타당한 존재를 활용하여 '개인주의'와 '합리주의'에 바탕을 둔 단일한 결속원리를 창출하게 되었다. 보편타당한 존재와 표지의 중간 매체는 종족언어 표현관습이었다. 아베라르는 존재나 현상의 관례에 대하여 자기의 견해를 간략하게 반복하고 있다. 그리고 존재나 현상의 관례를 종족언어 표현관습에 일치시켜 보편타당한 관례의 옷을 입은 결속력에 연관지우고 있었다. 아베라르는 표지를 고유한 존재로 인식하고 있다. 문자로 전달되는 존재나 현상의 표지는 시각의 인식 영역과 종족언어 표현관습에 존재를 일치시킴으로서 인식작용 영역에서 다시 변화되었다.

아베라르는 존재의 표지와 종족언어 표현관습의 관계를 성사관습 영역과 관련 지워 아리스토텔레스의 『종족언어 규범론』을 분석한 바 있다. 그리고 존재의 표지는 심성의 인식작용으로 파악되고 있다. 물론 심리작용은 종족언어 표현관습의 토대 위에서 진행되고 있다. 또한 종족언어 표현관습은 바로 체험영역에서 구축된 존재나 현상의 구성물과 다름없었다. 따라서 심리작용 영역도 체험영역이라고 지적할 수 있다. 뿐만 아니라 존재의 표지 역시 체험영역에 매달린 공과 같은 존재나 현상이라고 지적할 수 있다. 아베라르는 존재의 표지 기능을 특정한 소리의 존재로부터 확증하고 있다. 존재의 표지는 소리를 매개체로 활용하여 인식되고 있다. 존재의 표지는 또한 존재의 관례를 타당한 판단기준과 감각의 인식작용으로 파악하도록 안내하고 있다.

존재의 표지는 물론 보편타당한 성사관습의 구성원리에서도 중요한 기능을 담당하고 있다. 아베라르는 보편타당한 성사관습 문제를 『종족언어 규범론』에서 표상의 머리말이라는 『주해서』에서 언급하고 있다. 보편타당한 성사관습을 분석하기 위한 방법론의 요지는 아리스토텔레스의 『해석론』에 대한 보에티우스의 『주해서』에서도 명확하게 드러나고 있다. 아베라르는 보편타당한 성사관습과 존재 관례를 관련지워 베렝가르의 『성사관습 비판』을 비판하고 있다. 아베라르는 베렝가르의 『성사관습 비판』에서 빵과 포도주의 의미 이동원리를 적용했다는 점을 본래의 성사관습을 거부한 사례로 파악하고, 성사관습을 지나치게 단순화하여 결국 성사관습의 표상근거를 외면하게 되었다고 비판하고 있다.

다음으로 아베라르는 보편타당한 성사관습에 대하여 단순하게 소리의 존재를 인식작용의 요인으로 파악하고 있다. 거기다 아베라르는 존재, 소리의 표지, 타당한 판단기준의 인식작용 등을 인식작용의 요인에 포함하고 있다. 아베라르는 인식작용의 발생단계를 분석하고 있다. 인식작용의 발생에 대한 분석 결과를 아베라르는 다시 보편타당한 성사관습에 관련 지워 보편타당한 성사관습 위치를 강조하고 있다. 아베라르는 보편타당한 성사 존재관습을 분석하는 과정에서 존재나 현상을 종족언어 표현관습에 일치시켜 신의 존재에 대한 인식론을 정립하고 있다. 아베라르는 신의 존재에 대한 인식론을 활용하여 존재나 현상을 설명하려는 것이 성사관습의 핵심이라고 할 수 있는 소위 보편타당한 성사관습의 가설에 접근하고 있다. 아베라르의 이 같은 가설은 소리나 글자로 전달되는 존재의 표지에 대한 인식 문제와 표상에 대한 인식 영역의 문제를 다시 성사관습의 상징물에까지 확대하고 있다.

3.5. 존재의 표상 근거와 『해석론』

아베라르는 인식론의 영역에서 탁월한 업적을 남겼다. 그러나 아베라르의 업적을 완벽하다고 평가할 수만은 없다. 아베라르의 업적 중에서 주요 저작물을 제외하고서는 평가받을 수 있는 것이 거의 없음도 잊어서는 안될 것이다. 아베라르는 저작물에 담긴 내용과 반대되게 행동한 경우도 흔히 찾아볼 수 있다. 아베라르의 저작물에서는 보에티우스의 '표상 근거'를 보편타당한 성사관습의 대체물로 활용하고 있다. 거기다 아베라르는 『해석론』에서도 존재의 '표상근거'를 소리로 전달되는 존재에 대한 표지의 대체물로 활용하고 있다. 아베라르는 『해석론』에서 존재의 관례에 접근할 수 있는 성사관습 방법론을 제시하고 있다. 따라서 아베라르는 존재의 관례에 대한 분석 방법론을 제시했다는 이유로 중세학의 길잡이로 평가받고 있음도 부인할 수 없다.

아베라르는 '존재의 표상근거'를 보편타당한 성사관습을 비평하기 위한 방법론에 포함하고 있었다. 그래서 아베라르는 존재의 표상근거를 다섯 가지 주제로 분류하여 제시하고 있다. 물론 다섯 가지 주제에는 '종류'와 '부류'의 차이점, 본래 존재의 모습, 종족언어 표현관습을 포함하고 있다. 아베라르는 다섯 가지 주제를 『종족언어 규범론』의 간략한 서문형태로 해독자에게 제시하고 있다. 아베라르도 여기서 존재의 서술방식을 두고 다양한 방법을 강구하고 있다. 아베라르는 과거 저작자들의 서술방식을 답습하고 있다. 전임자의 서술방식에서도 이미 수용했듯이, 아베라르도 성사관습을 존재의 표준으로 삼아 서술하려는 주제를 제목으로 설정하고, 주제의 취지에 부합되게 성사관습을 존재의 표준으로서 정의하고 있다. 그리고 아베라르는 성사관습을 물론 과거의 내력이나 전후 관계를 광범하게 분석하여 전후 관계의 문맥에 합당하도록 정의하고 있다.

아베라르는 성사관습의 정의 근거를 보에티우스로부터 찾아내고 있다. 보에티우스는 전후 관계의 맥락을 파악한 다음, 성사관습을 사건으로 확정하고 있다. 그래서 보에티우스는 존재나 현상을 성사관습으로 확정하는 업적을 쌓게 되었다. 보에티우스는 존재나 현상의 정의 사례로서 영혼을 선택하고 있다. 보에티우스는 영혼이 세 가지 요소로 구성되어 있다고 지적하고 있다. 보에티우스는 영혼에다 생명력을 불어넣는 소리의 존재와 인식작용의 영역에 따라서 생기게 되는 표지, 그리고 타당한 판단기준의 인식 기반을 제공하는 종족언어 표현관습을 포함하고 있다.

보에티우스는 비판기능을 감각의 인식작용에 결부시키고 있다. 보에티우스는 서로 다른 감각의 인식영역으로부터 비판 기능이 생기게 되는 것으로 지적하고 있다. 보에티우스는 존재의 관례에 대한 비판 기능을 생성시키는 인식작용의 영역에 따라서 '감각의 인식작용', '상상력의 인식작용', '타당한 판단기준의 인식작용'으로 구분하여 「해석론 주해서」에서 상세하게 제시하고 있다. 그리고 보에티우스는 감각의 인식작용, 상상력의 인식작용, 타당한 판단기준의 인식작용을 영혼의 세 가지 요소라고 지적하고 있다. 영혼의 이들 세 가지 요소는 존재의 관례를 현재, 과거, 미래로 구분하도록 만들고 있다고 보에티우스는 부언하고 있다.

보에티우스는 인식작용의 오류에 대해서도 언급하고 있다. 보에티우스는 타당한 판단기준을 영혼의 작용영역에 포함하고 있다. 그러나 보에티우스는 인식작용의 오류를 마음의 인식영역에서 파생되는 것으로 파악하고 있다. 마음의 인식작용은 타당한 존재의 오류를 종족언어 표현관습에 일치시켜 타당하게 판단하도록 만든다고 보에티우스는 부언하고 있다. 보에티우스는 '소리로 전달되는 강론'을 '고정된 존재'가 아니라고 지적하고, 소리의 존재와 종족언어 표현관습의 관계를 중요하게 파악하고 있다.

보에티우스는 종족언어 표현관습으로 소리의 존재를 인식하게 된다고 판단하고 있다. 보에티우스는 물론 소리와 인식작용도 종족언어 표현관습의 바탕 위에서 존재의 관례를 전달할 수 있다는 것이다. 성사관습 논쟁은 물론 상상력과 마음을 포함한 인식작용의 영역이 서로 다르기 때문에 일어날 수 있었다는 것이다. 그런데도 성사관습 논쟁은 존재의 관례를 전문 지식에 일치시켜 존재의 표지 격차를 활용하고 있는 것이나 다름없다.

보에티우스는 아리스토텔레스의 『해석론』에서 존재의 관례를 다섯 가지로 구분하여 활용하고 있다. 보에티우스도 아리스토텔레스의 경우처럼 존재의 표지를 다섯 가지 존재 격차를 활용하여 서술하고 있다. 우선 다섯 가지 존재 격차는 '종류'와 '부류'에서와 같은 형식을 갖추고 있다. 특히 보에티우스는 '종류'와 '부류'를 격차의 사례로 활용했다. 그리고는 존재 격차를 다시 '보편타당한 존재'에 일치시켜 존재 이동원리를 활용하고 있다. 보에티우스는 존재 이동원리를 인식작용의 영역에까지 확대하고, 『종족언어 규범론』에서 존재 규격을 활용하여 존재의 표상 문제를 제기하고 있다. 아리스토텔레스도 존재의 표상에 접근하면서 존재의 표상근거 문제를 제시한 바 있다. 보에티우스는 아리스토텔레스의 표상근거를 이미 거부한 바 있다. 그러나 보에티우스는 존재의 표상근거를 감각과 상상력의 인식작용, 그리고 타당한 판단기준과 영혼의 세 가지 요소에 결합하여 존재의 관례를 체계화하고 있다.

보에티우스는 존재의 표상근거를 존재 관례로 대체하고 존재의 표상근거를 애매한 표현이라고 단정하고 있다. 그런데도 보에티우스는 알렉산더의 표상근거를 활용하여 존재의 표상근거로부터 제기되는 존재 문제를 해결하려고 시도하고 있다. 보에티우스는 존재의 표상근거를 애매하다고 단정했다. 그래서 보에티우스는 철학가다운 엄격한 논리를 지니지 못한 인물로 평가되어 지금까지 비판받고 있다. 보에티우스가 『해석론』에서 주장하고 있는 존재의 표상근거는 종족언어 표현관습보다는 상식에 기반을 두고 있다. 보에티우스는 『해석론』 제1장을 '존재의 표상 근거론'으로 구성되어 있다.

보에티우스는 『해석론』 제1장에서 존재를 마음의 작용영역에서 파악되는 것으로 판단하여 존재의 표지와 존재의 관례를 구분하고 있다. 보에티우스는 『해석론』의 제1장에서 존재의 관례를 존재의 표지에 관련 지우고, 다시 존재의 관례를 존재의 표지와 존재의 표상근거에 결합하여 존재의 표지와 존재의 관례를 구분하는 사례를 제시하고 있다. 그리고 보에티우스는 존재의 표상근거를 보편타당한 존재를 구성하기 위한 인식작용의 바탕으로 파악하고 있다.

보에티우스는 또한 『해석론』에서 보편타당한 존재로부터 타당한 판단기준의 역할을 배제하고 있다. 보에티우스는 존재의 표상근거를 인식작용을 바탕으로 활용하여, 존재의 격차를 확증하고 있다. 보에티우스는 '종류'와 '부류'의 격차를 활용하여 마음의 인식작용으로 파악되는 보편타당한 존재에 접근하고 있다. 보편타당한 존재는 마음의 인식작용으로 파악되고 있다. 그리고 보편타당한 존재는 개개의 소리로 구성되어 있다. 보편타당한 존재를 전달하는 개개의 소리는 마음의 인식작용을 거치면서 전혀 다른 존재로 전달되고 있다. 즉, '종류'나 '부류'의 소리는 분류원리의 존재로 전달되고 있으며, 소리로 전달되는 존재의 분류원리는 또한 아베라르의 『해석론』에까지도 영향을 미치고 있다.

아베라르는 『해석론』에서 보편타당한 존재에 접근하기 위하여 존재의 분류원리를 활용하고 있다. 보에티우스의 분류원리가 존재인 것은 사실이나 간략하다는 장점을 지닌 것 이외에도, 아베라르의 『해석론』을 구성하는 주요한 요소인 것이다. 존재의 종류나 부류에 대한 표상근거는 종류와 부류가 존재임을 입증하고 있다.

그리고 존재의 표상근거는 종류와 부류의 존재에서처럼 존재 격차

문제를 제기해 두고 있다. 존재의 표상근거를 종류와 부류의 존재에서처럼 관례의 바탕으로 인식하게 된다면, 종류와 부류로부터 파생되는 존재의 관례는 무형이든 유형이든 인식될 수 있다는 것이다. 다음으로 존재의 표상근거는 존재의 관례를 전달하는 소리가 종족언어 표현관습과 결합되는 경우, 종류와 부류를 두 가지 존재 형태로 분리하게 된다는 문제까지 제기하고 있다.

종류와 부류가 소리로 전달되는 경우, 종류와 부류는 전혀 다른 존재임에도 두 가지 존재로 전달될 수도 있다는 것이다. 보에티우스는 종류와 부류의 존재로부터 존재 관례를 전달하는 소리 문제를 제기하고 소리로 전달되는 존재 표지를 다시 종족언어 표현관습에 일치시켜, 아예 존재 자체를 변화시키고 있다. 종류와 부류의 존재는 어떤 인식영역에서 파악될 수 있는가, 아니면 종류와 부류를 존재 관례에 포함할 수 있는가. 보에티우스는 이 두 가지 문제를 인식영역 문제로 파악하고 있다. 보에티우스는 일단 종류와 부류라는 존재 관례 문제를 인식영역으로부터 파생한 것으로 파악하고 있다. 보에티우스는 '종류'를 상상력의 인식영역에서 파악되는 것으로 판단하고 부류의 존재를 종류의 존재에 포함되어 있는 존재로서, 타당한 판단기준의 인식작용을 활용하여 파악할 수 있다고 판단하고 있다.

종류와 부류의 존재는 '상상력의 전문 지식 인식영역'과 타당한 판단기준의 인식영역에서 선택한 '서술 기준'으로서 두 가지의 인식작용을 가능하도록 마음의 인식영역에 동기를 부여하고 있다는 것이다. 종류와 부류의 존재는 또한 마음의 인식작용에 동기를 부여하는 한편, 존재를 전달하는 소리에 대하여 인식 여부를 판단하도록 보조하고 있다. 만약 인식작용이 가능한 경우, 종류와 부류의 존재는 마음의 인식영역으로부터 감각의 인식영역으로 넘어가면서 존재 표상을 체험에 관련 지워 종류와 부류를 존재의 관례에다 일치시키고 있다. 물론 체험에 바탕을 둔 감각의 인식작용은 본능처럼 아무런 근거도 없고, 아무런 관련도 없이 '상상력의 인식영역'에서 존재의 표상문제를 제기하고 있다. 다음으로, 종류와 부류의 존재를 확인할 수 있는 경우를 지적할 수 있다. 종류와 부류가 존재 형태를 띠고 있다면, 종류와 부류는 어떤 모습을 띄고 있는가의 문제를 다시 제기하고 있다. 보에티우스는 사람이 유형의 존재를 지니게 되나, 소리는 무형의 존재를 지니게 되기 때문이라고 지적하고 있다.

사람이나 소리의 존재 형태에서와 같이 종류와 부류의 존재는 존재를 포함하여 실제로 인식론의 영역에서 중요한 표상 문제를 제기하고 있다. 세 번째 표상 문제의 경우는 종류와 부류를 관례로 인식하게 되는 경우, 존재 문제를 제기하고 있다. 종류와 부류는 인식작용의 영역에서 서로 관련되어 존재로서의 관례를 지닐 수도 있으나, 소리 표지와는 관계없이 종류와 부류로 전달되는 이면의 관례로 존재할 수 있다는 문제를 제기하고 있다. 보에티우스는 신의 존재, 마음, 영혼의 존재를 사례로 제시하고 무형의 존재로서 소리의 표지 이면에서 존재하고 있다는 것이다. 특히 선이나 평면, 숫자는 다른 존재와도 일치된다는 것이다.

보에티우스는 존재를 유형과 무형으로 분리하는 경우 존재가 본래 모습을 지닌 채로 존재할 수 없게 된다고 부언하며 존재의 표상근거를 『종족언어 규범론』에 국한하고 있다. 보에티우스는 존재의 표지에 접근하려고 시도하고 있다. 보에티우스는 소리가 존재의 표지를 구성하고 '감각의 인식작용', '상상력의 인식작용', '전문 지식의 인식작용'에서도 '존재'를 반복한다고 지적하며 본래의 존재 모습에 접근하고 있다. 보에티우스는 존재의 표상근거에 대하여 다음과 같은 세 가지 문제를 다시 제기하고 있다.

즉, 보에티우스는 존재의 표상이 마음의 인식작용, 감각의 인식작용, 상상력의 인식작용으로 파악된다고 지적하여 존재의 표상 문제를 제기하며 존재의 표상이 소리로 전달된다는 것이다. 보에티우스는 존재의 표상이 존재를 나타내고는 있으나 표상근거가 애매하다고 단정하여 표상근거를 아예 삭제하려고 시도하고 그 일환으로서 다음 단원으로 넘어가고 있다.

보에티우스는 존재의 표상근거 문제를 두 가지 관점에서 접근하고 있다. 보에티우스의 두 가지 관점은 물론 종류와 부류의 존재로부터 파생되는 감각의 인식작용과 관련되어 있다. 보에티우스는 종류와 부류의 존재에 대한 표상근거를 감각의 인식영역에서 인식할 수도 있다는 것이다. 보에티우스는 물론 이 두 가지 문제점에 대하여 감각의 인식영역에서 종류와 부류의 존재에 대한 표상근거를 찾아낼 수도 있는 두 가지 가능성을 전제하여 어떤 이의도 제기하지 않고 있다. 보에티우스는 이 두 가지 가능성을 전제하여 종류란 단지 무형의 존재로 존재하고 있다는 입장을 취하고 타당한 판단기준의 인식작용을 활용하여 감각과 마음의 인식작용으로 파악할 수 있다는 것이다.

그러나 보에티우스는 종류와 부류의 존재에 대한 독립성을 서로 인정하지도 않았고 종류나 부류를 존재의 대체물로는 간주하지도 않고 있다. 보에티우스는 존재의 표상근거를 인식영역에 따라서 분류한다기보다는 오히려, 감각의 인식영역에서 종류의 존재에 대한 표상근거를 찾아낼 수도 있다는 두 가지 가능성을 종류와 부류의 존재에 대한

『해석론』으로 제시하고 있다. 보에티우스는 종류와 부류의 존재에 대한 결론에 이르기 위하여, 종류와 부류를 종족언어 표현관습으로 존재하는 것에 불과하다고 지적하고 있다. 보에티우스는 또한 종류와 부류를 표상으로 확인하는 경우 존재로서 해석할 수도 있다는 사례를 제시하고 있다. 보에티우스는 '존재하고 있다'에 근거하여 존재까지도 유형으로 존재하게 되는 것으로 설명하고 있다. 따라서 보에티우스는 종류와 부류가 어떤 순간에도 다수 존재에 공통 관례가 어떤 의미이든 오직 한 가지 존재로 나타날 수 없으므로 실제로 존재하지 않는 것이다.

보에티우스는 부류가 아무리 많다고 하더라도 종류가 동일한 부류를 공유할 수 있다고 지적하고 있다. 보에티우스는 일부가 여러 개체로 종류가 되는 것이 아니라, 하나의 집합으로 다수 종류를 나타내는 것이라고 지적하고 있다. 따라서 종류는 종류별로 배열한다 하더라도 하나의 종류일 수 없으며, 종류도 심지어 한 가지 존재를 지닐 수 없다고 설명하고 하나의 존재를 지니지 않은 종류 또한 존재하지도 않는다는 것이다.

즉, 한 가지 종류는 하나의 존재이면서 다수 존재를 지니고 있다. 종류가 동물이라는 공통점을 나타내게 되는 경우, 동물과 마찬가지로 다수 존재를 지니게 되는 것이다. 보에티우스는 한 가지 종류에 함축된 모든 존재가 종류의 집합체를 중심으로 유사한 존재를 나타내게 된다는 것이다. 여기서 보에티우스는 종류가 유사한 존재를 나타내게 되지 않을 경우를 가정할 수도 있다는 것이다. 보에티우스는 종류가 유사하지 않다면, 종류에서 해결할 수 없는 문제를 제기할 수도 있으므로 종류가 존재일 수가 없다는 문제에 봉착하지 않을 수 없다는 것이다. 보에티우스는 종류가 집합이 아닌 하나의 존재가 공통의 존재일 경우를 가정할 수도 있다는 것이다.

보에티우스는 종류 또한 한 가지 존재를 공통의 존재로 사용할 수 있는 가능성(서로 다른 사람을 하인이라고 말하는 경우처럼)을 지닐 수 있으나, 종류 자체나 '고유한 존재'를 구성하게 되는 경우, 종류 역시 공통의 존재를 지닐 수 없다는 것이다. 따라서 보에티우스는 종류라 하더라도 절대 존재를 지닐 수 없게 된다고 지적하고 있다. 보에티우스는 종류라는 것이 존재에서만 파생되지 않는다는 것이다. 마음의 인식작용은 종류와 부류의 경우처럼 허위 현상을 인식하는 역할을 담당하고 있다고 지적하고 있다. 보에티우스는 종류와 부류가 실제로 감각의 인식영역이나, 타당한 판단기준의 인식작용으로 파악되는 것과 전혀 다른 존재를 나타내지 않고 있다는 것이다. 보에티우스는 종류와 부류를 마음의 인식작용으로 특정한 주제로 탐구하게 되는 경우, 종류가 존재의 전달의미로 존재하더라도 표상을 지니게 된다는 것이다. 또한 종류로부터 생성하는 존재의 표상은 그 이외 존재에 대한 표상의 경우처럼 관례를 수반한다는 것이다.

물론 보에티우스는 표상의 생성과 동시에 존재하고 있는 것이 종류라고 강조하고 있다. 보에티우스는 존재의 관례를 마음의 인식작용으로, 아니면 적어도 인식작용의 영역에서 확정함으로써 존재의 표상은 존재를 지니게 된다는 것이다. 따라서 보에티우스는 종류와 부류라는 존재 표상을 마음의 인식작용으로 존재의 관례에 일치시켜 존재의 정의까지 확정하게 된다는 것이다. 보에티우스는 존재의 관례 역시 마음의 인식작용으로부터 생성된 존재의 표상을 실제의 존재에 일치시키는 역할을 담당한다고 부언하고, 존재의 표상과 결합된 유형의 존재로부터 보편타당한 존재 문제를 제기하고 있다.

보에티우스는 보편타당한 존재 문제를 존재의 표상과 관례로부터 접근하고 있다. 보에티우스는 보편타당한 존재 문제가 종류와 부류처럼 확실하게 존재하지도 않는 데도, 존재할 가능성을 지닌 존재의 관례로서 존재하고 있는 현상인 것처럼 인식하는 데서 제기된다는 것이다. 그래서 보에티우스는 보편타당한 존재를 종류와 부류의 경우처럼 해석할 수 있는가 문제를 제기하고 있다. 여기서 보에티우스는 알렉산더의 분류 방법을 활용하여 마음의 인식작용으로 포착된 존재의 표상근거를 존재의 표상과 관례로 분리하고 있다. 보에티우스는 존재의 관례와 존재의 표상을 활용하여 존재 관례와 표상의 일치점과 분리점에서 존재의 오류를 찾아내어 구분하고 있다. 따라서 보에티우스는 존재의 관례를 마음의 인식작용으로 파악할 수 있다고 판단하여 존재의 관례가 존재의 표상에 일치하는 것과 일치하지 않는 오류를 종족언어 표현관습에 근거하여 구분해야 한다고 강조하고 있다.

보에티우스는 특정한 존재의 관례 경우 인식작용으로서는 확인할 수 없는 특정한 존재의 관례가 존재의 표상을 지니고 있다고 하더라도 존재의 표상과 관례를 구분할 수도 없다는 것이다. 존재의 관례와 표상은 물론 종족언어 표현관습을 활용하더라도 서로 분리될 수 없다고 보에티우스는 강조하고 있다. 보에티우스는 존재의 관례와 표상이 존재의 근거로부터 특정한 실천의식을 생성하며 존재의 근거 또한 존재의 표상을 생성한다는 것이다. 보에티우스는 존재의 표상을 수반한 존재의 근거 사례로서 절반의 사람 모습과 절반의 말 모습으로 구성된 괴물을 제시하고 있다. 보에티우스는 신의 피조물인 괴물이 한 인간과 한 필의 말을 결합하려는 종족언어 표현관습의 결속기능으로부터 나타날 수도 있으나 한 명의 인간과 한 필의 말은 서로 결합될 수 없다는 것이다. 그러나 보에티우스는 종족언어 표현관습의 결속기능을 활용하여 반인 반마의 괴물처럼 결합될 수도 없는 두 개의 존재를 하나의 존재로 통합하려고 시도만 하고 있을 수 있다는 것이다.

여기서 보에티우스는 괴물을 일종의 피조물로 간주하고 있다. 물론 괴물과 같은 피조물도 존재의 표상근거를 지니기 마련이다. 피조물이 존재의 표상근거와 지각의 인식작용에서 서로 분리된 이후에도 다시 마음의 인식영역에서 분리될 수도 있다. 즉, 괴물의 표상근거는 인식작용 영역에서 일치점 문제와는 상관없이 생기게 되는 경우를 가정할 수도 있다. 마음의 인식영역에서 괴물의 표상근거가 생기게 되는 경우, 괴물이라는 표상으로부터 나타나는 종족언어 표현관습의 존재는 동일한 괴물의 관례로서 표상근거에 오류가 생성되지 않고 있으나, 그렇다고 표상이 없는 것도 아니라는 것이다.

존재의 표상근거는 종족언어 표현관습의 존재를 유발하고 있다. 종족언어 표현관습의 존재를 유발하는 존재의 표상근거는 마음의 인식작용으로 파악한 존재에 대하여 관례를 부여하고 있다. 또한 마음의 인식작용으로 정립된 존재의 표상은 관례를 상실하기에 이른다. 따라서 개개의 관례를 상실한 존재의 표상은 마음의 인식영역에서 종족언어 표현관습의 본래 표상을 존재의 관례로 전환하게 된다고 지적할 수 있다. 보에티우스는 표상과 마음의 인식영역을 분석하기 위하여 소리나 글자로 전달되는 특정한 존재의 윤곽을 사례로서 제시하고 있다.

특정한 존재의 윤곽은 존재한다는 관례를 지니게 되었을 경우에야 입증할 수 있다. 특정한 존재의 윤곽은 마음의 인식작용으로 종족언어 표현관습의 존재와 혼재하여 표상에 결합됨으로써 실제로 표상근거에 수용할 수 있게 되는 것이다. 존재의 관례와 표상은 마음의 인식영역에서 존재의 표상근거와 일치하고 있다. 여기서 존재의 표상근거는 관례의 윤곽과 존재를 마음의 인식작용으로 구분하여 무형의 소리로 전달되어 포착할 수 있도록 작용하고 있다. 종류와 부류도 무형의 존재로부터 표상근거를 만들어 내고 있다. 그러나 종류와 부류는 마음의 인식영역에서 유형으로 전환되어 감각의 인식작용으로 유형의 존재라는 관례를 파악할 수 있다. 보에티우스는 존재의 관례를 마음의 인식작용으로 파악하게 된다는 것이다. 그리고 보에티우스는 본래의 존재를 존재의 표상으로 변화시키기 위하여, 감각의 인식작용으로 본래의 존재와 표상을 일치시켜 존재의 관례로 파악하게 된다고 부언하고 있다.

종류와 부류는 '인식작용'으로 존재의 관례를 생성하고 있다. 종류와 부류는 소리로 전달되는 존재의 관례와 대비물을 활용하여 존재의 관례를 종족언어 표현관습이라는 궤도에서 하나의 표상으로 통합하여 결국 존재를 생성하게 된다는 것이다. 종류와 부류가 결국 종족언어 표현관습이라는 존재의 궤도 위에서 하나의 표상으로 통합되는 것처럼 인간도 부류로부터 종류로, 즉 다양한 존재로부터 특수한 존재로 변화되어 인간이라는 표상을 중심으로 인간의 본래 관례를 지니게 된다고 설명하고 있다. 인간의 경우처럼 존재와 표상은 종족언어 표현관습이라는 궤도 위에서 하나의 표상으로 일치하고 있다. 존재와 표상은 종족언어 표현관습의 궤도 위에서 하나의 표상으로 변모한 존재를 흔히들 존재의 관례라고 지칭하고 존재의 관례와 표상근거가 인식영역에 일치하면서 보편타당한 존재의 구성원리를 제시한다는 것이다. 대비물을 활용하여 소리로 전달되는 존재는 마음의 인식작용으로부터 감각의 인식작용으로 넘어가 다시 보편타당한 존재가 된다는 것이다.

물론 존재는 다시 감각의 인식영역으로부터 타당한 판단기준의 인식작용으로 인식하는 단계를 거치게 되면서, 확고한 존재 관례로 확정될 수 있는 것이다. 보에티우스는 존재의 표상근거로부터 생성되는 존재 표상을 대개 아리스토텔레스의 『해석론』으로부터 끌어내고 있다. 물론 아리스토텔레스의 『해석론』으로부터 찾아낸 존재의 표상근거는 플라톤의 이데아론으로부터 영향을 받고 있다. 『해석론 주해서』는 타당한 판단기준의 인식작용을 활용하여 존재, 존재 관례, 존재 표상을 인식케 하는 역할을 담당하고 있다. 보에티우스는 존재 관례를 타당한 판단기준의 인식작용으로 인식하여 존재 표상에 접근하고 있다.

물론 보에티우스는 존재와 존재 관례를 서술 전체의 구성원리로부터 분리하지 않고 있다. 보에티우스는 '존재의 서술'을 존재의 관례와 존재의 표상으로 구성하여 존재 정의를 정확한 사전어원을 토대로 나열하고 있다. 존재 서술은 고유한 존재를 확정하고, 글자로 전달되는 존재 관례를 타당한 판단기준의 인식작용에 일치케 한 다음 '문장'으로 서술하여 글자의 존재 관례를 전달되게 만들고 있다. 보에티우스는 저작물에 담긴 저작자의 존재를 문장에 결합하여, 아주 설득력 있게 존재의 서술원리와 관례를 명확하게 구분하고 있다. 보에티우스는 고유한 존재 관례를 '수집하는 것'을 존재 서술양식으로 설명하고 있다. 보에티우스는 또한 존재 서술양식이 존재 관례와 일치했을 때, 존재 표상을 확정할 수 있는 것으로 파악하고 있다.

보에티우스는 존재 표상을 사전에 담긴 본래 존재 관례와 연계하고 있다. 보에티우스는 존재 표상과 존재 서술관계를 불가분의 관계로 파악하여, 다시 존재 서술과 존재 표상 관계로부터 존재 관례를 인식하게 된다고 설명하고 있다. 보에티우스는 존재 서술과 존재 표상 관계 이면에는 감각의 인식작용과 상상력의 인식작용을 이어주는 종족언어 표현관습이 존재하고 있다고 설명하고 있다. 또한 감각의 인식작용과 상상력의 인식작용을 이어주는 『해석론』에서와 같은 존재가 미분석 상태로 존속하고 있다는 것까지도 연계하고 있다. 보에티우스는 존재 서술에서 존재 표상을 『소리 규범론』에 한정되는 것으로 정의하고 있다. 특히 보에티우스는 보편타당한 존재를 표상근거에 서로 관련 지우고, 존재, 존재 관례, 존재 표상의 선택과 마음의 인식작용을 서로 복잡하게 결합하여 보편타당한 존재문제를 제기하고 있다.

3.6. 보편타당한 존재의 표상근거

아베라르는 중세인이었다. 중세인 아베라르와는 달리 고트계 로마인 보에티우스를 11-12세기 서양 중세세계에 끼친 영향을 중심으로 평가하려면 여러 가지 제약을 인정하지 않을 수 없다. 따라서 11-12세기 서양 중세세계 상황을 고려하여 고트계 로마인 보에티우스의 업적을 현대인 시각에서 평가한다는 것도 한계를 지닐 수 있다. 그러나 아베라르는 보에티우스의 『해석론』에 담긴 존재 서술원리를 활용하여 보편타당한 성사에 접근하고 있다. 이런 점에서 보에티우스의 업적을 현대인 시각에서 평가한다면, 당연히 보에티우스는 아베라르로 하여금 존재 서술원리를 출발시킨 안내자 위치에서 평가될 수 있을 것이다. 그 이외에도 아베라르는 보에티우스 발견자요, 보에티우스는 서양 중세세계에로 문화 이동자 위치를 차지하고 있다. 즉, 아베라르는 보에티우스 계승자 위치를 차지하게 되는 것이다.

아베라르는 보에티우스의 업적이라는 로마인들의 고전시대 존재 관례를 토대로 11-12세기 서양 중세세계에 필요한 학문동아리의 전문지식으로서 문화이동 풍토를 출발시키고 있다. 아베라르는 보편타당한 존재를 서술원리상에서 존재의 표상근거로 대체하여, 거의 완벽하게 존재의 표상근거로부터 논리학 영역을 개척했다. 아베라르는 표상근거와 논리학의 관계를 아리스토텔레스의 『해석론 주해서』의 전개단원에서 두 가지 주제와 관련 지워 분석하고 있다. 아베라르는 존재의 표상근거를 두 가지 주제로 통합했다. 존재의 표상근거와 일치된 두 가지 주제는 종족언어 표현관습과 보편타당한 존재로 구성되었다. 종족언어 표현관습은 고지식한 존재 침잠물로서 『해석론』의 한계처럼 인식되기 시작했다. 보편타당한 존재는 존재 표지와 종족언어 표현관습에 바탕을 두고 있다. 12세기는 결국 아베라르의 두 가지 주제가 존재 표상근거에 결합됨으로써 『해석론』의 꽃을 피우게 되었다.

12세기에 이르러 『해석론』은 절정기를 맞이했다. 아베라르는 12세기 『해석론』을 주도하며 존재를 전달하는 소리와 글자의 매체를 존재의 표상근거에 결합했다. 그리고 아베라르의 『해석론』은 12세기 이후 서양세계 성사관습 해석자에게 성사관습 논쟁을 주도했던 베렝가르처럼 영향을 주었다. 아베라르는 후세 저작자에게 명칭에 근거하여 『해석론』의 표준모형으로서 보편타당한 존재 문제를 제기했고, 이후 오래도록 논리학 출현과 발전에 주요한 위치를 차지했다. 아베라르의 『해석론』은 종족언어 표현관습에서도 주요한 논쟁을 유발했다.

여기서는 아베라르의 『해석론』이 근대 철학동아리의 인식론을 출현케 했다고 지적했다. 아베라르는 존재를 보편타당하게 서술하려면 존재, 존재 관례, 문법 규칙 모두가 일치해야 한다는 인식론과 연계점을 제시하고 저작자의 특정한 시각을 일반화할 수도 있다고 지적한 바 있다. 아베라르는 바로 이러한 이유 때문에 후세 학자들에게도 연구대상의 인물로 지목 받고, 후세 저작물에서도 서술의 표준모형을 제시한 인물로서 평가받고 있다. 그러나 아베라르의 이 같은 평가에도 불구하고 아베라르의 업적을 새롭게 평가해야 할 가치가 있음을 지적하려고 한다. 아베라르는 존재의 표상근거를 서술에 결합하면서 존재 서술에 대하여 다음 세 가지 문제를 언급하고 있다. 아베라르는 존재의 표상근거에 대하여 세 가지 문제를 언급한 후, 보편타당한 존재가 종족언어 표현관습이나 과거세대 성사관습과 존재 표상으로부터 분리된 것임을 지적하고 있다.

아베라르는 과거세대 성사관습을 분석하며, 성사관습의 전거가 명확하지도 않은 존재 관례에 대하여도 언급하고 있다. 아베라르는 아리스토텔레스의 존재 표상근거를 존재 서술모형의 바탕이라고 지적하고 보편타당한 존재를 가지고 존재를 서술해야 한다고 주장하고 있다. 아베라르는 보편타당한 존재를 존재의 서술내용에 포함하기 위해서 명칭을 명시하는 것도 부당하다는 것이다. 그런데 아베라르를 추종하던 저작자들은 보편타당한 존재를 존재 표상에 대한 정의로 언급하고 있다. 아베라르는 종류에 대한 아리스토텔레스의 존재를 존재 표상에 대한 정의 사례로 제시하고 있다. 아리스토텔레스는 종류의 존재를 『해석론』의 서술모형으로 확정하고 있다.

보에티우스는 아리스토텔레스의 『해석론』을 분석하고 있다. 보에티우스도 종류와 부류의 존재를 서술모형으로 지적한 바 있다. 보에티우스는 대비물을 활용하여 종류의 표지를 종족언어 표현관습에 결합하고 특정한 종류의 표지가 종족언어 표현관습으로 전달된다는 것이다. 아리스토텔레스와 보에티우스는 소리나 글자로 전달되는 종류의 의미를 '존재 표지를 전달하다'라는 동사와 '존재의 표지를 확인하다'라는 동사로부터 파생시켜 종류가 표지를 전달하는데 더욱 합당하다는 것이다. 보에티우스는 '종류'라는 명사를 다른 여러 개의 명사를 서술하는데 필요한 특정한 명사로 인식하고 있다. 따라서 보에티우스의 논리대로 '종류'와 '부류'라는 명사에 대하여 존재를 정의하게 되는 경우, 종족언어 표현관습으로 통용되고 있는 종류와 부류로서 존재를 유추하게 된다는 것이다. 보에티우스의 이런 존재 정의를 아베라르의 시각에서 파악하면, 보에티우스는 종류와 부류에 대한 정의에서 커다란 오류를 범하고 있다는 것이다.

종류와 부류는 하나의 명사이다. 종류와 부류가 명사임은 사실이지만 종류와 부류가 전체를 나타내는 존재는 아니라고 아베라르는 지적하고 있다. 보편타당한 존재를 전달할 수 있는 명사는 서술하려는 목적으로 파악하여, 보편타당한 존재의 전제를 전달할 수 있는 명사인지를 다시 파악해야 한다고 강조하고 있다. 아베라르는 보편타당한 존재가 존재만을 언급할 수는 없기 때문에 전제를 지니도록 서술하는 것을 주요 임무로 인식하여 『해석론』을 지나치게 단순화하고 있다. 아베라르는 성사관습 논쟁을 철학동아리의 전문 지식 논쟁으로서가 아닌 보편타당한 존재가 전제를 지니고 서술하도록 존재 서술모형의 출발점으로 활용하고 있다. 보편타당한 존재와 전제를 결합했던 아베라르의 존재 서술방식은 존재 관례와 존재 표지를 이론상으로도 분리할 수 없다는 것이다.

아베라르는 보편타당한 존재에도 전제의 포함 가능성을 예기하며, 세 가지 방식으로 분석하고 있다. 첫째, 보편타당한 존재는 표상에 따라서 서술해야 한다. 『해석론』에서는 보편타당한 존재가 오히려 전제의 본질을 담을 수 있도록 서술해야 한다고 주장하고 있다. 플라톤과 소크라테스를 사람이라는 종류의 측면에서 파악하면 같은 종류의 사람이라고 지칭할 수 있으나, 이 두 사람은 서로 다르기 마련이라는 것이다. 둘째, 아베라르는 플라톤과 소크라테스를 사람이라는 종류의 명칭으로 표현하면 동일하다고 주장할 수는 있다. 그러나 플라톤과 소크라테스를 사람이라는 존재 관례나 사람을 서술하는 『해석론』의 입장에서 파악하면 이 두 사람은 형태상으로는 서로 다를 수밖에 없다는 것이다. 뿐만 아니라, 플라톤과 소크라테스라는 사람에 대하여 보편타당한 존재의 전제를 『해석론』의 본질로 파악하면, 이 두 사람은 더욱 명확하게 다르다는 것이다. 실제로는 플라톤과 소크라테스라는 사람이 저작자의 해석에서 전체 서술 흐름과 서술형식의 외형을 전혀 공유하지 않고 있다는 것이다.

아베라르의 이런 해석방식은 저작자에 따라서 다를 수도 있다. 물론 저작자 중에는 아베라르의 서술방식을 지지하는 사람도 있을 수 있다. 아베라르의 서술방식에 대한 지지자라 하더라도 보편타당한 존재가 '존재 표상을 구성하는 서술 모형으로서가 아니라, 공평한 중간자'라는 입장에서 보편타당한 존재를 견지해야 한다고 주장하고 있다. 즉, 소크라테스와 플라톤이라는 사람은 어느 정도 존재 표상에 대한 선택 능력을 지니고 있다. 그러나 이 두 인물은 서로 다른 성격을 지니고 있다. 그런데도 보편타당한 존재를 존재 표상으로 구성하게 되는 경우, 이 두 인물의 차이를 드러낼 수 없다는 것이다. 셋째, 아베라르는 보편타당한 존재가 "사람의 대비물을 활용하여 전달받게 되는 존재를 종족언어 표현관습으로 파악한다기보다는, 존재 표지를 서술하려는 존재 표상에 대한 선택 능력에 따라서 다양한 존재 표지를 개개의 존재 관례로" 파악하게 된다는 것이다.

아베라르는 이런 입장의 서술방식을 사정없이 파괴하고 보편타당한 존재의 전제로부터 전달자와 청취자의 결속원리를 찾아내고 있다. 아베라르는 전달자와 청취자의 결속원리를 종류와 부류의 존재로부터 찾아내며, 기존 연대기식 서술방식을 과감하게 탈피하고 있다. 아베라르는 부류를 달리하고 있는 동물의 경우에도 동일한 종류의 관례를 공유할 수 있다는 것이다. 동일한 부류의 동물은 서로 다른 외모를 지니고 있지만 동일한 소재의 결속원리를 종류의 매체로 활용하여 서로 결속할 수 있다는 것이다. 그러나 동일한 부류의 동물이 결속하더라도, 동일한 부류 의식으로 결속된 동물의 결속원리는 당연히 결함을 지닐 수 있다고 지적하고 있다. 동일한 부류의 동물이라고 해서 생성된 결속력은 어떤 순간에도 모든 서술내용을 외부로 드러내지 않게 된다고 아베라르는 지적하고 있다.

이와는 달리 동일한 부류의 동물을 모체로 하여 생성된 결속력이 보편타당한 존재에 이르게 된다는 증거를 존재의 표상근거라고 지적하고 있다. 물론 존재의 표상근거는 특정한 양식과 함께 보편타당한 존재를 일종의 존재로 해석할 수도 있다. 이런 경우 존재의 표상근거는 다른 존재 관례의 결속력을 생성한다는 것이다. 보편타당한 존재는 다양한 존재 관례를 종합하여 하나의 협소한 존재에 매달리고 있다. 이와는 대조되게, 첫째 입장에서 파악하면 방대한 존재 관례에 대하여 하나의 명제를 인정할 수도 있다. 보편타당한 존재의 명제는 한 순간, 언제든 동일한 부류 관례 형태로 존재하고 있다.

보편타당한 존재에 대한 명제는 소크라테스라는 사람의 사례에서 이미 제시된 바 있다. 여기서 소크라테스라는 사람의 사례를 보편타당한 존재의 전제와 관련 지워 부류의 결속력으로 판단하면, 소크라테스에 대한 판단기준이 타당할 수도 있으나 타당하지 않을 수도 있다는 것이다. 인간은 무형의 존재에 따라서 달라지는 것으로 가정할 수도 있다는 것이다. 무형의 존재에 대한 인간의 관례는 인간의 존재로서 인간을 여전히 인간으로 존속하도록 만들고 있다. 인간은 인간에 대한 관례로 성질의 위치를 지닐 수도 있다는 것이다. 아베라르는 인간의 관례를 보편타당한 존재의 전제를 충족할 수 있는 존재 표상으로 서술할 수 없다고 설명하고 있다.

부류의 관례에서 인간은 동일한 것으로 파악될 수 있다. 부류의 관례에서 동일한 인간은 부류의 존재와 반대되는 보편타당한 존재의 명제를 서술할 수 없다. 거기다 타당한 판단기준의 인식작용은 '타당하다', 혹은 '타당하지 못하다'라는 이분법 논리로 인식할 수 있다는 것이다. 그러나 타당한 판단기준의 인식작용이라고 해서 시각의 인식영역에서 파악할 수는 없다고 강조하고 있다. 존재도 존재 표상을 언급하지 않고, 존재 관례만을 언급하는데 불과하다는 문제를 간과할 수는 없다. 보편타당한 존재는 물론 전제를 지니고 있다. 전제를 지니기 위해서는 실제로 존재에 대한 표지와는 반대되도록 검증하여 증명되어야 한다는 것이다. 물론 이것을 흔히들 논증이라고 지칭하고 있다. 보편타당한 존재의 전제에 대한 논증은 초보 단계에서부터 존재 표상과 서술방식이 서로 반대되더라도, 보다 확고한 증거를 다른 서술방식의 증거에서도 찾아내야 한다는 것이다.

존재 표상은 다양한 존재 관례의 서술형태로 전달되고 있다. 존재 표상에 함축된 존재 관례가 유사하나 존재의 의미 이동원리가 서로 다를 수도 있다는 것을 전제하는 경우, 보편타당한 존재의 전제는 합당하지 않을 수도 있다는 것이다. 종족언어 표현관습은 모든 존재를 동일하게 만들 수도 있다. 이와 마찬가지로 종족언어 표현관습은 모든 존재의 유형을 하나의 존재 관례로 서술할 수도 있다. 플라톤과 소크라테스라는 사람은 서로의 『소리 규범론』에 따라서 '존재 표상'을 공유할 수도 있다. 존재의 표상은 종족언어 표현관습을 보조물로 활용하여 존재 관례와 동일할 수도 있다. 플라톤과 소크라테스라는 사람은 동일한 종류의 사람으로 나타날 수도 있다. 이것을 당연한 결과로 받아들이게 된다면 개인의 종족언어 표현관습은 시각의 인식영역을 거치지 않고서도 스스로 동일한 존재를 구성할 수도 있다. 여기서 종족언어 표현관습은 『종족언어 소리 규범론』과 반대되는 역할을 담당하고 소크라테스와 플라톤이라는 사람의 개인 성격을 종류의 존재보다 선행하게끔 인식시킨다는 것이다.

아베라르는 둘째와 셋째 전제에 대하여 이와 유사한 존재의 오류를 입증하고 있다. 둘째 전제에는 다양한 존재가 존재하고 있다고 설명하고 있다. 혹자는 보편타당한 존재로서 다수의 존재 관례를 하나의 존재 관례로 묶는 집합에 불과하다고 인식할 수도 있다. 그러나 혹자는 종류나 부류의 존재가 하나의 존재 관례에 지나지 않는다고 지적할 수도 있다. 여기서 소크라테스는 다양한 존재 관례를 사람에 일치시키고 있다. 소크라테스는 악의를 함축한 사람의 관례로 보일 수도 있다. 그러나 어느 한 편의 입장도 옹호될 수는 없다. 소크라테스는 서로 다른 종족언어 표현관습으로 사람과 일치하고 있다. 소크라테스는 또한 보편타당한 존재에서도 동일한 사람으로 서술할 수 없다는 것이다. 보편타당한 사람의 존재는 소크라테스를 합당한 사람이라는 존재로 만들어 내고 있다. 따라서 어떤 특정한 부류의 사람이라 하더라도 소크라테스를 사람이라는 부류의 집합으로 표현할 수 있게 되는 것이다. 그리고 사람의 부류는 존재 표상에서 이미 특정 부류의 존재로서 최고의 집합순서에 따라서 전체 집합의 존재에 이르게 되는 것이다.

종류와 부류의 관례는 실제로 명확하게 구분될 수 있다. 그리고 종류와 부류의 관례를 구분하는 표준도 명확하게 설정되어 있다. 그리고 종류와 부류 중 어느 한 편은 동일하지 않을 수도 있다. 그러나 부류는 반드시 종류의 존재와 동일한 것이다. 아베라르는 부분 집합과 전체 집합을 서로 연계하고 있다. 특히 아베라르는 셋째의 존재 선택원리를 부분 집합의 형태로 연계하지 않을 수 없었을 것이다. 아베라르의 시각에서 파악하면, 아베라르의 『해석론』을 수용하려는 해석자라 하더라도 보편타당한 존재를 구성하는 관례와 존재 개개의 관례를 혼동하고 있다. 다수의 존재를 전체 집합으로 파악하여 서술한다는 것은 다수의 입장에 동조하는 것이라고 지적할 수는 없다. 소크라테스라는 사람이 소크라테스 자신과 일치되는 경우, 『소리 규범론』과 사람의 관례 사이에서 조금의 존재 격차도 생겨날 수 없다. 따라서 아베라르는 사람의 존재를 개체의 부분 집합으로서도 전체 집합의 표상으로 보편타당한 존재에 따라서 명칭을 부여할 수 없다는 결론에 이르고 있다.

보편타당한 존재를 부여하게 되는 요인은 명사의 특정한 존재 외형으로부터 생기게 된다고 아베라르는 세밀하게 지적하고 있다. 아베라르는 문법의 규칙으로부터 존재와 관례, 그리고 존재를 전달하는 소리나 글자에 이르기까지의 전제는 물론 『종족언어 소리 규범론』에서 존재 표상을 가능하게 만드는 종족언어 표현관습에 이르기까지의 전제를 활용하여 예리하게 추리하고 있다. 아베라르는 문장해독자를 글자해독자와는 달리 어떤 명사를 총칭하는 존재 관례라고 설명하고 있다. 아베라르는 문장해독자를 부류의 존재로 선택하고 있다. 아베라르는 문장해독자가 고유한 사람이라는 존재를 나타낼 수 있는지를 검토하고 있다. 아베라르는 문장해독자가 고유한 사람이라는 존재에 부합하는지를 분석하여 사람이라는 표지로서 문장해독자를 선택할 수 없다고 지적하고 있다. "사람은 문장을 해독한다"와 "문장해독자는 사람이다"를 선택하여 사람이라고 해서 문장을 해독할 수 없다는 것이다. 그러나 문장해독자도 사람이라는 점을 부인할 수 없다는 것이다.

이어서 아베라르는 개체의 존재를 가지고서는 부류의 존재를 전달할 수 없다고 설명하고 있다. 이와 마찬가지로 해석자들은 '무식자의 존재를 전달하는 소리'가 하나의 집합 원리로 합성되지 않는다 하더라도, 결국 무식자의 존재를 전달하는 소리를 보편타당한 존재라고 지칭하고 이외의 특수한 존재로서 나머지 형태의 표상을 지적하고 있다. 보편타당한 존재는 단독으로도 '다양한 존재 관례를 서술할 수 있도록 고안된 소리'로 구성되어 있다. 보편타당한 존재는 '사람'이라는 명사를 문장해독자의 경우처럼 특수한 사람과 연계하고 그와 동일한 사람의 존재를 지니도록 소리나 글자로 전달되는 존재 표지까지 연계하고 있다. 사람이라는 명사의 경우와는 대조되게 문장해독자라는 특수한 사람의 명사는 사람에 대한 특정한 존재를 서술하도록 고 안되었다. 어떤 특정한 명사 사례는 소크라테스의 경우도 마찬가지인 것이다.

소크라테스의 명사는 과거의 인물 관례로부터 소크라테스라는 인물에 대한 표지에 따라서 서술하고 있다. 더욱이 아베라르는 보편타당한 관례 자체가 간결하고 분명하게 소리의 결속력으로 해석한다는 것이다. 여기서 아베라르는 보편타당한 존재 관례가 다양한 존재로 줄기를 이루고 있기 때문에 보편타당한 존재 관례를 일목요연하게 서술할 수 있느냐 문제를 다시 제기하고 있다. 아베라르는 보편타당한 존재 관례에 대하여 아리스토텔레스의 『해석론』을 활용하여 아리스토텔레스가 프리시아누스의 존재 정의를 인용하며 보편타당한 존재 관례를 총칭 명사도 고유명사도 아니라고 지적하고 있다. 아베라르는 보편타당한 존재 관례도 물론 종족언어 표현관습으로 존재를 전달할 수 있도록 서술되어야 한다는 것이다. 여기서 아리스토텔레스는 보편타당한 존재 관례까지도 서술 기능을 중심으로 파악하고 있다.

그러나 아베라르는 보편타당한 존재를 서술하기 위한 전제로서 파악하고 있다. 거기다 보편타당한 존재를 타당한 판단기준에 부합하게끔 서술해야 한다고 지적하고 있다. 타당한 판단기준의 인식작용은 물론 종족언어 표현관습과 관련되어 있다. 종족언어 표현관습은 존재를 포함한 존재에 대한 서술 궤도와 다를 바 없다. 그러나 종족언어 표현관습은 현재라는 시간 한계를 동사를 활용하여 표현하고 있다. 동사는 보편타당한 존재를 전달하려는 '소리의 존재'와 부합하도록 서술기능을 담당하고 있다. 아베라르는 '사람'이라는 명사를 사례로 활용하고 있다. "사람은 달려가고 있다"와 "사람은 걸어가고 있다"에서도 동사의 서술기능은 확인되고 있다. 동사는 보편타당한 존재를 설명해주고 있다. 보편타당한 존재를 서술하고 있는 ‘이다’라는 동사는 보어가 없는 경우에도 ‘있다’라는 동사와 함께 존재를 연결하면서 서술 효력을 발생하고 있다.

여러 저작자 중에서도 아리스토텔레스는 소리나 글자로 전달되는 존재 표지를 다양한 명칭과 결합하여 설명하고 있다. 아리스토텔레스라는 사람의 명칭은 여러 가지 이름을 지닌 사람 중에서도 그와 유사한 사람 명칭을 단일한 표지에 집중하고 있다. 명사나 명칭을 조금 달리 표현하는 경우, 소크라테스라는 명칭은 여러 가지 존재로 서술될 가능성도 있다. 어떤 동물을 소크라테스라고 가정하면, 소크라테스를 동물로 지칭한 서술에 대하여 다음과 같이 지적할 수 있다. 소크라테스라는 명칭은 청취자의 인식영역에서 달리 나타나겠지만 소크라테스라는 명칭을 동일한 주어로서 서술하고 있다. 여기서 아베라르는 소크라테스라는 명칭에 대한 서술을 보다 깊이 있게 분류하기 위하여, 소리나 글자의 대비물을 활용하여 존재 관례를 전달하는 종족언어 표현관습의 궤도를 분석하고 있다. 아베라르는 문장해독자를 문장 구성체제에 부합되게 서술하고 있다.

아베라르는 문장해독자를 서술하는 문장 구성체제를 소리로 전달되는 존재 관례와 일치하도록 전달하고 있다. 아베라르는 문장으로 전달되는 문장해독자의 관례와 소리로 전달되는 문장해독자의 관례는 서로 동일하지 않다는 것이다. 문장해독자의 관례가 문법규칙에 따라서 분석되면 서로 동일하게 결합될 수도 있다. 즉, ‘사람’과 ‘돌’이 ‘이다’라는 동사를 활용하여 결합될 수 있는 것과 마찬가지라는 것이다. 서로 다른 두 가지 명사는 주어와 동사의 형식으로 결합되어 문법의 상관 관계를 순수하게 나타낼 수 있다. 명사는 존재를 지칭하고 있다. 명사의 지칭물과 동사의 숫자는 정확하게 나타날 수 있다. 그리고 문장은 주어와 동사의 형식으로 구성되고 있다. 문장은 또한 문법체제를 활용하여 존재 관례를 확실하게 나타낼 수 있다. 그런데도 문장은 '현실 사건'을 상황 그대로 나타내고 있다고 하더라도, 존재 관례로 구성되기 마련이라고 지적하고 있다. 이와는 달리 문장은 존재 관례를 표상과 관련 지워 '현실 상황에 대한 예증'의 형태를 지니고 있다.

아베라르는 문장을 현실 상황에 대한 예증과 관련 지우면서 아리스토텔레스의 『종족언어 규범론』을 언급하고 있다. 아베라르는 "사람은 돌이다"라는 문장을 문법상으로 정확하다고 지적하고 있다. 물론 여기서 아베라르는 『종족언어 규범론』에서도 서술과 문법의 관계를 정확하게 지적하고 있다. 그런데도 문장은 존재에 대한 표지를 전달할 수 있으나, 생생한 존재를 전달할 수 없다고 지적하고 있다. 아베라르는 보편타당한 존재의 관례와 개체의 부분집합을 나타내는 존재 관례를 종족언어 표현관습과 관련 지워 분석하고 있다. 아베라르는 '보편타당한 존재의 관례를 전달하는 소리'처럼 보편타당한 존재의 관례를 종족언어 표현관습과 조화여부에 관심을 두고 분석하고 있다. 아베라르는 보에티우스의 존재 표지를 명확하게 비판하고 있다.

아베라르는 소리로 전달되는 존재 표지에 대하여 보에티우스가 의구심을 갖고 있었다고 주장하고 있다. 아베라르는 소리로 전달되는 존재 표상을 주어와 동사의 형식으로 서술하며, 전문 지식으로서 존재 관례를 선택하게 된다고 지적하고 있다. 여기서 아베라르는 보편타당한 존재 관례와 개체의 부분집합을 나타내는 존재 관례를 중간의 대비물을 활용하지 않고서는 서술할 수 없는 것으로 파악하고 있다.

이미 확인했듯이, 존재 표지가 개체의 존재 형태로 서술되어 존재 관례를 만들어 내는 데서도 나타나고 있다. 존재 표지를 보편타당한 존재 관례에 수용한다 하더라도, 보편타당한 존재 관례는 개체의 부분집합을 서술한 것과 일치하지 않는다는 것이다. 보편타당한 존재 관례는 어떤 형태의 표지도 파생하지 않고 있다는 고전시대 저작자의 존재 관례를 확실하게 검증할 수 있도록 보완하고 있다. 특히, 여기서 보편타당한 존재 관례가 인식영역에서 서술하는 존재 관례와 일치하지 않는다는 것이 타당하다는 것이다.

아베라르는 적어도 보편타당한 존재 관례와 인식영역의 일치를 「존재 분류론』과 『존재 표상 근거 주해서』에서 강조하고 있다. 아베라르는 인식영역에서 존재를 주어와 동사의 형식으로 서술하여 마음의 인식작용으로 존재 관례를 존재, 혹은 비존재의 형태로 전달하게 된다고 부언하고 있다. 여기서 아베라르는 존재를 존재 관례와 일치시키고 있다. 인식작용으로 특정한 존재 관례를 생성한다 하더라도, 존재 표상근거의 주어가 없이는 보편타당한 존재 관례도 창작될 수 없다는 것이다. 아베라르는 보편타당한 존재 관례로부터 만들어지는 공동체 구성원의 결속의식을 존재 표지로부터 자연스럽게 나타나는 결속의식과 부합되는 것으로 파악하고 있다.

아베라르는 보편타당한 존재 관례로부터 파생하는 인식작용과 존재 표지를 일치시켜 명칭을 부여하고 있다. 아베라르는 보편타당한 존재 관례로부터 인식작용이 생성되는 것이 아니라, 공동체 구성원의 결속의식을 생성하게 되어 존재 표지를 만들어 내게 되는 것으로 파악하고 있다. 아베라르는 존재 표지를 담고 있는 명칭을 보편타당한 존재 관례에 일치시키고 있다. 아베라르는 '사람'이라는 명칭을 보편타당한 존재 관례에 일치시킨 사례로서 제시하고 있다. '사람'이라는 명칭은 사람이면 누구나 다 같이 공유할 수 있는 '존재 관례'를 담고 있다는 것이다. 즉, 사람이라는 명칭은 개체의 부분집합을 나타내는 존재 관례를 활용하여 사람의 존재가 사람을 지칭하게 된다고 아베라르는 부언하고 있다. 따라서 사람의 명칭은 당연히 보편타당한 존재 관례로도 개체의 부분집합을 나타내는 존재 관례를 지니게 된다는 것이다.

아베라르는 여기서 보편타당한 존재 관례와 인식작용을 다시 일치시키고 있다. 아베라르는 사람이라는 존재 관례가 마음의 인식작용으로 확정되고, 그 둘은 다시 존재 모습을 공유하게 된다는 것이다. 그렇지 않으면 사람이라는 존재의 관례는 '소리나 글자의 대비물을 활용하여 전달되는 존재 관례를 하나의 전체집합으로 만들고', 사람의 공통점을 인식함으로써 상상력의 인식영역을 개인의 인식영역에까지 이르게 만든다고 지적하고 있다. 그리고 아베라르는 상상력의 인식작용을 보편타당한 존재 관례와 개체를 나타내는 부분집합의 관례를 서로 보완하는 대체물로 파악하고 있다.

아베라르도 보편타당한 존재에 대하여 실제로 세 가지 문제를 제기하고 있다. 첫째, 아베라르는 보편타당한 존재가 부분집합의 존재 관례를 부여하게 되는 원인을 하나의 전체집합을 나타내는 존재 관례에서 생성되는 '공동의 결속관계'로 파악하고 있다. 둘째, 아베라르는 보편타당한 존재가 존재 관례를 부여하게 되는 원인을 소리나 글자의 대비물로 전달되는 존재 표상을 다시 '전문 지식의 대비물 영역에서 생성하는 전체의 존재 의미'때문인 것으로 파악하고 있다. 셋째, 아베라르는 보편타당한 존재가 전체집합의 존재 관례를 부여하게 되는 결속관계가 소리나 글자의 존재 명칭에 근거하여 하나로 만들어지기 때문에 생성될 뿐만 아니라, 명칭 부여도 가능한 것으로 파악하고 있다. 아베라르는 보편타당한 존재가 전체집합의 존재 관례를 부여하게 되는 세 가지 결속관계를 인식조건 형태로 제시하고 있다. 이 세 가지 인식조건은 '전체집합의 존재 관례로부터 생성되는 공동체 구성원의 고유한 결속관계' 때문이라고 파악하는 경우도 지적하고 있다. 아니면 공동체 구성원의 결속의식 때문에 전체 집합의 관례를 생성하는 것으로 파악할 수도 있다는 것이다. 아베라르는 보편타당한 존재가 전체 집합의 존재 관례를 부여하게 되는 세 가지 결속조건을 공동체 구성원의 고유한 결속관계와 행동이 하나로 묶인 행동양식의 전체 집합으로 작용하기 때문인 것으로 파악하고 있다.

아베라르는 '사람'이라는 명칭과 '사람'이라는 보편타당한 존재를 일치시켰다. 아베라르는 또한 12세기 서양 중세세계 인간의 결속관계, 성사관습, 종족언어 표현관습을 보편타당한 존재에 연계하여 분석하려고 시도하고 있다. 그래서 아베라르는 12세기 공동체 구성원에게 결속력을 창출하게 되는 전체집합의 존재 관례에 근거하여 결속관계를 가장 주요하게 분석했다. 아베라르는 공동체 구성원이 결속력 때문에 개체임에도 불구하고 '하나'의 결속력을 갖게 되면서 독특한 결사모형을 창출했다는 것이다.

다음으로 아베라르는 '사람이다'로부터 존재를 전달하는 소리나 글자의 궤도로서 종족언어 표현관습 문제를 제기하고 있다. '사람이다'라는 보어에서 존재 관습 문제는 '사람이다'가 어떤 존재를 전달할 수 있느냐는 것이다. 아리스토텔레스는 '사람' 존재를 확정한다는 뜻이라고 지적했다. 그런데도 '사람'에 대한 아리스토텔레스의 존재는 어떤 형식으로든 '사람이다'의 필요조건조차 충족시킬 수 없다는 것이다.

즉, '사람이다'는 아리스토텔레스라는 주어를 서술하고 있다. '사람이다'를 가지고서는 실제의 존재를 지칭할 수 없다고 부언하고 있다. 그리고 '사람이다'는 주어에 함축된 존재의 반대논리를 수용할 수 없다고 강조하고 있다. '사람이다'는 어떤 존재도 전달할 수 없다는 것이다. '사람이다'가 서술하고 있는 것은 '어떤 것도 아니다'.

아베라르도 여기서 소크라테스와 플라톤이라는 사람의 경우를 사례로 제시하고 있다. 소크라테스와 플라톤은 '사람이다'로서 서술할 수 있다. 그러나 사람이 아닌 한 필의 말과 당나귀를 '사람이다'로 서술하려면 대비물을 활용하여 존재를 전달하는 경우에는 가능하다는 것이다. 이 경우에도 '사람이다'의 대비물을 활용하여 전달되는 존재는 당연히 종족언어 표현관습에 바탕을 둔 소리와 글자의 서술기능을 활용하게 된다는 것이다. '사람이다'의 대비물을 활용하여 소크라테스와 플라톤의 존재를 전달하게 되는 경우, 어떻게 '사람이다'로서 가능할 수 있느냐 문제를 제기하고 있다. 아베라르는 소크라테스와 플라톤을 '사람이다'로써 서술하게 되는 경우 소크라테스와 플라톤은 '사람이기 때문에' 사람의 조건을 충족하고 있으므로 서로 받아들이는 청취자의 상태에 따라서 서술의 필요성을 더 이상 느끼지 않게 된다는 것이다.

아베라르는 여기서 존재 조건을 제시하고 있다. 사람이라는 존재 조건은 종족언어 표현관습이라는 소리나 글자의 궤도에서 '사람이다'라는 존재의 전체집합으로서도 사람의 관례로부터 전달자와 청취자의 결속관계를 당연히 생성하게 된다고 지적하고 있다. 아베라르는 주어와 동사의 결합 자체를 전달자와 청취자의 결속관계가 생성되는 출발점으로 파악하고 주어와 동사의 결합으로 전달되는 존재를 결속력 핵심으로 파악하고 있다. 아베라르는 더욱 확산된 전달자와 청취자의 결속모형을 문장에서 찾아내고 있다. 아베라르는 "누군가 시장에 가지 않으려고 해서 매를 맞았다"라는 문장을 전달자와 청취자의 결속모형으로 제시하고 있다. 이 문장에서 주부는 현존의 상황을 설명하지 않고 있다. 따라서 주부는 '결속 관계'나 '존재'를 나타낸다고 단정할 수 없다.

아베라르는 사람의 조건을 확정하는 서술기능을 종족언어 표현관습으로 파악하고, 사람의 명칭이 사람의 조건을 상상토록 만드는 것을 종족언어 표현관습인 것으로 파악하고 있다. 또한 아베라르는 사람의 명칭과 조건을 일치시키는 서술기능을 소리나 글자의 대비물로 파악하고 있다. 뿐만 아니라 아베라르는 종족언어 표현관습의 궤도 위에서 소리나 글자의 대비물이 상상력의 인식작용으로 존재와 명칭을 일치시키게 되는 것으로 파악하고 있다. 물론 여기서 보편타당한 존재는 소리나 글자의 명칭과 일치하고 있다.

물론 소리나 글자로 부여되는 존재 명칭은 소리나 글자의 대비물로 전달되는 존재 관례와 일치됨으로써 존재에 대한 표지를 창출하고 있다. 존재 명칭이 공동체 구성원에 대하여는 표지를 공유하게 되는 결속관계의 이음새인 것으로 서술하고 있다. 따라서 공동체 구성원의 결속관계는 일단 존재 명칭으로 서술되고 있다. 그래서 존재 관례는 명칭을 부가하기 위한 충분조건이자 보편타당한 존재가 타당한 판단기준의 인식작용으로 공동체 구성원에게 특정한 결속관계를 만들어내게 된다는 것이다. 보편타당한 존재는 타당한 판단기준의 인식작용으로 전달자와 청취자의 결속관계를 만들어 내고 있다.

아베라르는 보편타당한 존재와 타당한 판단기준의 인식작용을 활용하고 보에티우스와 아리스토텔레스의 『규범론』을 반복하며, 이 두 해석자가 프리시아누스의 관례로부터 터득한 존재 분석방법에다 존재 표상을 첨가하고 있다. 여기서도 아베라르는 아리스토텔레스의 경우처럼 존재 표상이 감각의 인식작용과 영혼으로부터 생성되는 것으로 단정하고 있다. 그러나 감각의 인식작용은 현상에 대한 인식을 전제하고 있다. 그런데도 감각의 인식작용은 '존재의 대비물을 활용하여 전달되는 소리나 글자의 존재'를 가지고서도 만족하고 있다. 그리고 마음의 인식작용은 글자나 소리의 대비물을 활용하여 존재를 전달하는 종족언어 표현관습의 방향대로 존재 표상을 생성하도록 작용하고 있다.

인간은 기존의 존재 표상에다 새로운 존재 표상을 일치하려면 우선 하나의 탑처럼 층층대 모습으로 차곡차곡 축적된 존재의 표상근거를 파괴한 다음, 마음의 인식영역에다 존재의 표상근거에서 생성된 존재 표상을 지속케 할 수 있어야 한다. 물론 기존 존재의 표상이 감각의 인식영역에서 사라져 버리게 된다고 하더라도, 마음의 인식영역에서는 기존 존재 표상을 존속해 주는 존재 표상의 대비물을 인식작용이라는 자료를 활용하여 마음의 인식작용으로 기존 존재 표상과 새로운 존재 표상을 대비하며 존재 상을 존속케 된다는 것이다.

아베라르는 상상력의 인식영역을 다시 감각의 인식영역과 함께 분석하고 있다. 아베라르의 시각에서 감각의 인식작용은 '감각으로 인식한 존재 관례'와 일치하지 않고, 오히려 존재에 대한 표지를 서술하려는 마음의 인식작용에 일치하고 있다. 이와 마찬가지로 어떤 대상을 서술하기 위하여 인식한다는 것은 '상상력의 인식영역에서 특정한 존재 관례라는 기본 틀을 염두에 두고서 파악한 존재 표상'이 아니었다. 어떤 대상을 서술하기 위하여 인식한다는 것은 '전문 지식의 인식영역', 즉 특정한 정신의 인식영역에서 일어나게 되는 인식행위라는 것이다.

이와 관련하여 지각의 인식작용은 현상을 '전문 지식의 인식영역'에서 접근하여 현상에 대하여 존재를 생성하고 현상에 대한 존재는 인식작용의 방향에 따라서 서술되고 있다. 뿐만 아니라 현상에 대한 인식작용 방향대로의 서술모형은 마음의 인식작용이 의도하려는 순간과 방법에 따라서 선택하고 있다. 거기다 현상의 존재는 표현자의 서술모형으로, 그리고 특정한 꿈속의 도시와 같은 표상형태로 상대방에게 전달되기에 이른다고 아베라르는 지적하고 있다. 여기서 현상의 존재는 '존재의 표지와 관례를 실재물 형태로' 인식작용의 영역에서 일치하고 있다. 그래서 현상의 존재는 청취자에게 전달될 수 있는 존재로서 서술체제를 갖추게 된다고 부언하고 있다. 현상의 존재는 물론 이 경우 상상력의 인식작용으로 가공되어 '이미지를 지닌 존재 형태'를 전달한다는 것이다.

현상의 존재에 대한 인식방향의 서술모형은 이처럼 존재나 존재 모습을 지니지 않고 있다. 저작자에 따라서는 이데아론을 그대로 반복하는 경우도 있고, 존재 표상과 존재 표지를 일치하려고 시도하고 있다. 이들 저작자는 마음의 인식작용으로 모습을 드러내려고 하는 존재 표상근거를 단지 어느 정도에 지나지 않지만 현상의 존재로 파악해 버릴 수도 있다. 그러나 존재에 대한 표지는 존재를 소리나 글자의 대비물을 전달하는 관습에 불과하다는 것이다. 존재를 타당한 판단기준으로 인식하게 된다는 것은 존재를 상상력의 인식작용으로 파악하기 위하여 존재 표상을 선택하게 된다는 것이다. 또한 존재에 대한 타당한 판단기준의 인식작용은 글자나 소리의 대비물로 전달되는 존재 관례에 대하여 어떤 대비물을 선택하여 활용하는가 문제를 제기하고 있다. 여기서 아베라르는 다시 판단기준의 인식작용에 대한 새로운 선택 문제를 제기하고 있다.

즉, 아베라르는 존재 표상근거를 포함한 종족언어 표현관습과 인식작용의 이면에서 존재 표상근거로 생성된 평평한 수평형의 존재와 수직형의 현상을 다시 종족언어 표현관습으로 일치시키게 된다는 것이다. 다시 존재의 표상근거는 평평한 수평형의 존재를, 수직형의 현상까지도 생성해 내고 종족언어 표현관습의 기본 틀 위에서 존재로 인식된다는 것이다. 이런 맥락에서 종족언어 표현관습은 다양한 인식작용을 존재에로 일치시키는 결속력의 토양임에는 틀림없다. 이런 종족언어 표현관습은 타당한 판단기준의 인식작용을 활용하여 '전문 지식의 인식작용으로 전달되는 소리의 존재'까지를 한군데로 모으고 있다. 아베라르는 여기서 다시 수평형의 존재와 수직형의 현상이 서로 별개의 존재 관례를 지닐 수 없다는 것이다. 아베라르의 이 같은 단정은 창조물을 가공하는 인식작용의 영역과 관련되어 있다.

종족언어 표현관습은 이미 존재에 대한 인식작용이 존재를 가공해서는 존재 관례를 창조할 수 없다는 것을 입증했던 바와 같이 존재의 표상근거와도 일치해 있다. 종족언어 표현관습이 존재의 표상근거를 이미 포함하고 있기 때문에 아마도 종족언어 표현관습이라는 거울 속에 비치는 표상의 모습과 마찬가지인 것이 종족언어 표현관습의 존재 표상근거라는 것이다. 종족언어 표현관습의 거울 속에 비치는 표상 모습은 시각의 인식작용으로 파악되나, 실제로는 아무 것도 없는 허상에 지나지 않는다는 것이다. 표현자는 존재 표상을 현상처럼 전달하고 있으나, 청취자는 표현자의 존재 관례를 인식하고 있는 것이나 다름없다. 표현자는 마음의 인식작용으로 존재 관례 구상물을 파악하고 청취자는 마음의 인식작용으로 표현자의 존재를 존재 표상으로 파악하려고 시도하고 있다. 청취자는 전달자의 존재에 대하여 마음의 인식영역에서 존재 표상이나 존재 표지로 반사작용을 일으키고 있다는 것이다. 아베라르는 여기서 존재 표상이나 특정한 표지에 대하여 어떤 형태의 반사작용이 일어나고 있는가 문제를 다시 제기하고 있다. 아베라르는 현상을 존재 표상형태로 파악하고 있다.

아베라르의 시각에서는 존재 표상이 존재인 경우를 다시 분석하고 있다. 아베라르는 존재 표지가 마음의 인식영역에서 존재의 표상을 필요치 않은 것으로 파악하고 있다. 이와는 달리 아베라르는 현상이 감각의 인식영역에서도 유일한 존재형태로 존재하는 경우를 지적하고 있다. 아베라르는 현상이 인식작용의 영역에서는 존재하지 않게 된다는 주장에 대하여 반대입장을 나타내고 있다. 아베라르는 존재가 그 표상을 마음의 인식작용으로 파악하여 서술하려는 것과 감각의 인식영역에서 존재하고 있는 것을 서술하려는 것이 전혀 서로 다르며, 서술은 물론 존재 표상으로부터 출발한다는 것이다. 존재 표상으로부터 현상을 인식하여 서술하게 된다는 것은 어쨌든 존재 표상에 근거하고 있다. 아리스토텔레스도 존재 표상으로부터 현상을 인식하여 서술하게 되는 경우 존재는 그 표지로 인식된다고 지적했다. 표지로 인식되는 보편타당한 존재는 어떤 함축의미를 지니고 있는가 문제를 제기하고 있다. 보편타당한 존재에 대한 문제를 다루기 위하여 아베라르는 다시 공동체 구성원의 결속관계를 보편타당한 존재로부터 출발하고 있다. 아베라르는 다양한 종류의 존재로부터 만들어지는 존재 표상 유형을 분석하고 있다.

아베라르는 보편타당한 존재에서 생성되는 결속력과 각양각색의 존재가 복잡하게 얽히게 되면서 만들어지는 존재 표상의 분리요인에 대하여 다시 세밀하게 검토하고 있다. 아베라르는 결속력의 전제처럼 인식되는 보편타당한 존재와 공동체 구성원을 분리시키는 존재 표상을 '사람'과 소크라테스의 존재를 가지고 접근하고 있다. '사람'의 표현자도 사람이라는 소리를 청각의 인식작용으로 듣게 된다는 것이다. 따라서 표현자는 '사람이라는 표상'으로 모든 사람을 결속시키면서도, 어느 누구에게도 특정하게 인식되지 않게 마음의 인식영역에 이르고 있다. 그러나 표현자는 소크라테스의 표상을 사람이라고 지칭하고 있다.

그리고 표현자는 사람을 소크라테스에 일치시켜 소크라테스의 '표상'을 상기토록 보조하고 있다. 여기서 소크라테스의 존재를 전달하는 '소리 덩어리'는 소크라테스의 고유한 모습을 상기시켜 소크라테스를 확증하여 사람 중에서도 소크라테스라는 한계를 만들어 내고 있다. 이와는 달리 '사람'은 실제로 소크라테스라는 사람을 지칭할 수도 있다. 그러나 단 한 명으로서는 '사람의 명칭으로' 명시될 수 없다. 소크라테스는 한 명의 사람이다. 한 명의 사람인 소크라테스는 다른 어떤 사람을 표지할 수 없게 되는 것이다. 어쨌든, 소크라테스는 사람을 지칭하고 주어와 서술어의 결합으로 사람의 존재를 확정하고 있다.

보에티우스는 모든 인식작용을 주어와 서술어의 결합으로 설명하고 인식작용에서 구체화된 주어와 서술어의 결합을 존재 표지와 관련 지우고 있다. 존재 표지는 보편타당한 존재와 결합되고 있다. 여기서 주어는 물론 인식작용으로 주어가 되며 그 표지는 보편타당한 존재에 무형의 존재로 함축되어 있다고 보에티우스는 지적했다. 무형의 존재가 표지를 함축하고 있을 경우, 무형의 존재도 감각의 인식작용으로 존재 표지를 수용할 수 있다.

다시 무형의 존재는 공동의 결속관계를 종족언어 표현관습 영역에서 생성하는 출발점이 되는 것으로 아베라르는 파악하고 있다. 존재의 이런 표지 사례는 한 마리 사자를 서술하는 데서도 나타나고 있다. 사자는 고유한 특성을 지닌 동물이고 고유한 특성을 지닌 존재로서 사자 모습을 그릴 수 있다. 여기서 사자 명칭은 표지를 만들어 내고 있다. 보편타당한 존재와 특수한 표지를 사자의 경우와는 반대현상으로 서술할 수도 있다. 여기서 반대현상의 명칭은 표상의 모습을 일치시키고 있다. 아베라르는 명칭의 이런 역할을 프리시아누스의 표상과 관련되게 했던 언급, 즉 프리시아누스라는 보편타당한 존재의 표상에다 결속관계를 첨가하여 표지하고 그 표지를 서술하게 된다고 주장하고 있다.

아베라르는 프리시아누스라는 보편타당한 존재와 그 존재 표상을 일치시키고 있다. 아베라르도 프리시아누스의 표상과 보편타당한 존재의 일치를 그대로 수용하고 개개의 존재를 표지하고 있다. 아베라르는 개개의 존재를 보편타당한 존재로부터 찾아내기 이전에는 보편타당한 존재가 신의 표상에 근거하게 된다는 프리시아누스의 설명을 수용하여 전달자와 청취자의 결속관계를 만들어 내고 있다는 것이다. 아베라르는 전달자와 청취자 형태로 생성되는 공동의 '결속관계'가 인간 때문에 만들어지는 것은 아니고 바로 신의 존재로부터 부여받은 보편타당한 존재 때문에 구체화된다는 것이다. 신의 존재로부터 부여받은 보편타당한 존재나 보편타당한 존재에 함축된 개개의 존재는 아무리 현존의 표현자라 하더라도 보편타당한 존재의 세부 조건을 창작할 수 없다는 것이다.

사람이나 영혼이든 유형 또는 무형의 존재로서 서술과 관련되면 결속관계를 생성한다는 것이다. 사람이나 영혼의 존재가 고유한 것처럼 신의 존재도 고유하고, 신의 존재가 고유한 것처럼 집이나 칼의 존재도 고유하다는 것이다. 인간이라는 존재를 행동으로 전환하는 고유한 실천은 '존재의 생성물', 즉 "존재를 전달하는 소리의 생성물이라는 것이다." 신의 존재는 그 존재 서술을 소리로 전달할 수 있음에도 불구하고 불변의 존재로 인식된다는 것이다. 그런데도 신의 존재는 종류, 부류의 존재가 아닌데도 행동을 수반하고 있다. 신의 행동은 '인식의 논리화 과정'을 거쳐 마음의 인식영역에서 신의 존재로부터 부여받게 된다는 것이다. 인간은 감각의 인식작용으로 존재 표지를 터득하고 타당한 판단기준의 인식작용으로 존재 표지에 대한 인식결과를 서술하게 된다는 것이다.

사람은 또한 감각의 인식작용으로 존재 표지를 정지시킬 수는 있으나, 존재 표지를 서술할 수는 없다는 것이다. 그러나 사람은 신의 존재를 '외부와 내부가 하나된 공간'인 '감각의 인식영역'에서 파악한다는 것이다. 심지어 사람이 감각의 인식작용으로 파악한 통상의 운명이 확증 단계에 이르는 순간에서조차도, 신의 존재는 인간을 배제한다는 것이다. 흔히 인간은 신의 존재를 '전문 지식으로서'가 아니라, '존재에 대한 인식작용'으로 추리하게 된다는 것이다. 사람은 타당한 판단기준과 인간으로서의 운명을 지니고 있으며 부모의 자애심과 같은 종족언어 표현관습을 유지하고 있다. 사람은 같은 종족언어 표현관습을 활용하여 존재 표상을 선택할 수 있는 시각을 지니고 있다. 사람은 감각의 인식작용으로 존재 표상을 파악할 수 있다. 특히 사람은 마음의 인식작용처럼 존재 표상을 선택할 수는 없으나 표현자의 의도대로 현존 존재에 대하여 명칭을 부여하고 있는 것이다.

현존 존재의 명칭도 인간의 운명과 다를 바 없다. 인간의 운명처럼 인간의 인식능력으로 존재에 대한 명칭을 찾아낼 수는 없다. 그런데 존재에 대한 명칭은 인식작용을 가능하게 만들어 주고 있다. 고전시대 그리스어계나 로마어계 저작자도 존재 명칭에 대해서는 공동 입장을 표명하고 있다. 프리시아누스는 명사를 활용하여 명칭을 종류나 부류의 존재로 표현하고, 종류나 부류의 존재에 대하여 '전체' 또는 '개체'의 존재로 지칭하고 있다. 고유명사의 결속의식은 전달자와 청취자의 행동을 출발시키는 시발점인 것이다. 고유명사는 전달자와 청취자의 결속의식을 만들어 내는 서술기능을 담당하며 고유한 존재 표지를 가지고 전달자와 청취자를 결속하고 있다. 그런데도 명사는 불확실한 존재 표지 때문에 혼란을 자초하면서도 고유명사의 존재 표지를 청취자의 마음속으로 이동하고 있다. 아베라르는 청취자의 마음을 파고드는 고유명사의 존재 표지로부터 존재 표상근거 문제를 제기하고 있다.

아베라르는 표상근거가 존재 관례로부터 생성한다는 것이다. 아베라르는 존재 관례로부터 만들어진 존재 표상근거와 존재 표지와 일치하며 존재를 전달하는 소리의 대비물이 존재 표상근거와 존재 표지와 일치하면 자연스럽게 인식작용 영역에서 종족언어 표현관습과 구분된다고 부언하고 있다. 아베라르는 소리의 이 같은 전달기능을 보편타당한 존재에 일치시키는 매체를 상상력의 작용영역으로 파악하고 있으나, 보에티우스는 종류와 부류의 존재를 소리로 전달되는 존재 관례가 심성의 작용영역에서 종족언어 표현관습과 일치하면서 생성한 존재 표지로 파악하고 있다. 보에티우스와는 달리 아베라르는 종류와 부류의 존재를 아리스토텔레스의 『해석론』에 담긴 보편타당한 존재에 일치시키고 있다. 아베라르는 플라톤의 이데아론과 아리스토텔레스의 『해석론』에 근거하여 현상과 보편타당한 존재를 감각의 인식영역에서 파악하고 있다고 강조하고 있다.

물론 이 경우 현상과 보편타당한 존재는 당연히 존재로서 서술될 수 있다는 것이다. 플라톤은 보편타당한 존재에 함축된 부분집합의 존재 관례까지도 감각의 인식작용으로 파악할 수 있다는 것이다. 플라톤은 보편타당한 존재를 자연계에 일치토록 분석하고, '자연계 활동'으로부터 존재 관례가 생성하고 아리스토텔레스의 『해석론』과 달리 존재 관례를 감각의 인식영역에서 접근했다. 플라톤과 아리스토텔레스를 비롯한 보에티우스까지도 자연계를 전문 지식의 근거로 활용하고 존재나 현상의 명사를 활용하여 자연계를 상상하고, 존재 명사가 자연계에 대한 상상력을 유발하여 존재 표지에 이른다고 지적했다. 아베라르도 전문 지식의 인식작용에 대한 증거를 자연계의 존재에서 찾아내고 있다.

그런데도 아베라르는 존재와 그 표지가 인식작용 영역에서 서로 달리 나타날 수 있는 경우를 가정하며 존재를 전달하는 소리와 표지 이외에도 '존재 관례와 그 표지를 전달하는 명사와 같은 제3의 서술매체에 대한 존재 관례를 확실하게 받아들이고 있다. 아베라르는 존재 관례가 존재 전달자와 청취자의 결속관계로 드러내나 보편타당한 존재 표지 때문에 전달자와 청취자의 결속관계를 생성한다는 것이다. 그래서 아베라르는 보편타당한 존재 표지가 전달자와 청취자의 결속관계 때문에 존재를 나타내게 되는가, 아니면 보편타당한 존재를 전달하는 소리 때문에 존재 관례를 나타내게 되는가라는 두 가지 문제를 제기하고 있다. 아베라르는 존재 관례가 생성하는 전달자와 청취자의 결속관계가 소리로 전달하는 존재보다 중요하며, 보편타당한 존재 관례도 공동의 결속관계 때문에 존재를 지니게 된다는 것이다.

그러나 아베라르는 보편타당한 존재와 인식작용의 관계를 더욱 상세하게 검토하고 있다. 아베라르는 보편타당한 존재의 생성 요인을 인식작용의 결과로 파악하느냐, 아니면 고유하면서도 순수한 존재 관례로 언급되는 현상을 기대하는 데서 생성되는 결과로 파악하느냐 두 가지 문제를 제기하고 있다. 아베라르는 보편타당한 존재를 서술하는 데 필요한 부분을 요령 있게 설명하며 존재 관례와 존재 표지가 존재 표상에서도 존재하고 있다고 지적하고 있다. 그러나 아베라르는 존재 표상을 타당한 판단기준과 마음의 인식작용으로 존재 표지에 일치시키면 존재 모습을 파악할 수 있는 능력을 지니게 된다는 것이다. 타당한 판단기준의 인식작용은 존재 관례를 분리하고, 타당한 판단기준의 인식작용은 존재 관례로서 보편타당한 존재를 서술하도록 음미하는 역할을 담당한다는 것이다. 타당한 판단기준의 이런 인식작용은 새로운 존재와 종족언어 표현관습의 일치 과정을 거쳐 서술하려는 존재 표상에 대한 표지에 이르고 있다. 존재 표지는 타당한 판단기준의 인식작용으로 새로운 존재와 종족언어 표현관습의 일치 상황을 정리하게 된다는 것이다. 물론 여기서는 존재 표지와 반대되는 존재 관례도 있을 수 있다. 그러나 존재 표지와 반대되는 존재라 할지라도 종족언어 표현관습은 분명하게 존재 표지와 상반되는 존재를 전달자와 청취자의 결속관계에 일치시켜, 새로운 결속력을 생성한다는 것이다. 사람의 표상과 사람이라는 존재의 관례를 사례로 제시할 수도 있다.

인간은 개체이다. 인간은 동물임과 동시에 무형의 형상을 지니고 있다. 누군가가 인간의 관례를 무시한 상황에서 인간을 구성하고 있는 존재에 대하여 관심을 갖게 되는 경우를 가정할 수도 있다. 그렇다면 인간 표현자는 사람이라는 존재를 활용하여 표지로부터 사람을 인식할 수도 있고, 사람의 관례를 무시하고 고유한 개체의 존재를 상상할 수도 있다. 누군가는 종족언어 표현관습으로 파악한 사람에 대하여 단일한 존재에 이르러, 사람의 관례를 곧 존재 표상영역으로 전환하게 될 것이다. 그러나 누군가는 사람의 존재를 찾아내는 과정에서 두 가지 방향의 표상에 이를 수도 있다. 사람의 존재를 찾아내어 표상의 영역에 이르게 되는 경우, 누군가는 다시 사람의 관례를 전문지식의 인식영역에서 다시 검증하게 된다는 것이다.

어쨌든, 사람의 관례에서 파악할 수 있듯이 존재는 실제로 '존재한다'는 관례를 바탕에 깔고 사람의 관례를 표준으로 다시 사람의 표상을 그려내게 된다는 것이다. 이런 점에서 사람의 본래 관례는 존재의 오류일 가능성을 내포한다고 아베라르는 지적하고 있다. 아베라르는 사람의 관례로부터 생성되는 존재 표상이 오류일 가능성을 지적하면서도, 전문 지식의 인식작용으로 생성되는 사람의 표상과 다르다는 것이다. 전문 지식의 인식작용은 존재 표지나 고유한 존재 관례를 무시하지 않는다는 것이다. 전문 지식의 인식작용은 '인식능력의 집중'과 연계되어 있으나, '존재 모형'과는 연계되지 않는다는 것이다. '존재모형'이 인식작용과 연계되지 않으면, 인식작용에서 사람의 관례를 지닐 수 없다는 것이다.

존재 관례에 대한 인식작용은 존재 표상을 포함하고 존재 표지뿐만 아니라, 인식력의 집중까지 포함하여 존재 관례로 서술하게 된다는 것이다. 보에티우스는 존재 표지가 존재 방식과는 다르다고 이미 지적했으나, 존재 관례에 대한 인식 차이는 어떤 특정한 상태를 지칭한다기보다는, 인식작용 모형에 지나지 않는다고 언급하고 있다. 존재란 존재의 인식과정에서 인식되고 본래 존재 관례와는 다른 관례로 존재 인식과정에서 분리된다는 것이다. 존재의 인식과정은 타당한 판단기준의 인식작용과는 전혀 달라서 존재와 외형이 관례와 분리되어 서술되지 않는다는 것이다. 존재와 외형은 마음의 인식작용, 타당한 판단기준의 인식작용에 따라서 실제로 환원 형태로 분리된다는 것이다.

감각의 인식작용은 마음과 타당한 판단기준의 인식작용을 구분하고 있다. 감각의 이런 인식작용은 금과 은이 특정 조각자의 손을 거치고 나면 전혀 다른 존재 모습을 지니게 되는 것과 마찬가지로, 마음의 인식작용을 거치고 나면 존재의 구분점을 만들어 낸다는 것이다. 아베라르는 전문 지식의 인식작용으로서도 '인간의 섭리'를 신의 존재가 포괄할 수 있다고 부언하고 있다. 신의 존재는 현재와 미래를 하나의 시간단위, 즉 영원으로 통합하고 인식작용으로는 다른 존재의 관례 문제를 만들어 내고 있다. 사람에 대한 신의 섭리는 현재와 미래가 아닌 과거 문제를 존재의 인식작용 형태로 서술하는 것이다. 표현자는 마음속으로 존재의 설계도를 그려내어 미래의 작품을 틀림없이 만들어내고 있다. 아베라르는 미래의 작품과 관련 지워 표상근거 문제에 접근한 다음 종류와 부류를 존재 표지로 파악할 수 있느냐 문제에 대하여는 어느 정도 수긍하고 있다.

존재는 종류와 부류의 두 가지로 존재하고 있다. 두 가지 존재인 종류와 부류는 '명칭의 부여'로써 존재하고 있다. 종류와 부류는 표지를 언급하는 명사와는 전혀 달라서 파악할 수 없다는 것이다. 그러나 보편타당한 존재는 종류와 부류에 대한 인식작용의 진행상황에서도 순수하게 단독으로 존재하고 있다는 것이다. 종류와 부류는 서로 배타성을 지닌 존재이지만 어느 하나를 분리할 수 있다고 간주해서도 안된다고 논리학자들은 지적하고 있다. 종류와 부류의 해답은 다음 문제에서도 지적되고 있다. 종류와 부류가 생명력을 지니고 있다면, 종류와 부류의 존재가 시각의 인식작용에 보이는지 보이지 않는지 문제를 제기하고 있다. 여기서 아베라르는 보에티우스의 표현론을 그대로 반복하면서 유형의 존재에 대한 표현론을 그대로 읽어 넘기고 있다.

존재는 여러 가지 표지를 실제로 지닐 수 없다는 것이다. 존재표지와 관련된 표상근거 문제 해답도 두 가지 방향으로 제시하고 있다. 보편타당한 존재는 확실한 존재에 대하여 표지를 부여하나, 보편타당한 존재는 확실하지 않은 존재에 대하여 표지를 부여할 수 없다. 보편타당한 존재는 심성의 인식작용으로 명사의 '표상'을 활용하여 시각의 인식작용에 나타나지 않는 존재 표지의 현상까지 서술하게 된다는 것이다. 보편타당한 존재는 표지 내지는 다시 무형의 표지를 부여하나 명확할 정도로 존재에 대하여 표지를 부여할 수는 없다. 표상근거에 대한 세 번째 문제는 감각의 인식작용으로 표상근거를 찾아내어 존재 표지를 인식하게 된다는 것이다. 이와는 달리, 보편타당한 존재는 감각의 인식작용으로 보편타당한 존재 관례로 표지와 분리되고 있다.

아베라르는 이와 관련하여 보편타당한 존재 관례를 감각의 인식영역에서도 전제할 수 있다고 설명하고 있다. 시각의 인식작용에서는 당연히 제2와 제3의 문제를 제기하며, 보편타당한 존재의 관례를 감각의 인식작용에서 가능한 표지로 나타낸다는 것이다. 프리시아누스는 신의 존재를 전제하여 마음의 인식작용으로 공동체 구성원을 결속할 수 있다고 언급하고 있다. 아베라르는 보에티우스가 표현론을 정확하게 파악했으며 존재 '관례를 전달하는 소리'에 대하여 대비물 문제를 제기하고 있다. 아베라르는 존재를 표지하는 소리가 존재 표현양식으로부터 종족언어 표현관습 문제를 제기하지 않는다는 것이다.

존재 표지는 존재 관례나 상태와 일치하고 있다. 존재가 인식작용으로 존재하게 되는 것과 마찬가지로, 존재 관례는 인식작용으로 표지를 부여받게 된다는 것이다. 그러나 존재 표지 문제는 보편타당한 존재를 전제하여 서술하는 데서부터 제기되었다. 보편타당한 존재 관례는 보편타당한 존재에 대하여 표지를 부여하는 서술 기능을 담당하고 있다는 것이다. 바로 여기서 주어와 동사의 결속관계를 설명한 보에티우스의 표현론도 불완전하게 나타나고 있다. 보편타당한 존재 관례는 종족언어 표현관습으로 전달되는 '단순한 소리 덩어리'만을 지칭하고 있다. 그러나 보편타당한 존재에 대하여 관례를 부여하는 '명칭'은 흔히 '존재'로 전달되고 있다. 명칭이 존재를 명확하게 제시하는 경우, 존재의 명칭은 경우에 따라서 존재나 그 관례를 지칭하게 된다는 것이다. 여기서는 흔히 존재와 그 관례의 명칭이 서로 위치가 바뀌는 경우도 일어나고 있다.

문법과 논리학은 존재 명칭과 관례가 서로 뒤바뀔 수도 있다는 점에서 부정확하게 적용되는 경우, 존재 오류에 빠질 가능성을 일단 부인할 수 없게 되는 것이다. 아베라르의 시각에서 존재 명칭과 관례는 저명한 전임자들로부터 물려받은 우연한 결합이었던 것이다. 보에티우스는 존재 표지를 명칭으로 지칭하고 있다. 보에티우스의 이 같은 명칭은 물론 정확한 것이 아니었다. 한편으로 보편타당한 존재 관례도 존재 표지의 명칭과 공통점을 지닌다고 주장하고 있다. 그러나 보에티우스의 이러한 주장을 아베라르는 전혀 감지하지 못하고 있다.

존재 표지는 보편타당한 존재 관례 자체에 지나지 않는다는 것이다. 존재는 표지로부터 존재 관례를 파생하게 되는 것이 아니었다. 그러나 마음의 인식영역에 잠재해 있는 표지로부터 존재 관례를 파생하게 된다는 것이다. 아베라르는 일단 『해석론』을 거부하는 입장에서 출발하고 있다. 아베라르는 아리스토텔레스, 보에티우스, 프리시아누스의 표상근거를 종족언어 표현관습으로 전달된 소리에 대하여 타당한 판단기준의 인식작용에 일치시키고 있다.

아베라르는 타당한 판단기준의 인식작용을 인식론자 입장에서 마무리 짓고 있다. 존재와 표현자의 관계는 복잡하게 뒤얽혀 있다. 그런데도 존재와 표현자의 관계는 몇 가지 문제에서 어느 정도 일관성을 유지하고 있다. 존재 관례를 전달하는 소리의 대비물은 존재를 서술하기 위한 목적으로 '전제 인식과정'에서처럼 존재의 소리 규범과 직접 일치되고 있다. 이와 관련하여 안셀름은 아베라르와 마찬가지로 저작물이 글자로 서술되는 존재 관례인 것으로 지적하고 있다. 안셀름은 저작물이 글자로 서술된다는 측면에서 관례 서술기능을 담당하고 있다는 것이다. 안셀름은 저작물의 서술로부터 보편타당한 존재 관례와 성사관습이 나오는 것으로 파악하고 있다. 그런데도 보편타당한 존재 관례나 성사관습은 문법과 서술체제에서는 단순한 글자 덩어리인 어휘로 구성되어 있다. 물론 이들 어휘는 저작자의 손을 거치면서 정리되고 있다. 따라서 보편타당한 존재 관례나 성사관습이 구성하고 있는 어휘는 저작자의 의도와 존재 관례를 소리나 글자의 서술기능에 일치시켜 전달되고 있다.

아베라르는 저작자의 의도와 존재 관례가 일치하지 않고서는 소리로 전달될 수 없으며, 성사관습 논쟁에서 라드베르트(799~860?)와 라트

람(844?~868)이 주장했던 성사관습이 서로 달랐던 경우처럼, 보에티우스에게서도 보편타당한 존재 관례 문제를 제기하고 있다. 아베라르는 보편타당한 존재 관례 문제를 보편타당한 존재와 마음의 인식작용에다 관련 지어 결국 종족언어 표현관습으로 전달되는 존재 관례를 선택하여 서술한다고 설명하고 있다. 아베라르는 보편타당한 존재를 명사로 정의하고 명사가 보편타당한 존재로 정의될 수 있는 근거로서 명사가 다수의 부분집합을 하나인 전체집합의 존재로 서술할 수 있기 때문인 것으로 지적하고 있다. 아베라르는 다수 부분집합을 전체집합의 존재로 서술할 수 있게 되는 요인으로서 표상근거와 문법을 일치시키는 논리학에서 파생하는 것으로 파악하고 있다. 그러나 아베라르는 성사관습을 서술의 출발점으로 설정하여 종족언어 표현관습으로 전달되는 존재 관례와 표지에 집착하고 있다. 아베라르는 '성사관습에 따라서 존재 소리'를 종족언어 표현관습으로 전달되는 주어로 가정할 수도 있다고 부언하고 있다. 아베라르는 존재를 소리로 전달하게 되는 명사와 동사의 결합에 대하여 관심을 확고하게 표명하고 있다. 아베라르는 보에티우스의 표현론을 탈피하지 못하고, 오히려 보에티우스의 표현론을 더욱 정교하게 구체화하고 있다.

아베라르는 존재 관례가 소리의 대비물로 전달하는 종족언어 표현관습에 집착하고 있다는 것이다. 아베라르는 보편타당한 존재 창안자로서 마음의 인식작용에 집착하고 있으나 존재를 반복하며 전달하는 종족언어 표현관습이라는 궤도를 활용하여 명사의 중요성을 강조하고 있다. 아베라르는 존재를 표지하는 보에티우스의 표현론에 집착한 나머지, 존재 관례를 지나치게 단순화하고 동시에 명사 표지에 대하여 불안한 심리작용을 드러내고 있다. 아베라르는 고전시대 저작자의 관례와 전혀 다른 면모의 존재 관례를 지니고 보편타당한 존재 관례를 주요 표현도구로 인식해 왔다. 아베라르는 종족언어 표현관습의 궤도로 존재를 전달하는 소리를 주요 존재 서술도구로 인식하여 존재 표지와 표현론을 소리와 분리하고 있다. 그래서 아베라르는 표지와 표현론이 소리에 대하여 변화될 수 있는 가능한 관계를 설정할 수 있었다.

아베라르는 당대인의 종족언어 표현관습으로 전달되던 존재를 소리의 대비물에 일치시키고 존재와 성사관습의 조화를 찾아내어 문장 서술영역을 표면화하고 있다. 뿐만 아니라, 아베라르는 입수할 수 있는 고전시대 저작자의 관례에 대한 인식론의 배경을 검토하고 있다. 아베라르의 이 같은 업적은 유럽 근대 학문을 출발시킬 수 있었던 초석으로서 높이 평가받아야 하리라고 믿는다. 아베라르는 종족언어 표현관습으로 전달되는 순수한 종족언어 표현관습, 신학 의미론, 상상력의 인식작용 등에 관해서는 거의 언급하지 않고 있다. 아베라르는 존재와 존재 관례의 관계에서 인식론에 합당하도록 신학의 존재를 선택하여 서술해야 한다는 기본 방향을 제시했다. 아베라르는 신학이 12세기 서양 중세세계 체제 학문이 되리라는 가설을 설정하고 체제학문으로서 논리에 따라서 서술했다. 12세기 신학은 정점에 위치했음에도 신비를 전혀 다른 방향으로 진행하여 또 다른 세계를 향하고 이었다.

4. 베르나르의 신비와 체험

4. 베르나르의 신비와 체험

베르나르는 신비를 다루는 과정에서 다수 저자자들과 함께 아베라르와는 반대 입장을 취했다. 신비를 분석하던 두 부류의 학문동아리를 분석해 보면 현대인들 생각처럼 그렇게 대단했던 것은 아니었다. 오늘날 이들 두 부류의 신비 해석자들을 살펴보면 신비 해석에서도 큰 차이를 드러내지 않았던 것으로 평가되고 있다. 아베라르도 수녀 보혜단에 보내는 탁월한 필치의 편지글에서 수도자 베르나르가 신의 존재를 새롭게 조명했던 인물이라고 평가하여 기술하고 있다. 질손은 아베라르의 필치에서와 같이 베르나르의 신비를 오늘날 학문 주제로 평가받게 했던 연구자였다.

아베라르와 베르나르는 신비와 신의 존재가 일치하는 합일점을 찾아냈다. 그렇다고 이 두 인물의 신비가 신의 존재와 청중의 관계에서도 동일한 반향을 일으켰던 것은 아니었다. 성사관습이나 신의 존재 전달방식이나 서술내용도 서로 달랐다. 여기서는 신의 존재에 대한 이 두 인물의 서술방법을 분석해 두고자 한다. 아베라르와 베르나르는 신의 존재에 대한 안셀름의 서술방법 분석에서부터 비판원리를 활용했다. 아베라르와 베르나르의 이 같은 안셀름 서술방식은 고전시대 저작자로부터 물려받은 신학을 탈피하고 오히려 새로운 신학영역에 접근하도록 보완하고 있다. 새로운 신학영역에 접근토록 보완해 주었던 것은 다름 아닌 『해석론』이었다.

『해석론』에서는 신의 존재 정의에 필요한 전제를 제시하고 있다. 즉, 『해석론』에서 다루고 있는 신의 존재 정의는 전제를 활용하여 11~12세기 저작 환경을 바꾸어 놓았다. 안셀름은 논리학의 영역에서 타당한 판단기준의 인식작용이 종교의 신비와 양립할 수 없다는 전제를 제시했다. 베르나르는 안셀름의 이런 수도자동아리 신학에 기초하여 신의 존재와 성사관습의 연계점을 설정하고 있다. 베르나르는 저작물에서 신의 존재와 존재 표지를 서술하고, 표현방식과 구상논리를 비판하면서도 신의 존재에 대한 서술과 비평이 서로 조화되도록 타협점을 찾아냈다. 아베라르는 베르나르와는 서로 대조를 이루고 있다. 아베라르는 신의 존재를 서술하는 과정에서 성사관습과 신의 존재를 종족언어 표현관습에 일치시켜 해석자에게 비평 부담을 전가했다. 아베라르는 『신학』에서 '타당한 판단기준의 인식작용', '신의 존재 근거', '신의 존재 전달소리'가 서로 대등하다고 단호하게 지적했다.

그러나 아베라르는 『존재와 비존재』에서 다양한 삼위일체 성사관습을 비롯하여 윤리와 도덕의 차이를 분석하고 있다. 아베라르의 『존재와 비존재』에서는 직접이든, 간접이든, 특정한 신의 존재가 저작물의 성사 존재관습에 담길 수 있기까지의 축적과정에 대해서도 분석하고 있다. 아베라르는 『존재와 비존재』의 어디에서든 종족언어 표현관습으로 전달되던 신의 존재 관례를 중시했다기보다는, 타당한 판단기준의 인식작용과 종족언어 표현관습이 일치한다는 점이 고전시대 저작자의 성사관습과 연계되어 있다고 지적하고 있다. 아베라르는 『존재와 비존재』에서 신의 존재와 성사관습의 역할을 두 가지 방향으로 분석하고, 문법 활용방법을 예시했다. 서양 중세세계 최근세대 인물로서 아베라르는 신의 존재를 존재 가치로서 평가하지 않고, 개인뿐만 아니라 공동체 구성원의 일상생활에서까지도 신의 존재를 더욱 표면화하고 있다. 물론 당시에도 전문 지식은 존속했을 것이다. 그런데도 당시까지 전문 지식은 현존 존재에서 입증했듯이, 성사관습 증거를 전제하여 법전을 작성하려는 것과도 관련되지 않았다. 존재 관례로서 구성된 전문 지식은 신의 존재에 대한 『해석론』을 공동체 구성원의 표준체험과 관련 지우고 있다.

여기서는 이제 신의 존재와 성사관습이 물론 정전과 함께 수도자동아리의 결속모형인 공동체 조직을 생성하여 공동체 구성원의 행동을 표면화하는 역할을 담당했다. 그래서 정전의 성사관습은 결속모형과 관련하여 신의 존재 문제를 제기하게 되는 것이다. 물론 정전에 담긴 성사관습과 신의 존재에 대한 전문 지식은 종족언어 표현관습으로 전달되었다. 물론 성사관습에서는 타당한 판단기준의 인식작용이나 감각의 인식작용으로 파악했던 전문 지식이 빵과 포도주, 아니면 글자의 상징물과 관련되어 있었다. 타당한 판단기준이나 감각의 인식작용으로 파악했던 전문 지식이 상징물과 관련되어 있었다는 증거는 베르나르의 강론을 치스테르치아누스계 이단자가 실천 강령으로 활용했던 점에서도 확인되고 있다. 심지어 치스테르치아누스계 이단자의 설교로서 강론 사례에서 입증했듯이 정전의 성사관습을 발췌하여 당대 사회에서만 부합하도록 공동체 구성원들에게 전달했다. 이와 같이 치스테르치아누스계 이단자의 강론은 정전의 성사관습에 근거했다. 그래서 치스테르치아누스계 이단자는 그 조직 구성원을 정전의 성사관습으로 결속하여 감각과 정신의 인식작용으로 생활과 신학을 일체화하고 신의 존재를 활용하여 비판 능력을 키워나갔다.

치스테르치아누스계 이단자 조직은 서로 신의 존재를 행동으로 표면화하기 위하여 신의 존재와 성사관습에다 새로운 존재 관례를 첨가했다. 베르나르는 강론에서 신의 존재가 인간의 체험을 활용하여 종족언어 표현관습에 일치하도록 설교했다. 그러나 베르나르는 정전의 성사 집전과정에서 신학 이론의 관례를 정확하게 포착하지 못하고 있다. 그런데도 베르나르는 정전의 성사관습에 담긴 신의 존재를 이론의 관례에 가깝게 교회조직과 성사 개혁이라는 목표를 달성하기 위하여 행동으로 표면화하고 있다. 베르나르는 상징물 외형까지도 소리의 대비물로 전달되는 신의 존재에 근거하여 해석하고 있다. 소리의 대비물로 전달되는 정전의 성사관습을 상징물과 연계하여 해석한다는 것은 신의 존재 배경과 밀접하게 관련되어 있다. 신의 존재는 정전의 성사관습으로 통제됨과 동시에 신의 존재에 대한 표현방식도 다른 사람의 체험을 끌어들이고 있었다. 따라서 신의 존재는 체험의 포로 신세로 전락했다. 정전의 성사관습에 담긴 신의 존재에 대한 『해석론』은 서양 중세세계의 전문 지식인 형성과정에서 개인의 체험과 서로 보완하는 역할을 담당했다.

12세기 유럽세계에서도 금욕수행관습은 정전의 성사관습에 담긴 신의 존재를 표면화하는 요인이었다. 그래서 신의 존재는 성서의 해석방식과 함께 외부에다 다시 새로운 공동체를 조직하여 확장하는 역할을 담당했다. 개인의 체험은 새롭게 신의 존재를 만들어 내는 배경이었다. 개인의 체험은 일상 생활을 그대로 그려내고 있다는 측면에서 신의 존재 서술기능까지 담당하고 있다. 새로운 신의 존재는 물론 이런 저런 형태의 비평꺼리를 담아내며 비평 속성 때문에 성사관습 논쟁을 세속인의 여론형성 도구로 비화하고 결국 신의 존재는 기존 성사관습에 대한 비유담을 담게 되었다. 성사관습의 이런 서술기능은 베르나르로 하여금 신앙 표지를 그리스어나 라틴어계 성사관습으로부터 추적토록 안내하고, 기존 성사관습에 집착토록 공동체 구성원을 안내했을지도 모르는 일이다.

베르나르는 공동체 구성원들 앞에서 설교 형태로 새로운 성사관습을 역설하며 종족언어 표현관습 자체를 변화시키고 있었다. 정전은 성사관습을 행동으로 실행하고 성서의 성사관습을 중심으로 글자해독자와 이단자를 결속하는 역할을 담당했다. 아베라르와 베르나르는 소리로 새로운 성사관습을 전달하는 종족언어 표현관습을 분석하고 있다. 이 두 해석자의 종족언어 표현관습 분석은 베르나르의 경우 19장에서 제시했고, 아베라르는 저작물 『윤리학』의 “너 자신을 알라”에서 쌩-티에리의 빌헬름과 베르나르를 비판하며 제시했다. 물론 아베라르와 베르나르는 모두 치스테르치아누스계 이단자 공동체 구성원들이었다. 빌헬름과 베르나르는 아베라르의 제자들을 앞에 세워 두고 아베라르를 공개리에 비판했다. 아베라르는 1140년 6월 쌩 종교회의에서 비판을 받았고 로마 교황청에서는 교황 인노첸츠 2세(1130~1143, 로마인) 앞에 나서서 유죄판결도 받았다. 아베라르의 이런 삶은 빌헬름의 저작물인 「가요 중의 가요」 13장에 상세하게 담겨 있다. 물론 「가요 중의 가요」 13장에서는 아베라르의 신학에 대한 미비점을 열거하면서 신의 존재를 오류라고 지칭하며 신의 존재에 대한 평가와 성사관습의 한계를 다시 문제점으로 지적하고 있다.

아베라르의 신학 한계점은 비판자들의 정확한 평가에서 오히려 분명하게 드러나고 있다. 특히 베르나르가 아베라르의 신학에 대한 문제점을 실상 그대로 제시했다는 측면도 무시할 수 없을 것이다. 아베라르는 또한 「가요 중의 가요」 13장에서 신의 존재라는 주제를 서술하기 이전에 이미 검토되던 신의 존재와 성사관습의 연계점을 무수하게 제시했다. 이런 맥락에서 아베라르의 신학을 상징물을 중심으로 분석하면 몇 가지 특성을 지니고 있다고 하겠다.

첫째, 아베라르는 신의 존재와 성사관습을 서로 관련 지어 상징물을 지나치게 신봉하고 있다는 비난을 받은 적이 있다. 아베라르의 이 같은 신학 원리는 인간의 존재가 외형상 악마의 모습으로 나타나도록 서술한 부분에서도 지적될 수 있다(*W10*). 아베라르는 인간의 관례를 돌멩이나 풀잎을 활용하여(*1315*) 생겨난 것으로 지적하고 있다.

둘째, 아베라르는 삼위일체와 특히 성사의 회개부분에서 종족언어 표현관습을 배제하고 있다는 비판을 받은 적도 있다. 이런 맥락에서 아베라르의 신학 원리를 파악하면, 신의 존재에 대한 삼위일체 명칭을 '인간에 대한 속성 표지'라고 지적할 수도 있다(*W2*).

아베라르는 신의 성령을 아버지와 아들의 관계에서 생겨나지 않았다는 것이다. 아베라르는 신의 성령이 아버지의 몸에서 아들로서 태어나지 않았다는 관계로 서술하고 있다(*B2, W4*). 또한 크리스트는 악마와도 같은 세속인의 속박으로부터 인간을 단순하게 해방하기 위하여 살을 기증하지 않았다고 주장하고 있다(*B4, W7*). 아베라르는 제단 위의 빵과 포도주가 크리스트의 살과 피로서 저절로 변형되는 것만은 아니라고 강조하고 있다. 성사관습은 이전부터 현존 징표를 순환하기 위하여 공기 중에 존재하고 있다(*W9*)고 아베라르는 주장하고 있다. 아베라르는 존재의 서술에서도 신의 존재를 거부한 바 있다.

아베라르는 이와 관련하여 지나칠 정도로 명쾌하게 신의 존재에 대한 서술에서 성사관습을 거부한다고 주해에서 밝히고 있다. 아베라르는 주해자로서 생활언어 표현관습으로 전달되는 소리의 대비물인 신의 존재에 합당하도록 신의 존재를 신비에 일치시키고 있다. 아베라르는 신비에 일치된 특정한 성사관습을 가장 훌륭한 비존재 징표라고 지칭하고 있다. 아베라르는 구세주를 아버지라고, 그리고 아버지를 전지전능한 능력자라고 지칭하고 있다. 그런데도 아베라르는 아버지에게 몇 명의 아들이 있으나, 그 아들에게 성령이 없다는 것이다(*B1, W8*). 신의 존재는 인간이 아니라 영혼이라는 플라톤의 지적을 반복하고 있다(*W5*). 아베라르도 자기의 신학을 비판한 해석자를 비판하고 있다.

아베라르는 이 과정에서 신의 존재에다 전지전능한 권한을 부여하고 있다. 특히 아베라르는 언어 표현원리를 소리로 전달되는 신의 존재와 종족언어 표현관습에 일치시키고 있다. 아베라르는 신의 존재 표상을 종족언어 표현관습에 관련 지우며, 인간의 결속관계에 접근하고 있다. 아베라르는 자기의 희망을 행동으로 표면화하고 법칙에 따라서 행동하며 미리 예정된 시간과 장소에 따라서 신의 존재를 변화시키고 있다(*B7*). 아베라르의 시각에서 신의 존재는 인간의 모든 일을 이미 알고 예지로 충만해 있다. 그러나 신의 존재가 자비롭지만은 않았던 것으로 인식하고 있다(*B13*).

아베라르는 신의 존재를 서술하는 과정에서 신의 존재를 감각의 인식영역으로부터 분리하려고 시도하고 있다. 크리스트는 공포 분위기로서 정신을 자극하지도 않았고, 미래 생활에 대하여 순결한 공포심조차도 나타내지 않고 있다(*B14*). 신의 존재는 법칙까지 준수하며 신의 정치에 대하여 어떤 해답도 제시하지 않고 있다. 신의 존재는 악마를 방지해서도 안되고, 방지할 수도 없었다(B17). 신의 존재는 율법의 구속력과 미구속력을 사도에게 부여했으나, 그 계승자에게는 부여하지 않았다(B11). 특히 아베라르는 모든 진실한 체험에서 터득한 신의 존재에 집착하고 있다는 비난을 받고 있다.

신앙의 체험은 '신의 존재(비판)가 시각의 인식작용에 나타나지 않는 것'이어서 인간이 아담에게서 죄를 물려받은 것이 아니라, 단순한 '형벌'만을 물려받았다(B8, W11)는 것이다. 신앙의 관례로도 유대인은 크리스트의 죽음에 대하여 아무런 책임도 없다는 것이다. 유대인은 그저 무지한 상태에서 범죄를 저질렀기 때문에 죄 의식 탓으로 돌릴 수 없다고 지적하고 있다(B9). 도덕과 윤리에서 죄의식의 전제조건은 양심이었다. 인간은 은총의 도움 없이는 자유롭게 선택할 수 있는 능력과 행동할 의지도 지닐 수 없었다는 것이다(W16, B6). 감각의 인식작용이 욕망과 같은 단순한 현상의 결함을 도덕과 윤리에 대한 죄의식이라고 표현하지 않고, 천성에 불과했던 것이라고 표현하고 있다(W13).

죄의식에는 조화도 있고, 신의 존재에 대한 경멸도 있으나, 신의 존재에 대하여는 진정한 비난 가능성이 나타나고 있다는 것이다(W12). 이러한 점에서 아베라르의 신학은 미숙하면서도, 정신의 인식작용 관점에서 보면, '무식자'와 동시에 문법의 논리체계, 서술에 대한 이단자요, 정전의 성사관습을 조작하는 중심 인물을 묘사하고 있는 것이나 다름없다. 아베라르는 베르나르와 같은 특정한 저작자에게 신의 존재 관례를 통하여 대비되는 전문 지식과 종족언어 표현관습을 성사관습 취지에 합당하게 서술하도록 묘사하고 있다.

존재 서술과정에서 아베라르와 베르나르는 방법상의 차이를 드러내고 있으나 두 해석자는 정전의 성사관습을 당대인의 의례관습에 도입하고 있다. 이미 추적한 대비물의 이용방법을 분석해 보면, 아베라르는 정전의 성사관습을 이용하여 의례관습 문제의 해결점을 제시하고 있다. 그러나 아베라르는 종족언어 표현관습으로 전달되는 정전의 성사관습을 다양하게 지적하며 신의 존재를 서술하고 있다. 아베라르는 성사관습 논쟁을 신의 존재에 합당하게 해석하고 있다. 또한 아베라르는 성사관습의 인식방법을 제시하고 있다. 특정한 문제, 성사관습은 인식론 문제로서 철학에 근거하느냐, 신학에 근거하느냐에 대한 타당한 해결점을 무시하고 있다.

성사관습을 서술하는 과정에서 베르나르는 아베라르와는 다르게 서술 흐름을 파악하려고 시도하고 있다. 베르나르의 이런 성사 서술방식은 아베라르의 신학 논리와는 정반대였음이 확실하다. 베르나르는 신학의 성사관습에 대하여 문제를 제기하며 이미 『성서』와 교부들의 성사관습에 바탕을 두고 있다. 정전은 신비를 해석하는 도구였다. 새로운 성사관습은 고전시대 성사관습을 보충하지 않았다. 즉, 신비에 대한 베르나르의 성사관습은 이미 지적된 바와 같이 종교, 심리학, 『해석론』에 대한 체험의 구성물이었다. 성서 연구의 근본 취지는 성사관습을 활용하여 전문 지식을 발전시키려는 것이 아니고, 고전시대 인간의 정신작용과 같은 자의식으로서 스스로를 다시 결속하고자 시도하려는 것이었다. 베르나르의 시각에서 수도원과 같은 공동체는 문헌상에서 확인된 개인, 즉 공동체 구성원의 특정한 생활 공동체로 인식되었다. 베르나르는 신비를 활용하여 소리의 표상이 심리작용으로 신비를 종족언어 표현관습에 일치시키는 과정을 찾아내고 있다. 또한 신비에 대한 베르나르의 분석 취지는 흔히 암시할 수 있던 존재 관례를 반복하면서 어느 정도 성과를 달성하고 있다. 베르나르는 존재 관례를 반복하여 활용하며 새로운 신비 관례를 창출함으로써 목적을 달성하고 있다. 설교는 개인을 충동케 하여 격정의 성사관습으로 실천하도록 자극하고 있다.

그러나 베르나르는 이전부터 수도원에서 저작자들이 활용하던 표현기법을 완벽에 가깝게 구사하고 있다. 언어 표현원리를 인식하기 위하여 레크레르크는 사람이면 누구나 성자 베네딕트가 그 자신에게 '독서'와 명상으로 회개해야 한다는 설교 내용을 상기해 주고 있다. 12세기 서양 중세세계에서도 존재 관례는 변화하고 있었다. 수도자들은 언제나 오늘날 같이 두 눈을 가지고 독서하지 않고, 시각으로 보면서 소리내어 읽고, 소리로 전달되는 신의 존재를 경청하고 귀를 통하여 신의 존재가 들려오는 소리를 들으면서 책을 읽고 있었다. 청각의 인식영역에서 해독은 '해독하다'가 '파악하다'나 '분석하다'란 의미를 지니고 있었다. 당대인은 정전을 소리내어 읽는 것과 마찬가지로, 정전의 성사관습을 인식하고 있었다. 수도원 주변에서도 정전의 성사관습을 서술하여 새로운 성사관습에 영향을 미치고 있다.

정전 해독자와 정전은 체험영역 확장과 함께 당대인 심리상태에도 변화를 가져오고 있었다. 정전은 청각의 인식작용으로 전달되던 성사관습을 청각과 시각의 인식작용에 일치시키고 종족언어 표현관습으로 전달되는 신의 존재를 창출하고 있었다. 바로 이러한 점에서 '명상'은 특정한 성사관습 대사를 암기함으로써 '해독'과도 분리될 수 없었다. 특히, 수도자동아리에서 정전, 즉 성서나 성자전기의 봉독은 성사관습으로 진행되지 않았지만 공동체 구성원 형제에게 여러 종류의 성사관습에 담긴 구절, 즉 색깔과 피부, 인물의 의복, 행동거취, 동작과 같은 표지 묘사를 읽고 상상력의 인식작용으로 현상을 파악토록 보완했다.

수도원의 정전 봉독자는 자기 마음을 신의 존재에다 끌어들이고 다시 감각의 인식작용으로 초보자 단계의 신비 인식으로 과거세대 인간의 체험을 재생했다. 과거세대 인간의 체험 재생은 '전문 지식'을 축적하여 신의 존재와 인간의 결속관계를 전달하도록 보완했을 가능성도 있다. 수도원의 정전 봉독자 자기 앞에 나타나고 있는 과거세대 인간의 체험 재생은 현재와 교차하는 신비 인식능력에 근거했다. 물론 과거와 현재의 체험에 대한 인식작용은 정전 봉독자의 자의식과 같은 인식작용이 정전과 신앙 사이에서도 생겨나도록 자극했다는 것이다. 베르나르의 이런 의도는 전달된 신비를 종족언어 표현관습에서 확인하려는 것이었다. 12세기 다수 설교자와 마찬가지로 베르나르 역시 정전의 성사관습과 종족언어 표현관습의 일치를 언급하지 않고 있다.

1135년과 1153년 사이에 저술된 베르나르의 저작물인 「찬미가에 대한 강론」에서도 종족언어 표현관습과 신비의 일치가 고전시대 인간의 느낌과 동일했다고 언급하고 있다. 베르나르는 종족언어 표현관습과 신비의 일치를 반복하여 표현할 필요성을 느끼지 않았을 것이다. 신비를 아주 단기간에 걸쳐 인식해야 했다면, 신비는 아마 전달될 가능성이 없었을 것이라고 베르나르는 판단하고 있다. 베르나르의 찬미가에는 종족언어 표현관습으로 전달되는 '소리의 존재', 즉 문장을 통하여 전달되는 '존재의 서술내용'에 따라서 '존재 관례로' 전달되기 때문에, 그 존재가 비록 잊혀졌더라도 더듬어서 찾아내기란 용이했을 것이라고 부언하고 있다.

어디에서든, 베르나르는 문헌 해석과 여러 가지 창작 단계에서도

독자성을 유지하고 있다. 처음 편지글에서 베르나르는 세 가지 창작 단계, 즉 '집필과 내용조합', '교정과 전사', '출간과 전사' 등에 관해 언급하고 있다. 두 번째 편지글에서 베르나르는 소규모 집회에서 '내용을 발표하고', 집필하고, 음미하며 수정하고, 명작 선집에서 발췌하는 것 등을 언급하고 있다. 서술하기 위하여 제시한 저작 방법은 당대인에게서도 확인되고 있다. 당대인은 흔히 공증인, 수집가, 혹은 존재 발견자로서 역할을 수임하고 있다는 사명감을 지녔던 것으로 확인되고 있다.

그래서 베르나르의 저작 방법을 다음과 같은 개요로 설명할 수도 있다. 즉, 순수한 존재 서술이나 전사 단계는 언제나 다른 사람들의 손을 거쳐 진행되었다. 교정과 출간작업은 저작자의 손으로 진행되었으며, 흔히 교정은 출간되기 직전에 진행되기도 했다. 물론 강론집은 일단 출간되면 '저작물'로 간주되었다. 세 개의 중요한 교정 과정은 나름대로 독특한 영향을 미치면서 발전했다. 그러나 베르나르의 강론은 상상력의 인식작용과 종족언어 표현관습으로 전달되는 성사관습의 표현원리를 활용했기 때문에 1000년대와 완전히 단절되지는 않았다.

다음의 검토과정에서 베르나르는 『찬미가에 대한 강론』에만 오로지 집중하고 있다. 『찬미가에 대한 강론』의 분석 내용은 치스테르치아누스계 이단자 공동체 내부에서 유지하던 기존 성사관습이나 금욕수행관습을 염두에 두지 않고 있다. 베르나르는 이단자 공동체 구성원에게 신의 존재에 대하여 영향을 미치고 있다. 신의 존재에 대하여는 물론 논쟁의 여지를 내포하고 있음도 사실이다. 그러나 『찬미가의 강론』은 이단자 공동체 내부에서도 기존 성사관습을 능률 위주로 유지하도록 변화시키고 있다. 베르나르는 『찬미가의 강론』에서 종족언어 표현관습을 분석했다.

정전의 성사관습은 공동체의 성사관습 문제에 초점을 맞추는 방향에서 제기되고 있다. 베르나르는 서론을 대신하여 첫 번째의 강론을 상세하게 분석하고 있다. 첫 강론에서 존재 표상과 존재를 구분하는데 주의력을 집중하고 있다. 아마 존재 표상과 존재를 구분하려는 주제는 주의력 집중을 분석하기 위한 「성사관습에 대한 주지사항」으로서 역할을 담당할 수 있었을 것이다.

4.1. '찬미가의 관례와 강론'

찬미가에 대한 베르나르의 『강론』은 「찬미가 중의 찬미가」라는 표제로 진행되고 있다. 『찬미가의 강론』을 분석하기에 앞서 「찬미가 중의 찬미가」의 강론을 대략 다음과 같이 요약할 수 있다. 수도자들은 이 세상에 살고 있는 사람 이상으로 다른 영양분을 필요로 하며, 수도원 입문이 다른 세상으로 가는 것이라고 베르나르는 설명하고 있다. 수도자 형제들은 오래도록 천국에 대한 소리, 즉 신의 존재가 부여한 율법을 지켜 나가기 위하여 분주하게 지내왔다. 이 시점에서 형제들은 자기의 말문을 열고, 우유가 아니라 솔로몬의 빵, 즉 찬미가의 표상을 받아들일 수 있을 것이라고 지적하고 있다. 신의 율법에서 성직자들은 형제에게 이 세상의 헛됨을 알아내어 멀리하라고 가르치고 있다. 성직자들은 물론 이런 생활과 행적을 어떻게 지켜나갈 것인가 문제를 제기하고 있다.

『복음서』에서는 이런 생활과 행적을 지키려는 '친구'를 위하여 찬장 속에 세 개의 빵 덩어리를 넣어 두었다는 것이다. 성직자들은 그

세 개의 빵 덩어리 중에서 두 빵 덩어리를 시험했다고 암시하고 있다. 성직자들이 세 번째 빵 덩어리를 왜 그 때 시험하지 않았는가라는 문제를 베르나르는 제기하고 있다. 이미 『구약성서』에서는 세 개의 빵 덩어리를 세 가지 이런 생활과 행적으로 기록하고 있다. 이 세 가지 이런 생활과 행적 중에서도 두 가지 이런 생활과 행적은 악행을 의미하고 있다. 그 두 가지 악행은 세속의 허영심과 무절제라는 것이다.

첫 번째 빵 덩어리를 나타내는 성서 내용은 도덕과 윤리를 제시하며 생활 개선을 그리고 있다. 두 번째 빵 덩어리를 나타내는 성서 내용은 타당한 판단기준의 인식작용으로 허영심과 진실을 구분하고, 그 차이점을 찾아내어 세속 이해관계보다는 신의 존재에 대한 두려움에 벗어나려면 신의 율법을 우선 준수해야 한다는 것을 권고하는 것이다. 또한 신의 존재를 잊지 않는 것은 지혜의 출발점이며, 신의 존재를 잊는 것은 공포의 출발점임으로 율법을 준수해야 보상의 극점에 이르게 된다는 것이다.

즉, 유일하게 타당한 판단기준의 인식작용에서 나오는 인간의 지혜는 악을 피하는 것과 선을 행하는 것으로 구성되어 있다. 따라서 어떠한 선행도 신의 계율을 준수하지 않고는 불가능하다는 것이다. 바로 이러한 점에서 수도자들은 현세의 무절제를 과감하게 탈피하도록 신의 존재로부터 인간의 지혜를 전달받아야 한다는 것이다. 실제로 신의 존재는 무엇보다 육식을 억제하고, 현세의 허영심을 추방하라고 지적했다는 것이다. 눈먼 장님은 빛을 볼 수 없으며, 동물인 인간은 신의 존재에 대한 강론에서 무엇이 생겨나는지를 인식하지 않고 있다는 것이다.

그러나 누가 세 번째 빵 덩어리를 깨뜨릴 수 있는가라는 문제를 베르나르는 제기하고 그 빵 덩어리에는 “그 빵을 깨뜨리는 과정에서 구세주를 알라”고 기록되어 있다고 지적하고 있다. 베르나르는 신비 표현자를 종족언어 표현관습이 아니라고 다음과 같이 언급하고 있다. 즉, 형제들은 그에게서 아무 것도 추구할 것이 없는 것처럼 인식하고 있음이 틀림없다.

베르나르는 스스로 찬미가에 담겨있는 신비에 대한 신의 계시와 신에게 두 손으로라면 신의 권능에 따라 빵을 부숴 달라고 요청하고 있다. 더욱이 베르나르는 빵을 언급하면서 도대체 누가 있으며, 그리고 도대체 누구인지를 알고서, “그가 나의 입에 입맞춤하려는가”라는 문제를 제기하고 있다. 어떤 이유로 이러한 감탄사가 존재의 시발점에서부터 나타나게 되는가라는 성사관습 문제를 제기하고 있다.

찬미가의 성사 존재관습은 상대자가 제3자에게 응답하는 것처럼 종족언어 표현관습의 존재를 소리로써 파악하고 있다. 그렇다면 왜 ‘그의 입에 대한’ 입맞춤이 있는가라는 문제를 제기하고 있다. 입맞춤은 정전 해독자를 체험 영역에 유혹하여, 정전에 담긴 신의 존재를 감각의 인식작용으로 느끼게 만드는 마력을 지니고 있다. 베르나르는 인간이면 누구나 존재의 출발점이 없는 찬미가에 즉각 감동을 받게 되며, 찬미가 또한 동작의 진행과정을 인간의 정신작용으로서가 아니라 감각의 인식작용으로 신의 존재를 느끼도록 표현하게 된다는 명확한 증거를 제시하고 있다.

베르나르의 주제는 역시 나름대로 찬미가에 신의 존재가 담겨 있음을 내포하고 있다. 솔로몬은 히부르종족에게 평화를 표지하고 있다. 솔로몬의 찬미가는 유다종족에 대한 입맞춤으로 시작하고 있다. 그래서 솔로몬의 찬미가는, 즉 평화의 징표로 시작하게 되는 것이다. 입맞춤은 현세의 근심거리를 배제하고, 평화를 찾는 사람들로 하여금 현재 있는 그대로의 상태에서 정전에 담긴 신의 존재를 인식하도록 만들 것이다.

성서에서 평화는 그 같은 신의 존재를 나타내고 있다. 성서에는 또 한 가지 찬미가를 싣고 있다. 즉, 찬미가는 이스라엘인들이 이집트인의 속박으로부터 해방된 이후 자유에 관하여 부른 노래이었을 것이다. 유디트와, 사무엘의 어머니를 포함한 몇 명의 예언자들은 '찬미가를 불러서' 신의 존재가 평화를 전달하고 있다는 관습을 입증하고 있다. 또한 찬미가는 대개의 경우 특수한 동기들을 내포하고 있다. 반면에 솔로몬은 찬미가를 작곡하게 만들었음에도 현세에서 어떤 보장도 받을 수 없었다. 찬미가는 독특한 존재를 서술하고 있다.

찬미가는 크리스트 교도의 혼인과 관례의식까지도 아주 특이하게 서술하고 있다. 그래서 찬미가는 이러한 성사관습 1에 편입되었다. 찬미가는 소리의 대비물을 활용하여 신의 존재 권능을 전달하고 있다. 찬미가는 영혼의 욕망을 세밀하게 표현하고 있다. 솔로몬은 적어도 시나이 반도의 사막에서 찬미가를 활용하여 모세에 못지 않게 진실한 표정이 신비에 쌓이도록 표현하고 있다. 거기서 베르나르는 자기의 형제에게로 시각을 전환시키고 있다.

만약 형제들이 자기 나름대로의 체험을 다시 음미하게 되는 경우, 그 형제도 역시 구세주를 위하여 새로운 찬미가를 부르지 않았겠는가라는 문제를 제기하고 있다. 베르나르는 현세의 허영심과 절제의식의 상실이라는 두 가지 악으로부터 형제들을 구제하고 있다. 형제의 회개는 그로부터 받는 죄에 대한 용서일 뿐만 아니라, 내세상에 대한 보상이라는 포부까지 가질 수 있었다. 그렇다면 형제들은 이전보다 더욱 성의 있게 구세주의 찬미가를 부르지 않았겠는가라는 의구심을 표시하고 있다. 흔히 성서에 담긴 신의 애매한 존재는 갑자기 상상력을 풍부하게 만들 수도 있다. 신의 구원에 감사하여 신의 두 귀에 들리는 노래 소리에 매력을 부여하는 것이 존재의 구원인가라고 베르나르는 자문하고 있다.

어느 누구도 유명한 사건을 예상할 필요는 없다. 일상생활의 시련과 경쟁과정에서 수도자들은 사소한 극복내용 — 극복한 유혹, 해탈한 악행, 억제된 감정, 최종의 실행단계에서 성취한 덕행 — 에 대하여 감사하다고 노래하고 있다. '그와 같은 모든 사례에서 우리는 최후 심판일에' "너희들의 정당한 행위는 나의 행로가 아닌 나에 대한 찬미가의 제목이다"라고 말하지 않으려고 찬미가 내용을 떠벌리며 알리고 있다. 베르나르는 자기의 형제들이 찬미가에 담긴 신의 존재를 이미 체험했다는 것이다. 베르나르는 형제들이 「찬미가 중의 찬미가」를 부르면서 각각의 실행단계에 합당한 존재의 표상을 이미 터득하고 있었다고 부언하고 있다. 완성을 목적으로 상승하는 각 단계에 따라 특정한 존재 관례를 담고 있는 찬미가와 성가는 성서가 가르치는 존재의 관례에 따라 불려져야 한다는 것이다.

그러나 「찬미가 중의 찬미가」는 은총을 가르쳐 주고, 체험으로 신의 존재를 터득하도록 도움을 줄 수 있다. 즉, 찬미가의 관례를 파악하지 못한 자들은 찬미가의 의식관행을 터득하고자 하는 욕망보다는 오히려 감각으로 신의 존재를 터득하려는 욕망으로 불타고 있다. 찬미가에 담긴 신의 존재는 입으로부터 나오는 일종의 만족이며, 입술에서 떨어지는 소리가 아니라 기쁨에 대한 일종의 동작, 즉 음률의 조화는 소리가 아니라 의지의 소리라고 지적하고 있다.

찬미가의 소리를 외형으로는 들을 수는 없다. 즉, 찬미가로 찬미의 대상이 되는 구세주를 원앙 같은 신부와 신랑이 일정의 결혼축가에 어울리게는 그 찬미가를 들을 수 없다. 무엇보다도 찬미가는 나약하고 불안전한 영혼이 들을 수도, 부를 수도 없다는 것이다. 인간이면 누구나 성숙하여 혼인하고, 또한 신비를 체험하며 살아가고 있음은 틀림없다. 이제 『찬미가』에 대한 강론의 주제와 언어 표현원리를 조금 더 세밀하게 검토할 수 있게 되었다.

『찬미가』에 대한 강론의 출발점은 두 가지 방향으로 서로 연계되어 『찬미가』를 비교하고 있다. 『찬미가』의 출발점은 세속의 생활내용과 정신의 인식작용 사이에 있다. 『찬미가』의 두 번째 출발점은 정신의 상승 정도에서 내재하고 있다. 수도자들은 진부한 틀에 박힌 생활을 떠나 있는 사람들로서 수양에 전념하고 있다. 따라서 수도자들의 지탱기반은 『찬미가』와 함께 '더욱 공고하게' 될 것이다. 시각의 인식작용에 나타나지 않더라도 바로 수도자의 정신작용으로 파악한 『찬미가』의 존재는 가사에 따라서 더욱 고조되고 있다. 수도자들은 사도 바오로의 관례에서 '성사관습 진행과정'을 표현하고 있다. 이처럼 수도자들은 우유가 아닌 고기, 즉 우리가 다음의 한 문장에서 터득하겠지만 실제 성사관습의 '빵'인 정신의 고기를 부여받았음이 틀림없다.

베르나르는 수도자 개인이 종족언어 표현관습으로 전달되는 소리에서 『찬미가』를 다음과 같이 활용하고 있다. 즉, 수도자들은 개개의 생명체를 필요로 하고 있다. 수도자는 이 세상에 살고 있는 사람을 자기네와는 별개의 생명체로 인식하고 있다. 그럼에도 대개의 경우 수도자는 "서로 다른 찬미가를 필요로 하고 있다." 수도자들은 또한 영감의 인식작용으로 찬미가를 파악하고 있다. 영감의 인식작용으로 파악한 수도자의 찬미가도 원리상에서 교리가 아닌 성사관습에 영향을 미치고 있다. 사도 바오로는 자기의 강론에서 '신의 존재에 대한 인식방식'을 제시하고 있다. 베르나르는 '찬미가의 강론에서 신의 존재를 가르치고' 있다. 베르나르의 시각에서 저작물의 성사관습은 수도자의 마음가짐을 고양해주는 역할을 수행하고 있다. 수도자들은 '신의 존재를 경배하는 마음으로' 오래도록 살아왔고, 주야로 '신의 법률을 지키면서' 선을 행하고 있다.

수도자들은 '입에서 나오는 찬미가로 부터 신의 존재를' 들을 수 있다. 또한 수도자들은 찬미가에서 신의 존재를 전달하는 빵을 찾다가 다시 먹을 빵을 찾고 있다. 그 빵의 표상은 성서와 교부들의 의식관행뿐만 아니라, 어렵게 살아가는 농민의 생활 자체에서부터 생겨나고 있다. 그러나 수도자는 정신의 인식영역에서 신의 존재를 찾아가는 임무를 수행하고 있다. 수도자는 정신의 인식영역에서 우유와 고기, 그리고 빵을 신의 존재에 부착된 것으로 강조하고 있다. 내세상은 수도자에게 더욱 명확하게 다가오고 있다. 이어서 마음의 인식영역에서는 내세상과 신의 표상을 동시에 떠올리게 되는 것이다. 신의 표상은 감각의 인식작용으로 더욱 뚜렷하게 파악되고 있다.

수도자들은 신의 존재에 대한 서술내용을 성사 존재관습의 상징물로 파악하고 있다. 즉, 찬미가의 성사관습은 신의 존재에 대한 기원을 나타내고 있다. 수도자들은 빵을 크리스트의 징표로 인식하고 있다. 또한 베르나르는 새로운 성사관습 주석에서 틀림없이 기존 성사관습을 어느 정도 매혹스럽게 느낄 수 있도록 인식해야 한다고 권고하고 있다. 기존 성사관습에 대한 주석은 동시에 전개 단계에서부터 신이 존재에 대한 관심을 정신의 인식작용으로 전환하고 있다. 거기서는 세 권의 저작물과 세 개의 빵 덩어리를 언급하고 있다. 성직자들은 수도자들에게 "현세 허영을 멀리하라"고 가르치고 있다.

그러나 신이 법률은 수도자의 '생활, 도덕, 윤리'를 가르치고 있다. 그러나 그 다음 불과 몇 행으로 표현한 수도자의 전문 지식은 신의 지혜를 전달하는데 그치고 있다. 비록 수도자의 전문 지식에 교리가 관련되어 있다 하더라도, 그 전문 지식은 주로 저작물의 성사관습에서 체험하는 신의 지혜를 행동으로 표면화하고, 다시 신의 존재에게로 돌아가도록 작용하고 있다. 저작물의 성사관습에 담긴 지식은 신의 존재를 서술하면서 '개선됨과 동시에 보완되고' 있다.

'개선되고 보완된 지식'은 성사관습과 신의 존재를 서술내용 속에 일치시키고 있다. 그러나 베르나르는 서술내용의 문제를 직접 언급하지 않고 있다. 교리와 신의 존재문제는 명확하게 이제 막 표면화되고 있다. 두 권의 저작물은 너무나 방대하여, 베르나르의 서술내용에서 단순하게 행동과 규범의 지침으로 활용될 수 없었다. 두 권의 저작물은 기존 저작물로부터 발췌하여 서술 규칙을 준수하기 위하여 순서에 따라서 배열해야 했다. 이들 저작물에서는 또 성서를 실제로 있는 그대로의 성사관습으로 인식하고 있다. 그 반면, 이들 저작물에서는 신의 존재와 신비를 실제의 상황에 따라 소화하지 않고, 역시 저작자의 체험에 근거하게 된다는 것이다.

다시 성서 유형의 저작물은 정신의 인식작용을 서술하면서도 체험으로 파악한 신의 존재를 표면화했다. 성직자들은 성사관습을 곡괭이로 활용하며 더욱 예리하게 다루고 있다. 빛은 타당한 판단기준의 인식작용으로부터 나오고 '세속의 허영심을 타당한 판단기준의 인식작용으로 인식한 신의 존재에 대한 확증과 구분하고' 있다. 성사관습의 빵과 그 빵이라는 신의 존재에 대한 외형은 확증과정을 거쳐 인식영역에서 찬미가에 담긴 신의 존재와 일치하고 있다. 두 권으로 되어 있는 『구약성서』는 도덕과 윤리의 개조과정을 각 단계에 따라 구분하고 있다.

베르나르는 윤리에서 신의 존재에 대하여 복종하도록 가르치라고 권고하고 신의 존재가 찬미를 명시하고, 타당한 판단기준의 인식작용에 대한 출발점이라는 것이다. 베르나르는 윤리와 신의 존재에 대한 복종이 일치했을 경우를 지혜의 완성 단계라고 단언하고 있다. 베르나르는 신의 지혜를 전지전능한 상태의 도덕과 윤리로 인식하고 실제로 신의 지혜를 받으면 '악행을 피하고 선을 행한다는 것'이다. 여기에서도 역시 신의 지혜에 대한 베르나르의 출발점은 성서의 성사관습으로 돌아가서 신의 지혜를 외면하고서는 어떠한 선한 일도 행할 수 없다는 것이다. 베르나르는 신의 존재를 정전의 성사관습과 서술내용에 입각하여 종족언어 표현관습과 서술원리에 일치하기 시작했다.

두 권의 책은 바로 정전의 성사관습과 종족언어 표현관습이 일치했던 사례에 근거하고 신비가 상승하는 단계로서 제3의 단계에 이르고 있다. 인간이면 누구나 개조단계를 거친 이후 신의 세 가지 '강론'에 접근할 수 있다는 것이다. '신의 강론'은 신의 존재와 인간을 결속하고 마음에서 뿐만 아니라, 청각의 인식영역에서 조차도 절제심을 생성한다는 것이다. 그럼에도 정전의 성사관습은 신의 존재와 체험이 일치한 상황을 종족언어 표현관습 영역에서 서술하고 있다. 신비는 일종의 '신에 대한 해독'인 찬미가에서도 언급되고 있다. 그 '신의 존재에 대한 해독'은 정신의 인식작용으로 육체를 진정하기 이전에는 수행될 수 없다는 것이다.

장님의 눈은 아무 것도 볼 수 없다. '동물로서 인간'은 신의 지혜를 인식할 수 없다. 현세 지혜도 신의 존재 앞에서는 어리석게 되어 있다. 신의 지혜는 정신과 '타당한 판단기준의 인식작용'으로부터 나오지만 신의 존재는 인간 혈족이 식사할 때 빵을 문자 그대로 부수어 주는 가부장으로 자리잡고 있다. 그러므로 신의 존재는 멀리 존재하면서 표지가 되고 있다. 게다가 신의 존재는 가까이 있으면서 종족언어 표현관습을 통하여 체험하도록 안내하고 있다.

베르나르는 신의 표상을 활용하여 신의 권위와 공동체의 결속원리를 전달하고, 신의 표상을 개인 대 개인의 도덕생활을 재구성할 수 있는 법률상의 정당한 근거로 활용하려고 시도하고 있다. 그래서 베르나르는 신의 존재를 성서의 성사관습으로 전달하고 찬미가에 신의 존재가 선조로서 담겨 있다고 묘사하고 있다. 베르나르는 후기 강론에서도 신비의 체험을 신의 존재라는 주제로 선택하고 있다. 그럼에도 베르나르는 신의 존재에 대하여 책임감을 회피하고, 타당한 판단기준의 인식작용에 대한 비중을 자기의 책임하에 두지 않고, 초연한 자세를 견지하고 있다.

베르나르는 타당한 판단기준의 인식작용과 신이 존재를 일치시키고, 신의 권능을 행위 은신처로 인식하고 있다. 베르나르는 타당한 판단기준의 인식작용으로 파악한 신의 존재가 형제를 서로 '분리자'로 만들었다고 지목하고 있다. 베르나르는 공동체 결속력을 찬미가에서 빵으로 표면화하고, 공동체에 대한 체험이 빵 덩어리를 산산이 부서지게 만들고 있다는 것이다. 베르나르는 성사관습의 대비물을 활용하여 자기 입장을 간략하게 표명하고, 자기 형제들이 신의 존재에 '의존하고 있다면', '아무 것도 기대할 것이 없다'는 것이다. 베르나르는 역시 '자기 수도자 형제들을 기대감을 가지고 기다리는 사람'이긴 하나 정신의 인식작용으로부터 자양분을 충분하게 공급받지 못하는 사람이라는 것이다. 베르나르는 저작물의 빵, 즉 '예지에 찬 마음의 인식작용'을 기다리며, 마음의 문을 열어 두고 어느 누구에게도 문을 닫지 않는 구세주에게 소원하고 있다.

베르나르는 구세주의 찬미가 속에 담긴 신의 존재를 통하여 형제들을 결속하고, 마음의 문이 열리게 되기를 기대하고 있다. 베르나르는 바로 이렇게 하여 신의 존재에 부합하도록 성사관습에 접근하고 정전의 성사관습을 행동으로 실천하여 형제들을 한 덩어리로 결속해야 한다는 의무감 같은 감정을 느끼고 있다. 베르나르는 신의 존재와 정신의 인식작용이 일치하여 만들어낸 신의 존재 표상을 입맞춤으로 표현하고, 이 입맞춤을 다음과 같이 묘사하고 있다. 베르나르는 입맞춤이 신비의 체험을 본능의 감각작용으로 파악하기 시작한 단계라고 확인하고 신의 존재가 감각의 인식작용으로부터 그 이상의 인식행위로 나아가고 있다는 것이다.

베르나르는 인간으로 하여금 '성사관습의 함축의미'를 더욱 심오하게 해독케 함으로써, 신의 존재를 분석하도록 유도하고 있다는 것이다. 표현자의 임무는 성사관습의 묘미가 그와 같이 풍부하면 그만큼 지칠줄 모르게 만든다는 것이다. 베르나르는 산문인 찬미가에서 신의 존재에 대한 종족언어 표현관습, 즉 정신의 인식작용과 글자로 신의 존재를 서술함으로써 신의 존재를 소리의 대비물에 담아 지속하려고 시도하며 찬미가를 신의 존재와의 대화로 인식하고 있다. 찬미가는 '신의 존재라는 전달자가 마치 이전부터 존재하고 있었던 것처럼' '한꺼번에 쏟아져 나오며', 전달자 신의 존재가 다른 관련자들과 마치

‘응답하는 것처럼’ 표현하고 있다.

그러나 왜 이 응답자라는 부인이 ‘신의 존재라는 표지와 명칭으로’ 자기의 입에다 입맞춤을 요구하고 있으며, 게다가 입맞춤이 마치 종족언어 표현관습인 것처럼 자신의 입에다 신의 입맞춤을 요구하고 있는가라는 문제를 베르나르는 제기하고 있다. 그리고 출발점 없는 신의 존재를 기존 성사관습에 포함하면, 누가 ‘새로운 성사관습’의 영향을 받지 않을 수 있는가라고 부언하고 있다. 베르나르는 ‘인간의 발명 능력’이 아니라, ‘정신작용의 원동력’ 때문에 저작물의 성사관습이 서술된 신의 존재임을 입증하고 있다. 인간은 저작물이라고 불리우는 ‘정전’을 지니고 있다.

정전은 실제로 ‘강론, 설교, 찬미가, 성사관습, 종족언어 표현관습’ 등의 형태로 신의 존재를 전달하고 있다. 더욱이 솔로몬은 이미 저작물의 성사관습을 ‘평화 표지’라고 지적하고, 신의 존재와 입맞춤이 실제로 감각의 인식작용으로 유형 혹은 무형으로 신의 존재에 대한 표지와 신의 명칭에 이른다는 것이다. 베르나르는 다시 거기서부터 타당한 판단기준의 인식영역으로 옮겨가 ‘신의 존재에 대한 인식을 평온에 빠져 있는 마음의 특수한 자율’이라고 부언하고 있다.

베르나르는 신의 존재에서 신비에 이르고 나서, 신의 존재를 담고 있는 찬미가가 순수한 정신의 인식작용으로 명확하게 나타난다고 언급하고 있다. 솔로몬은 크리스트, 사랑에 대한 신의 은총, 영원한 혼례성사 등을 성사관습으로 지적했다. 그럼에도 베르나르는 ‘신의 존재가 영혼에 작용하기를 갈망하여 미묘하게도 결혼 축가를 작곡하고’ 모세처럼 자기 얼굴을 신비로 감싸고 있다는 것이다. 그래서 정전의 성사관습은 신비를 민감하게 인식함으로써 신의 존재를 담고 있다는 것이다.

베르나르는 수도자 형제들이 함께 신비의 '체험'을 서로 교환할 것을 요구하여 새로운 찬미가를 불렀다는 것이다. 베르나르는 체험의 교환 요구를 보면 수도자 형제들의 신앙심이 현세를 이겨내지 못했든가 아니면 구세주가 수도원 형제들 앞에 기적을 행하지 않았든가라는 문제를 예상하고 있다. 찬미가에서는 신의 존재를 수도자가 체험하는 기적을 일종의 미사의식으로 다음과 같이 승화했다는 것이다.

첫째, 베르나르는 새로운 찬미가를 회개한 다음 죄를 사면 받았을 뿐만 아니라, 보상하겠다는 약속을 얻어내기 위하여 작곡했다는 것이다. 그러나 베르나르는 신의 존재에 대한 체험을 유일하게 기적으로 파악하지 않고 있다. 베르나르는 만약 수도자 형제 중에 어떤 특정한 인물에게 애매한 저작물의 성사관습이 갑자기 신비를 명확하게 표현하려면, 틀림없이 모두가 유쾌하고 높은 목소리 노래로 신의 두 귀를 즐겁게 만들어 주어야 한다는 것이다. 베르나르는 이 성사관습도 수도자 형제의 임무라고 부언하고 있다. 육체 노동, 세속의 일, 악행, 일상의 투쟁 등의 과정에서 조차도 승리의 노래를 매일 불러야만 한다는 것이다. 이런 일이 흔히 일어나는 세속 사회에서처럼 『이사야서』는 '찬미와 찬미가'를 울려 퍼지게 해야 한다고 기록하고 있다.

베르나르는 찬미가의 신비가 신의 존재를 체험하는 데서부터 생겨난다는 것이다. 베르나르는 수도원 생활 자체와 분리되는 저작물의 서술내용보다는 오히려 평범하면서 심오한 찬미가에 담긴 신의 존재를 더욱 중요하게 인식하고 있다. 그래서 베르나르는 저작물의 구성원리를 "신의 존재를 인식하다"라고 묘사하고 있다. 바로 이렇게 '신의 존재를 인식한다는 것'이 일종의 '찬미가'인 것이다. 베르나르는 신의 존재에로 나아가는 각 단계 마다 특정한 찬미가로써 구세주를 찬양해야 한다는 것이다. 베르나르는 강론에서 미사의식, 신의 존재에 대한 체험, 성사관습 등을 서술한 다음, 명확한 요약으로 다음과 같이 매듭짓고 있다. 즉, 찬미가는 기름을 뿌리는 행위를 통하여 신의 가르침이 전달될 수 있는데 지나지 않는다고 부언하고 있다. 또한 찬미가의 '체험'이 신학동아리에게도 전문 지식이 될 수 있다는 것이다.

이미 지적한 바와 같이 "체험으로 터득하지 못한 신의 존재에 대한 욕망은 오히려 신의 존재를 체험하려는 욕망으로 불타고 있다." 그래서 찬미가에 담긴 신의 존재를 단호하게 활용하지 못하고 있다는 것이다. 즉, 찬미가는 '정전의 성사관습 영역'이 아니라 '감각의 인식영역'에서 신의 존재를 인식하든, 아니면 저작물의 성사관습으로 인식해야 한다는 것이다. 그럼에도 찬미가에 담긴 신의 존재는 '청각의 인식작용으로 인식되지 않고', '공개리에 측정되지도 않으며'. 찬미가를 노래하는 가창자만이 노래 소리를 들을 수 있다는 것이다. 찬미가를 가창하는 신랑과 신부는 찬미가에 담긴 신의 존재를 알아차릴 수 있다는 것이다. 찬미가는 미사의식에서 신의 존재를 소리로 변형시킴과 동시에, '성사관습의 개혁'이라는 결속력을 대응논리 형식으로 파생한다는 것이다.

4.2. 신비와 신의 존재에 대한 체험

첫째 강론에서 신비의 평범한 구절들은 수도자의 실천의식이나 상투 어구들과 결합되어 새로운 성사관습을 넌지시 만들어 내고 있다. 신의 존재는 실제로 정신의 인식작용과 베르나르의 찬미가에서 모습을 드러내고 있다. 찬미가는 다시 신의 존재를 정신과 마음의 인식작용에 반영하여 신비와 신의 존재에 대한 체험 관계를 '찬미가' 이후 강론에서 계속 서술하고 있다. 여기서는 이제 찬미가에 담긴 신비와 신의 존재에 대한 체험의 관계를 분석하고자 한다.

두 번째 강론에서는 감각의 인식작용으로 파악한 신비의 주제를 더욱 분명하게 역설했다. 베르나르는 다음과 같이 고백하고 있다. 즉, "내가 크리스트의 모습이 현세에 나타날 것이라는 교부들의 열망을 떨쳐 버리지 못한 채 지내왔던 신의 존재에 대한 부단한 욕망을 돌이켜 보면, 언제나 비탄과 혼돈에서 헤어나지 못했다." 베르나르는 고백내용에다 표상에 대하여 다음의 두 가지 성사관습과 두 가지 소망사항을 포함했다.

첫째, 베르나르는 역사상에 존재했던 크리스트, 즉 '찬미가의 크리스트'를 언급하고 있다.

둘째, 베르나르는 자기와 같은 수도자 형제들이 신의 존재에 대한 해독자요, 청중이라고 언급했던 바와 같이 '감각의 인식작용으로 파악한 신비 주제'와 동일하게 크리스트가 재현되기를 바라고 있다.

베르나르는 과거세대와 최근세대의 성사관습을 비교하며, 교부시대 이후 결속하지 않고 있던 신앙심과 자기 스스로의 시대 상황을 비참하게 인식하면서도 정신의 인식작용이 단순하게 이완된 것은 아니라고 강변하고 있다.

베르나르는 소리의 대비물을 활용하여 신의 존재에 대한 수도자와 자기 스스로의 소망을 드러내고 있다. 베르나르는 '환생하실 크리스트의 모습'에서 은총을 자극받고 있는가 문제를 다시 제기하고 있다. 신의 존재에 대한 과거세대와 최근세대의 기대 가치는 두 찬미가의 첫 가사, 즉 "그(신)가 나에게 입맞춤하여 줄 것이다"라는 구절과 연계되어 있다. 베르나르는 찬미가에서도 신의 은총을 소망하는 교부들의 '열망'과 '기대감'이 나타나 있는 것으로 설명하고 있다. 당시 정신의 인식작용에서 사람이면 누구나 은총을 "그(신)의 입술로서 만들 수 있게 될 것이라고 느끼고 있다." 찬미가에 담긴 신의 존재는 또 다시 베르나르로 하여금 표상과 종족언어 표현관습으로 전달되는 가사의 성사관습으로 돌아가도록 감회를 안겨주고 있다.

베르나르는 신의 존재를 표상과 종족언어 표현관습에 일치시키고 있다. 신의 존재에 대한 교부들의 '열망'을 파악하고 있다면, "왜 당신은 나에게 예언자의 입술 동작으로 은총을 부여하고 있습니까"라고 문의했을 것이라고 베르나르는 부언하고 있다. 모세, 이사야, 예레미아가 이 세상에서 살기 이전부터 신의 존재를 대변하던 인물도 철저하게 '입술 동작으로서 신의 존재를 파악하지 않았고', 신의 존재에 대한 교부의 열망과 기대감을 전혀 나타내지 않았다. 그러나 베르나르는 입술 동작으로 전달되는 신의 존재에 대한 신비를 보고자 하는 열망에 가득 차서, 입술 동작으로 "오직 예언하는 예언자의 입으로 나에게 예언자가 입맞춤하게 하여 주시오!"라고 간청하고 있다는 것이다.

베르나르는 자기 자신이 소망하고 절제하면 실제로 감각의 인식작용으로 신의 존재를 느낄 수 있을 것이라는 해석자의 서술이 한낱 구절에 끝나지 않기를 바라고 있다. 즉, 예언자는 더 이상 자기에게 말을 걸어오지 않게 될 것이라고 예언하고 있다. 예언자의 입은 영겁을 이루게 만드는 원천이요, '크리스트의 은총이 솟아오르는 분수'와 다를 바 없다는 것이다. 예언자의 입은 정전의 성사관습에 몰입한 상태에서 감각의 인식작용으로 신의 존재를 자극하여 정전의 성사관습에 몰입토록 만드는 것은 미사의식과 신의 존재에 대한 체험이었다.

이에 대하여 베르나르는 다음과 같이 지적하고 있다. 즉 "그(=신)는 입으로 나에게 아주 농도 짙게 입맞춤 해 주려고 시도하고 계신다. 그러나 틀림없이 교부들은 동료들 이상으로 기쁨의 기름을 뿌려 주었고, 기름을 부음으로 더욱 풍족한 은총의 샘물을 기대할 수 있었다." 신의 입맞춤이 두 입술 간의 결속 행위일 뿐만 아니라, '시각과 감각의 인식작용으로 파악할 수 있도록 신의 존재를 전달하는 강론'이라고 강조하고 있다.

베르나르는 신의 존재와 함께 했던 입맞춤 동작을 강론에서 실제로 감각의 인식작용으로 파악한 신의 존재라고 언급하며 신의 존재를 서술하고 있다. 베르나르는 스스로를 해석자라기보다는 오히려 미사의식의 탐색자로 자청하고 있다. 베르나르는 강론 출발점에서 신의 존재에 국한하기보다는 오히려, 서술내용에 담긴 신의 존재를 상상력의 인식작용으로 그리워하며 '신의 계시'와 기적을 갈구하고 있다. 베르나르는 신의 계시를 영혼으로 인식하여 미묘하게 신비를 추구하고 있다.

베르나르는 신의 계시와 기적이 구세주와 분리될 수 없는 당위성을 구세주와 결속된 단일한 정신을 지녔기 때문인 것이라고 부언하며 순수한 전문 지식을 영혼의 인식작용과 분리하고 있다. 베르나르는 '시각과 구현', '징표와 신의 존재'가 심지어 천사같은 아름다움을 전달한다는 전문 지식까지 부인하고 있다. 전문 지식의 징표는 모두 크리스트의 전지전능함을 결여한 것이라고 언급하며 신의 존재에게 크리스트의 입으로 입맞춤해 주도록 요구하는 사람도 천사나 인간이 아닌 바로 구세주였다고 강조하고 있다.

베르나르는 입맞춤 동작과 신의 존재라는 주제의 강론 3과 4에서도 세 가지 입맞춤의 징표를 다양하게 다음과 같이 분석하고 있다. 강론 3에서 베르나르는 청중들에게 직접 동의를 구하면서 강론을 시작하고 있다. "오늘날 우리는 체험의 구성물인 저작물을 독서하고 있다"고 베르나르는 지적하고 있다. 베르나르는 수도자에게 자기 스스로를 돌아보고 '당연히 언급되어야 하는 임무'에 관하여 자기의 양심을 음미해 보라고 권하고 있다.

베르나르는 '지혜'로서 "나에게 입맞춤 해 줄 것이다"라는 말을 듣게 되기를 희망하면서, 입맞춤 동작에서 신의 존재 가능성에 대한 문제를 제기하고 있다. 베르나르의 시각에서 입맞춤 동작으로부터 신의 존재에로 전환과정은 틀림없이 '감각의 인식작용으로부터' 파생되었음을 암시하고 있다. 표상은 반복되는 체험의 구성물 형태로 인식되고 있다. 즉, 일단 감각의 인식작용으로 체험한 인물은 새삼 반복하여 체험을 추구하고 있다. 그래서 "어느 누구도 체험에 영향을 받지 않을 수 없다"는 것이다. 성사관습에서 빵의 경우처럼 체험은 숨겨진 '마음의 양식'과 다를 바 없고, '무식자'가 지닐 수 없는 숨겨진 폭포라는 것이다.

입맞춤은 세 가지 형태로 진행되고 있다. 세 가지 입맞춤은 발에 대한 입맞춤, 손에 대한 입맞춤, 입과의 입맞춤이었다. 물론 이 세 가지 입맞춤은 '영혼의 성숙과정'을 나타내고 있다. 베르나르는 처음 발에 대한 입맞춤과 관련하여 인간은 최초의 개종을 신의 존재와 인간의 결속관계에 연계시키고 있다. 베르나르는 두 번째 손에 대한 입맞춤과 관련된 인간은 끊임없이 전진하는 삶에 대하여 정신을 부여하고 있다. 그런데도 정신의 진귀한 완성만은 세 번째 입맞춤으로 체험하고 있다. 이 세 번째 입맞춤 상태만은 인간이 부르는 찬미가에 귀속되고 있다. 처음 두 가지 입맞춤 행위는 신의 존재라는 최후 존재를 명확하게 만들어 주는데 불과할 정도로 나타나고 있다.

베르나르는 신의 존재를 전달하는 소리의 대비물이 입맞춤과 어느 정도 구분되고 있다는 것이다. 찬미가에서 여성 상대자는 "그는 나에게 입맞춤해 줄 것이다"라고 언급하지 않고, 찬미가에서의 입맞춤은 분명히 "성사관습과 종족언어 표현관습을 뛰어 넘고 있다." 베르나르는 그(신)가 '절대자' 또는 '독생자'가 아닌 사람에 대한 입맞춤이라고 신의 존재를 제시하고 있다. 입맞춤 동작의 종족언어 표현관습에서 신의 존재는 '나에게 입맞춤한다', '나에게 입맞춤 해 주다'의 표현형태로 흔히 나타나고 있다. 베르나르는 어느 누구도 '너의 입으로', '너의 입맞춤을 가지고'라는 입맞춤 동작으로 신의 존재를 첨가하지 않는다고 지적하며, 왜 입맞춤 동작에 대하여 신의 존재를 첨가하지 않는가 문제를 제기하고 있다. 베르나르는 일종의 입맞춤이라 하더라도 일상 생활에서처럼 두 사람의 입술을 대상으로 삼을 필요가 없다고 판단하고 있다.

더군다나 성서는 이런 종류의 포옹에 대하여 무수한 사례를 제시하고 있다. 이런 성서의 포옹을 "기술하거나 언급하는 것은 모두 행위자의 존재를 나타내는 증거인 것이다." 그래서 성서의 포옹 동작에는 더욱 심오한 존재를 포함하고 있음이 틀림없다. 성서의 포옹 동작은 세 가지 '애정상태'를 나타내고 있으나, 영혼의 세 가지 '성숙단계' 이외에 어떤 것도 언급할 수 없다는 것이다. 이러한 세 가지 애정상태나 영혼의 성숙단계를 입맞춤 상태나 포옹단계의 '체험자'는 철저하게 파악할 수 있다.

안셀름이 입맞춤이나 포옹의 특정한 동작을 문법과 서술체제에 이탈하지 않는 완벽한 존재로 파악하여, 신의 존재를 종족언어 표현관습에서 확증하여 저작물의 성사관습으로 활용하고 있다. 그래서 베르나르는 성서에 나타나는 신의 존재와 신비를 안셀름의 산문처럼 구분하고 있다. 또한 베르나르는 성사관습, 저작물의 서술원리, 체험 등과 연계되어 있는 신의 존재 문제를 강론 4, 5, 6에서 검토하고 있다.

강론 4에서 베르나르는 『요한복음』 4장 24절이 신의 존재와 인간이 '하나로 결속된 존재'인데도 존재로서 현상을 드러내지 않는 증거라고 인용하고 있다. 누구나 그의 두 발, 양손, 입에 실제로 입맞춤하지 않고 있다. 베르나르는 신의 존재가 존재로서가 아니라 신의 존재에 대한 '인식작용으로' 공동체 구성원을 소유하게 된다는 논지를 전개하고 있다. 우리가 그에게서 발을 닮은 표상을 찾아내어 그 앞에서 무릎을 꿇고 있으면, 두 손을 닮은 어떤 것을 찾아내고, '유익한 영양분'을 제공하게 된다고 베르나르는 강조하고 있다. 입맞춤이나 포옹 동작도 무형의 존재이기는 하지만 "창조자가 모든 존재에 관계하면서도 어느 특정한 존재에는 관계하지 않고 있다"는 것이다. 성서는 흔히 신의 존재가 창조물과 결코 그렇게 멀리 떨어져 있지 않고, 신의 창조물인 인간도 신의 존재가 없다면 아무 것도 아닌 것이 되기 마련이라고 지적하고 있다.

신의 존재는 우리에게 더욱 분명하게 존재하고 있다. 표상이 없다면 더욱 인식 불가능한 표상도 존재하지 않게 된다고 지적하고 있다. 이것은 사도 바오로가 모든 존재를 신의 존재로부터, 신의 존재를 통하여, 신의 존재 안에서 존재하고 있는 것이라고 지적하는 바와 같다. 사도 바오로는 신의 존재를 존재가 아닌 성사관습이라고 언급하고 신의 존재가 만들어 낸 것이 모든 존재인 것으로 지적하고 있다. 신의 존재는 '독백으로' 만물을 창조하기 때문에 성사관습을 필요조건으로 제시하지 않고 있다. 신의 의지만을 활용하여 신의 존재는 창조행위와 명령수행에서 수반되는 복종을 파생하고 있다.

베르나르는 신의 권능을 강조하고 있다. 베르나르는 라드베르트의 성사관습을 일깨워 주고 있다. 그러나 베르나르는 저작물의 성사관습과 시각의 인식작용으로 파악되는 신의 존재가 아니라, 그 이상을 나타내는 신의 존재에 대한 인식작용이 신의 존재에 대한 출발점이라고 언급하고 있다. 베르나르는 여기서 신이 과연 어떤 존재인가 문제를 제기하고 있다.

강론 5에서 베르나르는 신의 존재 문제를 다루고 있다. 정신의 네 가지 인식작용으로 파악되는 신의 존재, 즉 '동물의 정신, 자기 스스로의 정신, 천상의 정신, 다른 정신 등을 만들어 내는 존재'가 있다는 논리를 전개하고 있다. 이 네 가지 정신 중에서도 신의 존재만은 실제로 어떤 유형의 존재 없이도 잔존해 나갈 수 있다고 언급하고 있다. 표상은 정도에 따라서 모두 존재와 관련되어 있다.

사도 바오로는 신의 존재가 시각의 인식영역을 벗어나 있기 때문에, 존재가 아닌 성사관습으로 만들어진 표상으로서 명확하게 인식되도록 입증한 것이라고 베르나르는 회상하고 있다. 베르나르의 입장에서 신의 존재가 만들어 낸 표상은 '유형의 존재와 시각으로 인식할 수 있는 존재'이며, 유기체와 같은 존재 수단을 활용하여 '시각으로 인식할 수 있는 유형의 존재'로 인식하게 되어 있다는 것이다. 미사의식의 진행과정은 청각, 시각, 감각의 인식작용으로 체험하는 신의 존재에서 출발하고 있다.

인간은 신의 존재와 '정신의 인식작용으로부터 창조물'을 표현하고 있다. 그러나 인간은 신이라는 존재를 지니고 있다. 신이라는 존재가 없다면 인간은 자기로 하여금 그 이상의 '인식행위'에 도달하게 하는 '지혜'를 체득할 수 없을 것이다. 천사들은 신이라는 존재를 지니고 있다. 그런데도 만약 천사들이 신이라는 존재를 지니지 않았다면, 천사들은 개체로 생존하는 인간들에게 봉사할 수 없다는 것이다. 베르나르는 개체 없이도 어떻게 실제로 교부 앞에서 손으로 만져 천사를 인식할 수 있는가 문제를 다음과 같이 나타내고 있다.

천사들은 교부들과 함께 살며, 교부들과 함께 식사를 하며, 그들의 두 발을 씻게 한다. 천상의 정신과 금수의 정신은 모두 개체를 필요로 하나, 그 자신보다는 오히려 다른 표상을 인식작용의 보조물로 활용하기 때문에 현상에서는 우월한 모습으로 나타나고, 능력에서는 열등하게 나타나게 된다고 베르나르는 결론 짓고 있다. 그러나 신의 은총으로 인간 각자는 영원한 구원을 받을 수 있는가라는 문제를 제기하고 있다. 타당한 판단기준의 인식작용을 벗어난 인간의 정신작용은 신의 존재를 인식하여, 감각과 정신의 인식작용으로 파악하여 전문지식으로까지 상승시키고 있다. 그 타당한 판단기준의 인식작용을 벗어난 정신의 인식작용은 본래부터 존재를 인식할 수 없기 때문에, 존재의 유일한 표상을 영원한 신이라는 존재로 전달하도록 사람을 도와주고, 요컨대 아무도 모르게 활용하고 있다는 것이다. 바로 그와 정반대 되는 정신의 인식작용은 천사와 같은 정신작용에서도 입증되고 있다는 것이다.

천사는 감각의 인식작용으로부터 생겨나는 절대자의 통찰력을 배제하면서도, 유연하고 타당한 인식작용에 근거하여 종족언어 표현관습으로 전달되는 소리의 존재를 식별해 낼 수 있도록 보완해 주고 있다. '감각의 인식작용으로 파악될 수 있는 신의 존재'가 '시각의 인식작용으로 만들어지는 표상'을 활용하여 인식될 수 있다는 사도 바오로의 지적을 베르나르는 강조하고 있다. 그 반면에, 이 세상의 피조물을 창조하여 존재형태로 피조물을 암시하고 있다는 것이다. 신이라는 존재는 천상의 정신작용으로 존재를 인식하기 위해 개체의 도움을 필요로 하지 않는다는 것이다.

이와 반대로 인간의 정신은 점차 정성을 다하여 신의 도움을 받고 있다. 신의 존재와 정신의 이 같은 관계를 제2의 방법이라고 베르나르는 주장하고 있다. 천사의 정신은 실제로 나름대로의 저작물을 부여하고 있다는 것이다. 천사의 정신이 저작물에 체험을 담고 어려움 없이 저작물에 담긴 존재를 인식할 수 있게 되는 경우, 왜 천사의 정신이 성사관습 수행 중에도 정신의 인식작용 문제를 추구해야 하는가라는 문제를 제기하고 있다. 거기에는 우화에서나 찾아볼 수 있는 존재의 필요성이 훨씬 감소되고 있다. 천사는 왜 왕겨에서 쌀을 분리해 내고, 포도에서 포도주를 짜내고, 올리브에서 기름을 짜내기 위해 땀을 흘려야 하는가라는 문제를 베르나르는 제기하고 있다. 그 이하나 그 이상 어디에서도 정신은 신의 존재를 이용하고 있다.

그렇지만 두 정신 중 어느 한 정신이 정신의 인식작용으로 창조물을 축복받게 할 수 있는 표상을 획득한다고 하더라도, 존재에서는 획득물을 얻어낼 수 없다는 것이다. 천사의 정신은 금수와 같은 것을 계시할 수도 없고, 또 계시를 필요로 하지도 않는다는 것이다. 신의 존재는 두 가지 정신 관계에서도 소리의 대비물을 활용하여 전달되고 있다. 그리고 신의 존재는 종족언어 표현관습에서 확증되고 있다. 여기서 신의 존재를 확증하는 소리의 대비물이 최고와 최하의 중간점을 차지하고 있는 것으로 파악되자, 인간이란 도대체 무엇인가라는 문제를 베르나르는 제기하고 있다.

정신의 인식작용은 그 나름 발전과 다른 사람의 편익을 도모하기 위하여 신의 존재를 필요로 하고 있다. 신의 존재가 고유한 형체도 없이 형제들을 어떻게 교시할 수 있는가 하는 문제를 베르나르는 제기하고 있다. 결국 모든 피조물의 정신이 개체 활동에도 필요할 뿐만 아니라, 다른 사람을 위해 필요로 하고 있다는 것이다. 신의 존재는 고유한 언어도 없이 자기의 형제들을 어떻게 교시할 수 있겠는가 하는 문제를 베르나르는 제기하고 있다. 정신은 '타당한 판단기준의 인식작용과 영혼의 인식작용'에 반드시 필요하게 된다는 것이다.

어떤 생명체들은 인간에게 이용가치가 없는 것처럼 보일 수도 있고, 신앙은 일종의 망상일 수도 있다는 것이다. 흔히 베르나르는 생명체들이 현재 욕구보다 오히려 반성을 통해 더욱 이익을 얻기 위하여 성사관습을 존속시키고 있다고 지적하고 있다. 실제로 어떤 생명체는 독풀처럼 유해하다고 해서 생명체들에 영양을 공급하지 않거나, 그 밖의 기능을 담당하고 있는 경우에도, '인식작용의 판단능력을 발휘하여' 생명체의 인식문제에 일치시키고 있다. '타당한 판단기준의 인식작용을 활용하는 모든 사람에게서' 생명체들은 시각의 인식작용으로서가 아닌 신의 표상으로 만들어진 의식관행으로 인식되고 있다는 '사도 바우로의 지적'을 증거로서 제시할 수 있다. 베르나르의 입장은 신의 존재를 믿게 하려다가 오히려 신의 존재를 비판하고 있는 것처럼 나타났지만, 타당한 판단기준의 인식작용을 이탈하지 않고 있다.

베르나르는 제2의 인식과정을 경유하여 신의 존재에 대한 표지에 포함되어 있는 현상으로 자기의 독자들을 돌아가도록 인도하는 데 불과했다. 베르나르는 감각과 정신의 인식작용에 대한 구분점이 철학의 어려운 존재 근거와 연계되어 있다는 점을 인식하고 있다. 그러나 베르나르는 감각과 정신의 인식작용에 대한 구분을 우회하고자 신의 존재와 정신의 인식작용, 신의 존재와 인간 사이에다 성사관습을 삽입하여 신의 존재와 인간의 구분 근거로 활용하고 있다.

어떤 피조물의 정신도 정의를 중간자로 해서는 마음의 인식작용에 적용될 수 없다. 피조물의 정신은 우리의 입장에 따른 중간자를 무시하고 '우리와 결속되거나', '우리의 내면으로 흘러들어 오며' 그렇게 함으로써 우리의 전문 지식을 갖고서 도덕과 윤리를 지키는 인간으로 만들고 있다. 신의 존재는 인간이나 천상의 정신중 어느 하나만으로서는 생겨날 수 없다. 관직이나 지위의 특권은 절대자의 무한한 정신에 국한되고 있다. 절대자의 특권을 발휘할 수 있는 정신의 소유자는 청각의 인식작용이나 성사관습 표현도구인 귀와 입이 없이도 천사나 인간에게 전문 지식을 전달할 수 있다.

절대자는 스스로 전문 지식을 창조하여, 순수하면 그 순수한 마음의 인식작용으로 파악하고 있다. 비록 그 절대자가 스스로 만족할 수 있고, 전지전능하다고 하더라도 다양한 성사관습에 대하여 인식작용을 생성시키고 있다. 어쨌든, 절대자는 명령하거나 구걸하지 않는다는 것이다. 베르나르는 직접 행한 강론에서 절대자의 존재를 생각하고 있다. 베르나르는 수도자 형제에게 유형의 존재를 아무런 의심 없이, 직접 더욱 능숙하게 전달할 수 있으려면 어떻게 강론해야 되는가를 파악해 보라고 지적하고 있다. 베르나르는 인간의 목소리가 필요한 것이기는 하나, 소리가 방종함을 지목하고 있다. 바로 이러한 인식과정을 통하여 베르나르는 수도자의 소리를 확대시키면서 자기 자신의 소리까지도 확대하고 있다.

또한 인간은 신의 존재를 당연히 인식해야 한다는 것이다. 신의 존재는 감각의 인식능력이나 타당한 판단기준의 인식능력을 지니지 않는 창조물에 대하여는 소리를 활용하지 않고 있다. 베르나르는 절대자의 타당한 존재 현상이 어떻게 일어나게 되는지를 파악하고 있기 때문에, 그 정신을 위해서가 아니라 정신의 조화를 목적으로 그 이하의 저급한 정신을 받아들이고 있다는 것이다. 베르나르는 신의 존재가 종족언어 표현관습에 근거하고 있음에도 존재의 필요성을 인식하지 못하고 있다는 것이다. 바로 인간은 표상을 언제나 크리스트가 재림하기 이전에도 전체 입장에서 크리스트 재림을 신의 존재로 인정할 수 있겠느냐 문제를 제기하고 있다.

강론 6에서는 이와 마찬가지로 고전시대 저작물의 성사관습을 신의 존재 사례로 제시하며 요점을 반복하고 있다. 베르나르의 시각에서 고전시대 저작물의 성사관습은 체험으로 신의 은총을 터득하고 있으나 은총 부여자는 고전시대 인간에게 나타나지 않았다고 베르나르는 강조하고 있다. 고전시대 인간은 무지 상태에서 신의 존재와 더불어서가 아니라 신으로부터 존재하며 생활했다는 것이다. 고전시대 인간은 신의 존재를 위해서가 아니라, 신의 존재를 통해서 신의 존재 맛을 느꼈으나, 신의 존재 그 자체에 대한 맛을 모르고 살았다는 것이다.

고전시대 인간은 신의 존재로부터 '분리자'였고, 신의 존재로부터 잊혀진 '나그네'(방랑자), 신의 존재와는 아무 관련이 없었던 '생면부지의 사람'이었다. 고전시대 인간은 어떻게 자기들이 생명을 부여 받았고, 그들이 터득하고 살았던 신의 존재를 저술가보다는 소리 관습에서 기인된 것으로 돌리고 있었다는 문제를 제기하고 있다. 그보다 더욱 무지한 점이 있다면, 고전시대 인간은 흔히 자기의 성사관습을 우연으로 돌리고 있었다는 것이다.

베르나르는 많은 인간이 실제로 고전시대 인간의 성사관습으로부터 물려받은 종족언어 표현관습의 상속원리를 자기 스스로의 능력으로 획득했다고 오판하는 과오를 범하고 있다고 예리하게 지적하고 있다. 고전시대 인간은 신의 동작을 사악한 정신, 태양, 달, 대지 등이 가공했던 소리 소행으로 돌렸고, 심지어 풀, 나무, 심지어 종자까지도 신의 존재라고 숭배하며 살았다는 것이다. 그래서 고전시대 인간은 자기네 스스로가 신의 '금송아지'에게 빌어먹는 모습으로 전락했던 것이라고 베르나르는 지적하고 있다.

고전시대 인간은 우상의 덮개를 쓰고 있었기 때문에 우상이라는 상대자에 맞서 싸워 이겨내려면 신의 타당한 판단기준과 같은 현명함이 나타나야 했는데도 나타나지 않았다는 것이다. 신의 존재는 인간이 더욱 쉽게 정신의 생명체에까지 다다를 수 있도록 시각의 인식영역에서 모습을 드러내기도 하고, 육체처럼 보이면서도 육체를 지니지 않은 생명체의 역할을 수행하기도 한다는 것이다. 신의 존재는 한편으로 이 지상에 도래하기 이전에 성사관습, 재산, 그리고 악마와 연계되어 모순점에 대해 책임을 지고 있었다는 것이다. 신의 존재는 무형으로 존재나 베르나르의 찬미가에 나타난 성사관습의 관능처럼 시각의 인식작용으로 파악될 수 있도록 존재할 수 없다는 것이다.

베르나르는 크리스트가 행한 기적을 열거하며 인간에게서 이교도의 우상숭배 사례를 제시하며 크리스트의 기적을 다시 한 번 강조하고 있다. 베르나르는 스콜라철학동아리의 전문 지식을 신봉했던 신학자 못지 않게 크리스트교가 무지한 역사의 잔존물로서 떠받들게 만든 여러 가지 종교를 파악하고 있다. 크리스트교에서 '종족언어 표현관습'은 신의 존재에 대한 인식이 부족했던 탓으로 생겼다고 지적하고 있다. 신의 입맞춤을 복음 설파자들은 언급하고 있다. 그래서 초창기 교회는 신의 존재를 유령수단으로 받아들이고 신의 존재와 인간이 함께 호흡하기 시작했다고 지적하고 있다. 베르나르는 두 육체의 입맞춤을 신의 정신과 존재가 일치하는 존재이며, 두 육체의 정신을 바로 부부가 서로 아주 열렬하게 입맞춤을 요구하는 이유라고 지적하고 있다.

남편이 아내에게 입맞춤을 요구하면 아내인 신앙인은 더욱 강렬하게 성부, 성자, 성신이라는 삼위일체에 대한 지식을 소유하게 되어 있다는 것이다. 아내는 그 동안에는 여전히 육체상태로 존재한다고 부언하고 있다. 전문 지식은 물론 육체상태를 예증하고, 정신에 대한 일종의 인식행위로서 "타당한 판단기준의 인식능력 소유자에게 계시되지 않고, 신의 존재에 대한 사랑을 유발하고 있다"는 것이다. 신의 존재에 대한 사랑을 본질로서 만들어진 전문 지식은 사도 바오로의 박애정신으로 표면화했다고 지적하고 있다. 더욱이 신의 존재를 '인식하여 탐구하는 것' 뿐만 아니라, '사랑하는 것'도 필요한 것이라고 사도 바오로는 반복하여 지적하고 있다. 만약 지식의 탐구욕망과 신랑에 대한 사랑이 필요치 않다면, 그 입맞춤을 통한 신의 계시는 '한낱 욕망에 불과할지'도 모른다는 것이다.

강론 제8장에서 베르나르는 신의 존재에 대한 한계를 종결짓고 있다. 수도자들은 더욱 심오하게 "감각의 인식작용으로 신의 존재를 탐구하고 있다." 수도자들은 신의 존재를 탐구할 수 있는 능력을 지니고 있다고 해서, 이면에서 신의 존재를 통찰해 내려고 시도해서는 안된다고 부언하고 있다. 수도자들은 스스로 해독하여 절차가 아닌 정신작용을 가지고 전문 지식을 탐구해야 한다는 것이다. 어느 누구도 사랑이 감미롭게 흘러 넘치는 감각의 인식작용이나, 인간의 호기심에서 충동을 받게 되는 무모한 측정행위에 만족해서는 안된다고 경고하고 있다. 신부는 신랑에게 입맞춤을 요구하고 있다. 이런 신부 입장은 신의 정신을 자극하는 배우자로서 '신랑의 감미로운 사랑을 담은 전문 지식의 묘미'와 '양념같은 은총의 존재'를 받아야만 한다는 것이다.

신랑의 입맞춤은 '사랑의 확증'이자, '박애정신의 발현이며 전문 지식'이라는 것이 아무런 쓸모도 없음을 일깨우고 있다. '정신의 인식작용으로 찾아낸 빛'과 더불어 '신앙심의 기름'은 신부에게로 다가오고 있다. 실제로 베르나르의 표현에서 '전문 지식의 빛'에 입맞춤의 인화물질을 자극하여 '절대자의 은총'을 받아들이게 되는 것은 바로 '정신의 인식작용으로 찾아낸 지혜 역시 정신의 인식작용'으로부터 시작되었다는 것이다.

베르나르는 신의 다른 예증도 강론 9에서 신부의 시각으로 확인하도록 제시하고 있다. 베르나르는 '타당한 판단기준의 인식작용을 활용하기 위해' 찬미가에 대하여 다시 관심을 돌리고 있다. 그러나 베르나르는 조금도 지체하지 않고 타당한 판단기준의 인식작용이 서로 부딪치는 신의 존재에 대한 한계점을 돌파하고 있다. 베르나르는 일종의 주석을 부여한다기보다는 오히려, 신의 존재 상황과 자기를 하나로 일치시킬 수 있는 정신의 인식작용이라는 각본을 다시 들추어내고 있다.

베르나르는 수도자 형제에게 어느 날 신랑(신)의 친구들이 신부에게 경의를 표하게 되었다는 점을 상상해 보자고 권고하고 있다. 친구들은 신부가 기분이 언짢아하고 있을 것임을 알고 무엇이 잘못되었느냐고 다시 신부에게 묻자, 친구들이 상상하기로는 신부는 신의 존재를 믿지 않던 시절이 지나간 후, 신부의 마음이 전 남편에게로 돌아가 있었다는 것이다. 신랑의 친구들은 바로 거기서 신부에게 세 가지 입맞춤을 반복해 달라고 요청하고 있다. 신랑의 친구들은 신부가 세 가지 입맞춤을 반복하고 돌아오자, 신랑(신)이 눈물을 흘리면서 신부로 하여금 신랑의 발을 만지도록 성가시게 졸라대지 않았겠는가라는 동작을 가지고 신의 존재 문제를 제기하고 있다.

그러나 신부는 특정한 욕정의 순간을 넘기고 나면, 다시 한 번 불만에 차게 된다고 베르나르는 부언하고 있다. 그리고는 그 이상의 성관계를 갈망하여 그 다음의 은총에 도달하게 되며, 그 손의 입맞춤으로부터 여러 번 강력한 찬사를 받게 된다는 것이다. 베르나르는 그렇다면 신부가 거기서 이상의 어떤 것도 요구하지 않겠다고 동의하지 않았을까라는 문제를 제기하고 있다. 신부는 '그렇다'고 고백하고 있다. 거기서 부부는 무엇을 요구하고 있는가라는 동작을 가지고 다시 신의 존재 문제를 다시 제기하고 있다.

상대자는 부여받은 신의 소리가 없어지게 될까봐 두려워 했는가라는 신랑의 질문에 대하여 '아니다'라고 대답하고 있다. 거기서 친구들은 부부에게 도움이 될 수 있는 모든 것을 그 부부에게 알려 달라고 요청하고 있다. 신부는 물론 자기 스스로 그렇게 하겠다라고 대답하는 한편, 베르나르는 신의 존재에 대하여 자기 방식대로 대답하고 있다. 베르나르가 신의 존재에 대하여 자기 방식대로 대답했던 방식은 다음과 같이 요약될 수 있다. 즉 "신랑이 나에게 입맞춤을 해 줄 때까지 참을 수 없었다"고 신부는 지적하고 있다.

"나는 신랑의 발과 손에 입맞춤했던 점에 감사하고 있습니다. 그러나 만약 신랑이 나를 실제로 돌보게 된다면, 신랑은 입으로 나에게 입맞춤을 해 줄 것입니다. 이제 나는 고마움을 느끼고 그와 사랑하고 있습니다. 내가 신랑으로부터 받았던 사랑은 내가 가치 있게 생각했던 것 이상으로 내가 갈망하던 것입니다.

나는 타당한 판단기준의 인식작용으로서가 아니라 감정의 인식작용에 사로잡혀 있습니다. 나의 대담성이 애정을 유발하고 있다고 생각하더라도 나를 비판하지 말기를 바랍니다. 내가 수줍어한다고 하여 입맞춤의 감각 이상으로 신의 존재 문제를 제기하지 않는다면, 정복자를 사랑하도록 하시오! 타당한 판단기준의 인식능력은 숙면 상태에 빠져 있습니다. 내가 입맞춤 이상으로 신의 존재 문제를 제기하고, 애걸하고, 애원하는 바는 '그가 나에게 입맞춤해 달라는 것입니다.' 왜냐하면 신랑을 위해 나는 여러 해 동안 성욕을 참아 왔기 때문입니다. 나는 수도자 학문동아리에서 수양에 열중하며, 악의에 항거하고, 끊임없이 기도하고, 유혹을 뿌리치기 위하여 기도를 드리고 있습니다. 나는 영혼이 어려운 상황에 처했던 지난 시절을 회상하고 있습니다. 나는 동료와 공동으로 생활해 왔으며, 상급자에게 복종해 왔습니다. 나는 다른 사람의 재산을 탐내지 않았으며, 나는 가진 것과 스스로를 그들에게 주면서 살아 왔습니다. 나는 이마에 땀을 흘리면서 빵을 먹고 있습니다. 그럼에도 나는 빵 맛을 모르고, 복종을 오직 '한 가지 공동체 규약'으로 알고 있습니다. 나는 복종하기만 하는 아무런 쓸모 없는 종복 인가요? '나의 영혼이 애정의 갈증에 휩싸인 채로 남아 있어야만 되는 건가요'라고 자문을 하고 있습니다."

물론 베르나르의 저작 내용을 반드시 타당하다고 할 수는 없다. 그러나 베르나르가 신부의 요청을 자기 자신의 갈망으로 '육체'에서 '정신'으로, '여자'로부터 '남자'로, 그리고 '신의 존재'로부터 '행동'으로 전환하고 있다. 그래서 우리 해독자들은 함께, 그리고 동시에 참여하고 있던 수도원 공동체 구성원처럼 영혼의 성숙 과정이라는 주제를 생생하게 다시 창조하게 된다는 것이다. 수도자 형제들은 신의 존재를 터득하게 되는 심오한 신비를 모르고 있다. 베르나르는 다수 형제가 '메마른 영혼'과 무거운 마음의 고백에 대하여 불평했다고 부언하고 있다. 베르나르는 영혼과 마음의 고백 때문에 그처럼 열망하던 입맞춤을 받지 않았을까라고 다시 의문을 던지고 있다. 분명히 수도자 형제들은 지혜와 정신의 작용으로 신랑의 입이 자기 입에 다가오기를 갈망하고 있다. 지혜는 일종의 지침으로서 신의 존재를 터득하도록 도와주는 지침이나 다름없다.

강론 9~12에서 베르나르는 신의 존재를 육체의 감각으로 인식하게 된 것을 신비에 관련 지우고 있다. 베르나르는 미사의식에 참여하여 마음을 정화하고, 독서하면 터득하게 되는 신비를 주제로 채택하고 있다. 신의 존재를 담고 있는 찬미가의 가사는 다음과 같이 이어지고 있다. 즉, 여러분의 마음속은 포도주보다 붉게 불타 오르며, 절대자의 고약처럼 향기를 내고 있다. 세 가지 입맞춤의 대비물을 활용하여 신의 존재를 전달하고 있다고 베르나르는 지적하고 있다.

베르나르는 세 종류의 고약, 즉 마음의 변화, 회개, 신앙심을 마음속에서 상상하고 있다. 신의 존재를 담고 있는 찬미가의 가사가 신부라는 수도자에게로 전달되고 있다고 베르나르는 상상하고 있다. 신부가 신의 존재를 언급하자, 신랑은 모습을 드러내어 신부에게 갈망하던 입맞춤을 응해 주고 있다. 그렇게 함으로써, 즉 "너희는 신부에게 마음속에 품고 있던 애정의 욕망을 줄 수 있고, 신부의 마음속에서 생겨나는 입술 의지를 자제시키지 않고 있다"는 예언을 행동으로 표면화하고 있다. 입맞춤의 위력을 너무나 크게 기대하여 입맞춤을 정신의 인식작용으로 받아들이자, 신부는 곧 상상의 세계로 빠져들고 있다.

신부의 마음은 뛰면서 부풀어 오르고 가슴에서는 젖물이 흘러내리기 시작하고 있다. 베르나르는 다시 한 번 깊숙한 관능의 세계를 상상하며 수도자 상황으로 돌아가고 있다. 여러분 중에서 기도하고자 하는 욕망을 가진 자가 있다면, 신랑은 흔히 기도 중에 내뱉는 소리의 존재와 체험을 분별하고 있다는 사실을 느끼게 될 것이라고 베르나르는 부언하고 있다. 흔히 여러분은 메마르고 소심한 마음가짐으로 신의 제단으로 다가가고 있다. 그러나 기도에 임함으로써 여러분은 예기치 않게 신의 은총을 맞이하게 될 수도 있다고 지적하고 있다. 여러분의 마음은 두근거리면서 부풀어 오르고, 여러분의 뇌리에는 신앙으로 가득차서 신앙이 흘러 넘치게 된다는 것이다.

만약 여러분이 마음을 억누르고 있었다면, 신의 은총과 함께 달콤한 가슴에서 흘러내리는 젖물은 틀림없이 한꺼번에 쏟아져 나오게 될 것이라고 부언하고 있다. 실제로 이러한 경우가 도래하면, 신랑은 다음과 같이 지적할지도 모른다. 즉, 나의 아내인 당신은 당신이 요구하던 것, 즉 당신 가슴속의 포도주보다 더 좋고, '세상의 전문 지식'으로 때묻은 외풍보다 더 나은 '표지'를 받았으며, 전문 지식으로 오염된 외풍은 인간애가 아닌 서로의 갈망에 도취하고 있을 지도 모른다는 것이다.

베르나르는 처음 강론과 두 번째 강론에서 마치 연고와도 같은 신랑과 신부의 결속관계를 신의 존재에 대한 주제로 묘사하며, 애정의 상승과정을 조금 더 상세하게 분석하고 있다. 영혼은 죄라는 함정의 덫에 걸려 있는데도 진로를 재조명하기 시작했다. 다양한 형태와 종류의 죄를 수집하여, 죄는 마음의 가마솥에서 녹게 되며, 경건한 자는 찬미가 작곡자(다비드 왕)와 함께 "나의 마음은 내 안에서만 뜨겁게 달아올라 마음의 불꽃이 죄의식을 불태우고 있다"고 언급할 수 있다는 것이다. '원죄 표상'은 두 가지 고약을 상상하고 있다. 첫째 고약은 신의 존재와 인간을 하나로 만드는 결속관계의 연고를 상상하고 있다. 두 번째 연고는 원죄를 마음속에서 상상하여 회개가 더욱 소중한 원료가 되어 자신의 양심이라는 정거장에서 원죄의 표상을 가늠하도록 작용하고 있다.

신의 존재와 인간을 하나로 만드는 결속관계라는 연고를 단지 인간은 만들 수는 없으나, 계시 진원지로부터 내려오고 있다. 이 연고는 다시 잘게 부셔져 크리스트에게로 돌아가고 있다. 이 연고를 활용하는 경우, 회개, 회상, 정신은 욕망의 상승단계를 수반하고 있다. 이 연고를 활용한 결과는 혼란에 빠지기 시작하나, 신의 존재가 부여한 선의 예상치까지 접근하고 있다.

베르나르는 결속관계의 연고가 죄에서 은총의 시험대로 나아가는 인간의 상승과정을 그대로 반복하고 있음을 파악하고 있다. 죄는 비애를 수반하기 마련이다. 그러나 죄는 마지막 단계에 이르면 과대한 행동(반성)으로 돌아가게 된다고 베르나르는 설명하고 있다. 인간은 나이가 들면서 영혼의 인식능력, 타당한 판단기준의 인식작용, 의지, 기억력 등이 신의 존재와 인간을 결속하는 연고 역할을 담당한다고 지적하고 있다.

그러나 신의 존재와 인간의 결속관계 문제에서 타당한 판단기준의 인식작용은 너무나 쉽게 속아 넘어가고, 의지는 박약해지며, 기억력은 흐려지게 된다고 베르나르는 부언하고 있다. 그럼에도 신의 존재는 가까스로 인간의 영혼 속으로 침투하여 들어가기 마련인 것이라고 지적하고 있다. 인간의 영혼 속에서도 신의 존재는 물이 종이에 스며들 듯이 타당한 판단기준의 인식작용에 대하여 '다량의 빛'처럼, 그리고 의지에는 '무한한 평화'처럼, 기억력에서는 '영원의 지속작용'처럼, 종족언어 표현관습으로 전달되고 있다.

신앙심은 공동체 구성원을 서로 결속하여 결속관계를 만들어 내는 제3의 고약이라는 것이다. 제3의 고약인 신앙심은 비참함에서 축출되고 있다고 베르나르는 부언하고 있다. 고약의 신앙심은 크리스트의 몸 전체, 즉 교회를 거쳐서 확산되기 때문에 다른 결속력을 훨씬 능가하고 있다.

베르나르는 교회가 힘을 합쳐서 제공하는 신앙심을 개인의 입장에 따라 참여함으로써 만끽하게 된다고 부언하고 있다. 신앙심의 이러한 주제는 그 다음 강론에서도 제시되고 있다. 신앙심에 관한 강론 중에서 신의 존재를 분석할 수 있는 다른 두 가지 주제는 신의 존재에 대한 특수한 관례로서 가치를 지니고 있다.

강론 15에서 베르나르는 신의 명칭과 예수의 이름에 관하여 언급하고 있다. 베르나르는 실제로 신의 존재에 대한 비판이 어느 정도 필요하다는 논리를 전개하고 있다. 신의 존재는 기도를 드리는 모든 사람에게 활용될 수 있는 표상에 가깝다는 것이다. 그러나 찬미가에 담긴 신의 존재는 신의 이름이 기름처럼 쏟아져 나왔고, 신이라는 존재의 이름이 해석이 필요한 상태로부터 나왔다는 것이다. 처음에 베르나르는 신에 대한 성서 명칭을 기름, 즉 다시 말해 존재로 분리하고, 자기가 신의 존재를 암시하는 두 가지 근거를 '신앙심에 대한 감사'와 '존엄한 능력'이라고 설명하고 있다.

결국 베르나르는 신의 존재가 표현자로서 존재하고 있으므로 신이라는 통칭에 이르고 있다고 언급하고 있다. 심지어 모세조차도 신이라는 기름이 소리형태로 '쏟아져 나오지 않았더라면', 신의 명칭에 대한 관례를 인식할 수 없었을 것이라고 베르나르는 지적하고 있다. 신의 존재를 유통시키는데는 찬미가의 대비물을 활용하고 있다.

그리고 신의 존재를 전달하는 종족언어 표현관습에 대해서는 다음과 같다. 즉, '신'의 명칭은 소리의 기름을 '쏟아 부었을' 뿐만 아니라, 신의 존재가 '소리로 쏟아져 나와서', 모세에게로 '흘러 들어갔고', 그렇게 함으로써 '신의 존재를 파악할 수 있다'고 베르나르는 부언하고 있다. 천사에게로 쏟아져 들어갔던 모든 신의 존재는 인간 사이에로 넘쳐 흘러가고 있다. 찬미가의 가사에 담긴 당신의 이름은 기름처럼 쏟아져 신의 존재가 상징물로 전달된다는 내용을 활용하고 있다.

예수는 빛, 양식, 고약을 주고 있다. 예수는 이런 점에서 감각의 인식작용으로 파악될 수 있는 세 가지 기름과 유사했다. 신의 이런 명칭은 '강론 머리말'에서 빛을 주고, '감각의 인식작용'에서는 양식을 주며, '자극을 받는 과정에서'는 침묵을 지키고 있다. 예수는 바로 거기서 신의 존재에 대한 표지를 감각의 인식영역에서 검토하고 있다. 어떤 것도 세상에 신앙의 빛을 유포할 수 없다고 베르나르는 부언하고 있다. 그러나 베르나르는 예수의 이름으로 강론을 행하면 신앙의 빛을 유포시킬 수 있다는 것이다. 사도 바오로는 그 빛을 바로 예수의 신앙으로 언급했다고 일깨워 주고 있다.

그러나 신의 계시는 감각의 인식작용으로 파악될 수 있는 신의 존재로부터 시작된다는 것이다. 사도 바우로는 신의 계시가 동물처럼 빛을 지니고 다닌다는 것이다. 베르나르는 사도 바오로가 모든 사람의 눈을 동물에 집중시키라고 언급했다는 예수의 강론을 인간을 구원하기 위한 죽음과 일치한다고 언급했다는 것이다. 예수의 이름은 '정신의 인식작용으로 찾아낸 양식'이 되며, 그 양식이 없다면 어느 것도 있을 수 없는 것이라고 강조하고 있다.

만약 여러분이 글로 표현하거나 소리로써 크리스트의 이름을 지칭하지 않는다면, 신의 존재는 어떤 교시도 부여하지 않을 것이라고 주장하고 있다. 결국 고약은 포착되어 빛의 사망으로 발사되고, 어두운 근심의 소리를 사라지게 만들 것이라고 베르나르는 설명하고 있다. 그래서 예수의 이름은 '생명력을 지닌 이름'으로 인식되고 표상을 통하여 본인에게 전달되는 소리와 계시에로, 즉 '호칭으로서' 신의 존재에 대한 '확신 단계'로 넘어가는 증거라는 것이다.

강론 16에서 베르나르는 신의 이러한 모습을 신비라고 간략하게 설명하고 자신의 주해 방법에 대하여 몇 가지 논평을 첨가하고 있다. 신의 존재는 정신의 인식작용으로 '만들어지며', '기록되고' 있다는 점을 전제하고 있다. 신의 존재가 창조한 창조물은 '육체와 배반관계에서 집합체'를 오도하거나 세상의 어리석은 지혜를 잘못 배워 정신의 인식작용을 개선하는데 활용되고 있다. 어떤 사람도 정신의 인식작용으로 찾아낸 신의 존재라는 저장 창고를 유심히 분석하면, 그가 정신의 인식작용으로 찾아낸 생명이 신의 존재라는 저장창고에 있다는 점을 깨닫게 될 것이라고는 단정하고 있다. 더군다나 베르나르의 강론은 마음의 아픈 구석을 목표지점으로 확정하고 있음과 동시에 가치 있게 굴러가는 느린 공을 목표로 삼고 있다. '나의 강론 취지는 신의 존재로서 논평하는 것'이라기보다 '마음속을 신의 존재'가 감화시키게 된다고 베르나르는 부언하고 있다.

강론은 신의 존재를 신속하게 나타낼 수 없다. 강론에서 신의 존재는 '지속성을 지닌 처리과정'과 '빈번한 훈계'가 필요한 것으로 지적하고 있다. 베르나르는 '성사 신비에 대한 검토과정'이 그에게 예상했던 것 이상으로 긴 시간을 보내도록 만들었다고 고백하고 있다. 베르나르는 지난 과거에 어둡고 그늘지며, 드러나지 않았던 '나무숲과 같은 성사관습의 대비물을 활용하여 신비를 종족언어 표현관습에 일치시키고' '확 트인 평원인 감각의 인식작용으로 도덕과 윤리로' 나아가는 것, 즉 신의 존재를 분석한 다음 행동으로 표면화하고 있다는 것이다. 크리스트는 '소리에 함축된 신의 존재 효력'을 상상력으로 파악하고 베르나르에게 위에서부터 신의 존재 모형을 제공하고 있다. 여기서도 신의 존재를 서술하기 위한 『해석론』을 다시 음미해야 된다는 것의 중요성을 오히려 드러내지 않고 있다. 베르나르는 즐거운 마음으로 상념에 잠기고 있다.

즉, 크리스트로부터 발원하는 신비는 마음속에 새롭게 채워지고 신의 존재를 살찌우고, 바로 뼈대가 찬미가로부터 부셔지도록 만들고 있다고 베르나르는 지적하고 있다. 찬미가에서는 교회가 모든 인간을 변형시키고 있으나 베르나르는 자기 형제에게 우리가 스스로 매일 개인에 따라 활성화되고 있음을 느껴야 한다고 일러두고 있다.

타당한 판단기준의 인식작용으로 빛은 마음에 부여되어 있다. 그리고 교회라는 손을 가지고 정의를 실현한다는 명목으로 신의 존재에 대하여도 가치를 인식시키고 있다. 인간은 신의 존재를 마음의 인식작용으로 찾아내고, 신앙에 입각하여 감각의 인식작용으로 파악하고,

신의 존재를 전달하는 종족언어 표현관습의 소리로서 유용하게 표현하고, 필요한 행동으로 실천하고 있다는 것이다. 베르나르는 신의 존재를 믿어야 한다고 충고하고 있다. 신의 존재에 이르는 세 갈래 밧줄은 신의 존재를 의미에 치우치게 되어, 정당하게 판단하고, 가치에 입각하여 소리로 전달하고, 생활을 통하여 개인의 신앙을 종족언어 표현관습에서 확증하는 것으로 구성되어 있다고 부언하고 있다.

4.3. 신의 존재, 신비, 성사관습의 조합물

이미 검토한 강론은 신의 존재와 저작물의 성사관습을, 체험에 일치시켜 베르나르는 신앙 증거를 제시하고 있다. 베르나르는 강론의 출발점으로서 신의 존재가 정신의 인식작용으로 발원하여 우선 찬미가에서처럼 저작물의 성사관습으로 신의 존재를 우선 어떻게 체험하느냐 문제를 제기했다. 여하튼, 베르나르는 활발한 명상을 거치면 신의 존재가 소리로 부활되어 심리변화를 일으킨다는 것이다. 베르나르는 바로 인간의 심리변화 이후의 진행과정을 강론내용에서 다루고 있다. 베르나르는 신의 존재 문제가 다양한 면을 지니고 있기 때문인지 어느 부분에서도 성사관습을 자기의 『해석론』에 관련 지우지 않고 있다.

그럼에도 베르나르는 일단 신의 존재 문제를 검토하면서, 강론 17-23에서 신의 존재, 성사관습, 자의식, 인간의 결속과 분리를 성사관습 개혁에 관련 지워 분석하고 있다. 여기서는 수도원 공동체 구성원의 결속이나 분리로 나타나는 신의 존재와 성사관습 개혁을 검토하고자 한다. 베르나르는 인간의 결속과 분리에 대한 근본 문제를 정당한 성사관습과 정당하지 못한 성사관습에 관련 지워 분석하며 신의 존재와 마음이 아닌 감각의 인식작용, 즉 개인 감정에서 기인한다고 지적하고 있다. 베르나르는 정당한 성사관습을 인간의 결속이나 분리에 관련 지운 분석방법을 바로 강론 17 신의 존재 전달방식에서 언급하고 있다. 베르나르는 강론 17에서 신의 존재를 “당신의 이름이 기름처럼 쏟아져 나오고 있다”는 문장으로 표현하고 있다.

베르나르는 인간이 충분하다고 느낄 정도로 성사관습의 신비를 다시 음미하고, 인간이 ‘신의 존재에게 올리는 성사관습’에서 깊숙한 내면에까지 들어가는가라고 문제를 제기하고 있다. 다시 아니면 인간이 지금 ‘정당한 성사관습에 까지’ 더욱 깊숙이 들어가야 하는가라고 언급하며 신의 존재 문제를 베르나르는 제기하고 있다. 베르나르는 성사관습에서 생기는 정신의 인식작용을 인간의 마음 속 뿐만 아니라, 신의 존재를 종족언어 표현관습에 관련된 문제로 판단하고 있다. 베르나르는 인간이 분명히 정신의 인식작용으로 기름의 밑반찬을 지상에서나 성사관습에서도 유지하도록 기도하고 있다. 다시 베르나르는 인간이 구원의 기회를 위협 당하지 않고서는 신의 존재를 파악할 수 없다는 것이다. 베르나르는 인간이 신의 존재가 언제 오고 가는지를 인식할 수 있는 능력이 없기 때문에 위험으로 가득차 있다는 것이다.

베르나르는 신의 존재 표지를 신학에서 성사관습의 대립논리로 만들어 신의 존재를 인식작용의 대비물로 표현하고 있다는 것이다. 베렝가르와 아베라르는 자기네 신학에서 신의 존재 관례가 타당한 판단기준의 인식작용이라는 인간의 인식능력으로부터 출발했다는 것이다. 그러나 베르나르는 신의 존재를 분석하기 위하여 엘리야의 정신이 천국에 이르기 이전에 엘리야와 엘리사 사이에 있었던 최종 대화를 다음과 같이 소개하고 있다.

요르단 강물에서는 기적이 일어나 강물이 갈라졌다가 엘리야와 엘리사가 지나간 다음 강물은 본래 모습으로 돌아왔다는 것이다. 그리고 엘리야는 엘리사에게 자기가 이 세상을 떠나기 전에 엘리사를 위하여 무엇을 할 수 있는가라고 물어보니 엘리야는 "네가 나에게 '두 가지 정신'을 주었으면 좋겠다"고 대답했다. 엘리야는 두 가지 정신을 주기란 불가능한 일인데 만약 엘리야가 천국으로 올라갈 때, 엘리사를 보았다면 소망은 이루어졌을 것이나, 엘리야가 엘리사를 보지 못했다면 소망은 이루어지지 못했을 것이라고 언급했던 일화내용을 베르나르는 소개하고 있다.

요르단 강물에서 일어났다는 엘리야와 엘리사에 관한 기적 이야기는 베르나르의 관심을 끌기에 충분했다. 요르단 강물의 기적이야기는 시각의 인식영역에서 뚜렷하게 나타나는 사건이었을 뿐만 아니라, 감각의 인식영역에서도 명쾌한 성사관습의 대비물을 활용하여 무형의 기적을 종족언어 표현관습에 일치시키며 무형의 기적 이야기를 종족언어 표현관습에 일치시키기 위한 신의 존재가 감각의 인식작용으로 있다는 것이 확증되는 장면인 것이다. 이는 곧 실제의 성사관습 변화를 표지한다는 것이다. 베르나르는 성사관습의 대비물을 활용하여 전달되는 무형의 기적 이야기에 대한 '표상'이 인간을 위하여 기술되어 있다고 단정하고 있다. 따라서 우리는 우선 '자신의 구원'을 세심하게 관찰해야 하며, 그 구원이 신의 존재를 인식하는 인간의 정신 안에서 예리하고 묘미 있게, 그리고 "끊임없이 나타나서 작용하게 된다"고 지적하고 있다.

신의 은총은 무형의 성사관습으로 인식될 수도 있으나 유형의 존재로 인식되어 징표를 남기고 있다는 것이다. 인간은 또한 신의 은총 표지를 인식하여 정신의 중단없는 인식작용으로 신비를 불러일으킬 수도 있다는 것이다. 만약 인간이 두 가지 신비를 상실하지 않는다면, 신비의 표지는 인간에게서 결코 사라지지 않도록 신의 존재가 신비를 만들어낸다는 것이다. 그래서 신의 존재는 인간에게서 일어나는 성사관습 변화까지 파악할 필요성을 느끼지 않게 된다는 것이다. 인간은 신의 존재라는 기존 신앙 때문에 여러 가지 어려운 상황에 직면하고 있으나 소리로 전달되는 신의 존재에게 기대고 있음이 틀림없다는 것이다. 그러니 인간은 언제나 정신을 똑바르게 차리고, 신의 존재가 자기에게 언제, 그리고 어떻게 도래하게 될지 모른다는 것도 예상하고 있어야 한다는 것이다.

인간은 두 가지 전문 지식을 소망하여 소리나 글자의 대비물로 전달받고 있다는 것이다. 베르나르는 타당한 판단기준의 인식작용으로 보편타당한 성사관습을 정당한 성사와 부당한 성사로 세세하게 구분하는 표준을 세워 실행하고 있다. 베르나르는 단순히 '신의 존재 문제를 제기하는 것'과 '성사에 대한 오류 기미를 내색하는 것'을 전혀 다른 차원으로 파악하고 있다. 인간은 무지함을 모르고 지내려 하지 않는다. 따라서 인간은 오류의 올가미를 회피할 수 있을 것이다. '오류'의 '화두'는 모체인 무지의 처참한 소산임을 소리의 대비물을 해석하는데서 파악하게 될 수도 있다는 것이다. 정신의 인식작용으로 표현되는 경우 이런 '오류'의 '화두'는 사라지게 된다고 부언하고 있다. '오류'의 '화두'는 신의 존재에 대한 오류로서 뿐만 아니라 '명확하고 타당한 성사'로서, 요컨대 신의 존재에 대한 오류는 정신의 인식영역에서 명확하고 타당한 성사로 대체되고 있다는 것이다.

특히 베르나르는 신의 존재를 정신의 인식작용으로도 인간에게 명확하게 전달되지 않을 경우, 인간은 신의 존재에 대하여 경계 대상이 되고 있음이 확실하다고 부언하고 있다. 그와 같은 동기에서 정신의 인식작용으로 파악한 신의 존재는 실제로 종족언어 표현관습과 타당한 성사관습을 일치시키고 있다. 더욱이 베르나르는 혹자가 알지도 못하는 신의 존재를 경솔하게 주장하는 것이 신의 존재를 단순한 해석에 불과하다고 단언하는 것이나 아닌지를 더욱 깊이 있게 분석하고 있다.

혹자는 신의 존재에 대한 오류를 정당하다고 지적하기도 하고, 또 다른 혹자는 자기가 알지 못하는 신의 존재에 대해서도 쉽게 단정도 하게 된다는 것이다. 신의 존재에 대한 오류를 정당하다고 파악하는 사람을 훌륭하게 신앙심을 지키고 있는 사람이라는 것이다. 그러나 자기들이 알지 못하는 신의 존재를 언급하는 사람은 신의 존재를 정확하게 파악하지도 못하고 전달하고 있다는 것이다. 신의 존재에 대한 오류 전달자는 비록 자기 오류를 내색하지 않지만 신의 존재에 대하여 확실성을 지니고 있는 것처럼 행동하고 있다고 베르나르는 지적하고 있다.

신의 존재를 전달하는 소리에 따라서 혹자가 뜻하지 않게 신의 존재에 대한 타당성을 주장하며 신의 존재를 언급하는 경우에도, 신의 존재에 대한 오류는 발생할 수 있다고 베르나르는 언급하고 있다. 종족언어 표현관습으로 전달되는 신의 존재를 타당한 판단기준의 인식작용으로 신의 존재를 파악하게 되는 경우, 현재 상태를 언급하고 있는 것이나 다름없다는 것이다. 신의 존재를 소리로 전달하게 되는 현재 상태는 단순한 주장이나 확인으로 변경될 수도 없다. 그래서 인간은 도덕과 윤리를 분리하고 있다.

도덕은 현재 상태에 대한 판단기준의 인식작용으로부터 출발하고 있다. 따라서 인간의 도덕과 성사관습의 개혁은 인간 자신에 대한 외부의 어떤 의례관습, 요컨대 일련의 강론을 가지고서는 출발할 수 없다. 급격한 사회변화는 도덕 개혁을 전제하여 정신의 인식작용으로부터 감각의 인식작용에 이르는 범위에서 진행되는 개혁이다. 베르나르는 거기서 신의 존재에 대한 타당한 서술을 성사관습으로 파악하는 것이 아니라 신의 존재를 감각의 인식작용에 일치해 있는 것으로 파악하고 있다. 베르나르는 그 동안 의지나 성사관습의 결과를 신의 존재에 대한 서술로 파악했다. 정신의 인식작용으로 파악했던 신의 존재, 즉, "당신의 이름이 기름처럼 쏟아져 나오고 있다"는 지적에서 우리 인간이 무엇을 입증하게 되는가 문제를 제기한 바 있다.

베르나르는 주로 정신과 체험의 인식작용으로 신의 존재를 입증하고자 시도하고 신의 존재가 인간을 구원하여 세운 도덕과 윤리를 체험하여 확고하게 다지고 다른 사람을 구원한다는 명목을 인간 외면으로 장식하고 있다. 인간은 스스로를 위하여 신앙심, 희망, 동포애, 지혜나 전문 지식을 비롯하여 구원의 은총, 필요한 예언을 갈구하고 있다. 베르나르는 인간이 신의 존재를 정신의 인식작용으로 파악해야 하는 '내면의 탐욕'이나 '외부의 발산'과 같은 대상이라고 지칭하고 있다.

인간은 자신을 위하여 유보되는 정신의 인식작용을 다른 사람에게 전가하려 해서는 안된다고 강조하며, 인간 스스로나 다른 사람에게도 운명으로 확정되어 있는 정신의 인식작용을 유보해두고자 억지를 부려서도 안된다는 것이다. 베르나르는 신의 존재를 전달하는 소리가 신의 존재에게 형제들의 정신을 전하는 매개체라기보다, 신의 존재를 담을 수 있는 정신의 그릇으로 인식해야 한다고 주장하고, 형제들에게도 이를 요구하고 있다. 베르나르는 어떤 것을 나누기 이전부터 신의 존재가 종족언어 표현관습의 그릇에 채워질 때까지 기다려야 한다는 점을 거듭 강조하고 있다. 또한 인간은 누구나 솔로몬의 경고내용을 망각해서는 안된다는 것이다.

즉, 바보는 '마음의 인식작용'을 한꺼번에 말해 버리는 사람을 지칭하고, 현명한 사람은 "다음 순간에 대비하여 어느 정도의 내용만을 이야기하는 사람이라고 강조하고 있다." 현재 신의 존재는 여러 가지 성사관습을 유지하면서도, 그 정신을 담아둘 종족언어 표현관습의 그릇을 거의 보유하지 않고 있다는 것이다. 대개의 경우 사람은 '쏟아 부을 수 없는 것'을 쏟아 붓고자 하고, 청각의 인식작용으로 청취하기보다 소리로 표현하기를 배우고, 다시 가르치기를 원하고 있다는 것이다. 비록 능력 없는 사람조차도, 기꺼이 다른 사람의 통치를 반대하지 않고 순응하게 된다는 것이다.

그런데도 진실한 마음의 변화는 체험의 재구성을 필요로 하며, 특히 현상과 역사에서 존재하는 크리스트를 받아들여 따르게 된다고 강조하고 있다. 베르나르는 강론 20에서 크리스트의 성사관습을 분석하고 있다. 강론 20에서 베르나르는 다시 한 번 정신의 인식작용으로 무지한 사람에게 계시의 필요성을 역설하면서, 지상으로 내려온 크리스트의 존재 근거를 신의 존재라고 확인하고 있다. 만약 어떤 사람이 크리스트를 사랑하지 않는다 하더라도, '저주받은 자'가 되어야 할 것이라는 사도 바오로의 가르침을 베르나르는 활용하고 있다.

그러나 사도 바오로의 이런 가르침이 무엇을 의미하는 가라고 베르나르는 문제를 다시 제기하고 있다. 크리스트는 무엇보다 인간의 존재, 인간의 생명, 인간의 인식능력 원천이어서 존경의 대상이 될 수 있다는 것이다. 신의 존재에 감사하지 않는 것은 신의 존재를 무가치하게 만드는 것이나 다름없다고 베르나르는 강조하고 있다. 사도 바오로는 인간의 이러한 상황을 극복하고 크리스트를 위하여 살아가려고 노력하지 않는 자를 이미 죽은 자로, 그리고 인식능력을 갖추지 못한 자를 바보로 지칭했다고 베르나르는 거듭 강조하고 있다.

크리스트를 위하여 존재하지 않는 자는 이미 아무 것도 아닌 것이라고 부언하고 있다. 성사관습의 구성요소에서 인간은 창조자와 관련되어 있다. 인간은 현재의 인간을 위하여 존재하고 있으나 창조자는 인간으로서 인간에게 알려지기 위하여 존재하고 있다는 것이다. 물론 신의 사랑은 크리스트의 사랑과 동일하지 않지만, 신의 존재는 만물을 기적으로 만들었다는 것이다. "우리를 구제하는 임무를 수행하기 위하여 크리스트는 지상에서 성작을 들어 마셨다." 신의 존재는 세상을 창조하는 과정에서 단순하게 기적을 행하고, 성사관습으로 크리스트에게 인간에 대한 신의 사랑을 전달했다는 것이다.

반면에, 지상에서 고통을 당할 적에 크리스트는 우리를 구원하기 위하여 혼신의 힘을 다해 이미 노력한 바 있다. 크리스트는 세상의 경멸까지도 감수하셨다. 크리스트는 우리가 존재하기 이전에 우리에게 사랑을 베풀었고, 우리의 저항에도 불구하고 우리에게 사랑을 베풀었다. 그래서 인간은 크리스트를 사랑하며 경배하고 있다. 현재 인간이 늘 보고 지내는 신의 징표를 분석해 보면, 베르나르는 주요한 기도내용에서 '감각의 인식작용으로 파악한 신의 존재'를 '사랑의 선택'이라고 설명하고 있다. 왜 그런가라고 베르나르는 의구심을 나타내고 있다.

신의 표상은 인간으로 하여금 현상의 크리스트에게로 향하게 만들고 있음과 동시에, 현세에 머무는 동안 크리스트가 이행하고자 시도했던 방향으로 향하도록 인도하고 있다고 베르나르는 부언하고 있다. 신의 존재는 시각의 인식작용에도 나타나지 않는다. 그런데도 신의 존재는 시각의 인식작용으로 우리 인간을 보고 있다. 그래서 신의 존재는 인간으로서 인간들과 함께 생활할 수도 있다. 신의 존재는 표상으로 정신작용의 인식작용을 변화시키고 있다. 신의 존재는 또한 세속에서 자기를 사랑할 수 있는 방법을 터득하고 있는 사람을 그려내고 있다.

인간이 성사관습으로 신의 존재 문제를 인식하면, 베르나르는 크리스트의 '모습이 단지 추종자로 하여금 세속 사건을 유보하여 남겨 놓은 것'이라고 제안하고 있다. 십자가에 못 박힌 예수의 모습 앞에서 추종자들은 죽음의 소식을 듣고서 참을 수 없었다는 것이다. 반면에, 이후의 슬픔으로 인해 크리스트의 추종자들은 그의 승천을 증명할 수 없었다. 바로 이러한 점에서 크리스트의 승천을 무형이기는 하지만, 크리스트의 육체에 대한 기도의식을 정신의 영원한 인식작용으로 파악했던 존재가 신의 존재라고 지적하고 있다.

크리스트의 살은 살에 관해서가 아니라, 크리스트에게서 신의 존재처럼 보였다. 크리스트의 살은 또한 천사의 힘을 상징하여, 상징물로서 전문 지식의 매개체로 활용되고 있다. 크리스트는 결국 천사의 힘인 도덕과 윤리를 나타내지 않고, 오히려 천사의 힘에 귀속된 것으로 나타나고 있다. 사랑의 세 가지 단계는 '감각의 인식작용으로 선택되는 신의 존재', '타당한 판단기준의 인식작용으로 파악되는 신의 존재', '정신의 인식작용으로 전달되는 신의 존재'로 나타난다고 베르나르는 부언하고 있다. 신의 성행위는 신의 존재에 대한 사랑을 물론 육체에서 출발시키고 있다. 그러나 성행위의 사랑은 우리로 하여금 세상사를 극복하여 나아가도록 안내할 수도 있다. 신의 존재에 대한 사랑은 성숙함에 따라서 타당한 판단기준의 인식작용 단계, 즉 정신의 인식작용에 이르고 있다. 신에 대한 사랑은 탈선행위가 없는 모든 크리스트의 성사관습을 신봉하면서, 냉정한 절제를 행동으로 표면화하도록 타당한 판단기준의 인식작용을 활용하고 있다.

신의 존재에 대한 사랑은 바로 그래서 일종의 법률이며, 정전에서도 타당한 판단기준의 인식작용으로 더욱 명백하게 확증될 수 있다. 또한 사랑은 모든 어려움을 극복하고서 '정신작용의 힘'을 부가하게 되는 경우, 정신의 인식작용에 근거하게 되는 것이다. 베르나르는 사랑과 그 관례를 정전의 성사관습과 일치시키고 있다. 즉, 신의 존재에 대한 사랑의 당사자인 현상의 크리스트로부터 성사관습과 윤리의 크리스트로 표면화하고 있다. 바로 신의 존재에 대한 서술은 정전에 담긴 사랑이며, 다시 정신의 인식작용으로 신의 존재와 인간을 하나로 결속하고 있다. 신의 존재는 강론 21에서도 정신을 급격하게 변화시키고 베르나르에게도 행동을 표면화하고 있다. 베르나르는 강론 21에서 나를 받아들이면, 그 사람은 고약 냄새에 따라서 추종자를 쫓아가게 될 것이라고 언급하고 있다.

그러나 어떻게 인간은 크리스트에게 인도되는가와 상대자가 그 정신을 가지고 살아가는 사람이 어떤 해결 불가능한 곤궁에 처하고 있는가라는 문제를 베르나르는 그의 형제에게 제기하고 있다. 베르나르는 그와 동일한 상황에 처해 보지도 못했고, 커다란 어려움 없이 그 상황을 뛰어 넘지도 못하고 있는 것까지도 지적하고 있다. 정신의 성숙과정은 실제로 인간으로서가 아니고, 정신의 인식작용으로 나타나고 있다. 정신의 인식작용은 신의 존재에 대한 중개자로서, 점차 성숙되기를 소망하는 바에 따라서 나아가고 있다. 더군다나 수도자들은 신의 존재에서 발생하는 공동체 구성원의 결속과 분리의 문제를 정신의 인식작용과 관련 지우고 있다. 수도자들은, 즉 자기들의 체험에서 발생하는 신의 존재를 전달하는 과정을 조금만 유심히 분석하게 된다면, 공동체 구성원의 결속의식과 분리의식을 우연하게 파악할 수 있을지 모른다고 베르나르는 설명하고 있다.

수도자들은 '인식작용의 정지상태', '인식작용의 출발상태'인 '화두단계'를 감각의 인식작용으로 인식하게 된다고 베르나르는 강조하고 있다. 물론, 이 경우 수도자들은 언제나 신부의 길을 따라 가야만 한다는 것이다. 인간에게 유혹이나 의지의 쇠약상태가 흔히 다가올 수도 있다. 그런데도 인간은 정신으로 고약냄새를 찾아가듯이, 신앙을 실천해야 한다고 지적하고 있다. 다음으로 인간은 한 시대의 흥망성쇠를 겪게 될 수도 있다. 그런데도 인간은 영원한 표상을 찾아내어 자기 스스로 정신작용의 영속성을 유지하며, 영원한 표상을 거울에서 반사되는 모습처럼 변화무쌍하게 반사하고 있다. 이러한 의미에서 인간은 "표상의 모습처럼 영원한 상태에 도달하고 있다."

영원한 표상의 성숙과정에서 인간은 영원히 신의 존재에 대한 과거인의 의식 존재관습을 종족언어 표현관습에 새롭게 '적응시켜' '개조되기' 시작한다는 것이다. 영원한 신의 존재는 변화도, 변화의 영상도 존재하지 않고 있다. 인간은 자기 자신이 영원한 신의 존재와 유사하게 모방하려는 어떤 의식관행을 정신의 인식작용으로 출발시킬 수도 있다는 것이다. 바로 여기서 베르나르는 성사관습의 변화 문제에 접근함고 동시에 학문의 분석방법을 성사관습의 대비물과 종족언어 표현관습에 관련 지우며, 종족언어 표현관습의 중요성을 강조하고 있다. 인간은 외부 영향을 받아서 신의 본래 모습을 창조자의 표상으로 파악하지 않으려는 속성을 지니고 있다. 인간은 타당한 판단기준의 인식작용으로는 자기가 상실한 신의 존재조차 다시 완벽하게 재생할 수 없다. 인간은 스스로의 행동으로 정신을 변화시키지 않으면 안된다.

베르나르는 인간을 본래부터 창조자의 모방과정에서 만들어진 '귀족이라는 피조물'로 파악하고 있다. 베르나르는 무상하게 지나치는 세계로부터 인간을 몰아내고, 사도 바오로가 시사하는 신의 존재를 '감각의 인식작용'으로 파악하는 정도에 따라서 인간은 "신의 존엄한 존재를 만회하게 된다"고 강조하고 있다. 신의 존재와 창조의 그 같은 관련성은 '성사관습의 변화'와 '새로운 성사관습' 사이에서 나타나고 있다. 성사관습의 변화를 베르나르는 광범한 강론 23에서 서술하고 있다.

강론 23에서 베르나르는 신의 존재를 '국왕의 저장고'로 지칭하고 있다. 신의 존재라는 저장실은 '정원'과 찬미가의 후속 가사에서 나타나는 '침실'과 함께 다루어지고 있다. 강론 23에서 베르나르는 글자로 표현되는 신의 존재를 정신의 인식작용에 직접 관련 지워 분석하고 '정원'을 역사사건으로 파악하고 있다. 강론 23의 저장고는 도덕과 윤리를 지칭하고 있다. 또한 침실은 '의례관습을 냉정하게 분석할 수 있는 비결'을 나타내고 있다. 강론 23에서는 규정하는 원칙에 따라 진행되지 않고 있다. 반면에 베르나르는 각각의 성사관습을 스스로의 체험과 함께 언급하고 있다.

강론 23에서 정원은 '역사'이다. 정원 소유자는 신랑이었다. 신랑은 정원에 서 있는 과일 나무나 에덴 동산에 서 있는 과일 나무처럼 우리가 역사라는 정원에서 인간의 '도덕과 윤리'를 찾아내기를 갈망하고 있는 것이나 다름없다고 지적하고 있다. 인간이 선량한 행적으로서 도덕과 규범을 유지하려는 성사관습을 끌어낼 수 있다는 것이다. 한 명의 착한 사람은 그 정원에 심어져 있는 한 그루의 나무를 의미하고 있다. 더욱이 그 정원은 일련의 역사를 지니고 있다. 역사는 세 개의 장, 즉 천지창조 시기, 화해 시기, 만민구제 시기로 구성되어 있다. 도덕과 윤리를 감각의 인식작용으로 분석해 보면, 신의 존재가 마치 포도주, 양념, 고약이 들어 있는 세 가지 저장실처럼 파악되고 있다.

그러나 세 가지 창고는 금욕수행관습, 자연, 은총과 일치하고 있다.

첫 번째 창고인 윤리에서는 인간이 가르침을 잊으면 어떻게 '더욱 타락하게' 되는가를 터득하고 있다.

두 번째의 창고인 자연에서는 인간이 어떻게 '평등하게' 되는가를 깨우치고 있다.

세 번째의 창고인 은총에서는 인간이 어떻게 탁월해지게 되는가를 배우고 있다.

베르나르는 이 세 가지 창고를 통하여 어떻게 인간이 다른 사람 아래에서, 다른 사람과 함께, 다른 사람 위에서 살아갈 수 있는가를 신의 존재에게서 배워야 한다고 베르나르는 권고하고 있다.

자연은 모든 인간을 평등하게 만들었다는 것이다. 그럼에도 자연은 인간의 자만심 때문에 오염되었을 뿐만 아니라 인간 스스로까지도 결국 시기심과 욕심 때문에 타락하고 말았다는 것이다. 그래서 처음 저장고에서 인간의 행동은 계율에 따르며, 표현자의 성사관습까지도 완화되고 있다는 것이다. 인간의 자만심은 결국 겸손으로 바뀌어 마음의 치유에 이르게 된다고 지적하고 있다. 인간은 자연에 대한 애정을 통하여 다른 사람과 협력하여 살아가는 것을 배우도록 일깨워 주고 있다. 이 경우 두 번째 저장고인 자연 그 자체를 비로소 알아차리게 되는 것으로 일깨워 주고 있다. 바로 두 번째의 저장고인 자연의 창고에서 인간은 수도원 공동체 구성원의 결속원리를 체험으로 인식하고 있다.

인간은 또한 윤리를 지키도록 길들어져 도덕과 윤리를 유지하면서 '자연상태의 선'을 찾아가고 있다. 인간은 권위와 질서가 선을 향하고 질서에 대하여 자연의 우월성에 합당하게 조화를 이루면서도 자연의 우월성을 찾아가고 있다. 그러나 자연상태에서는 권위와 질서의 명칭만 밝혀지지 않고, 두 가지 저장고인 가르침과 자연을 특정한 선을 그어 구분하고 있다. 수도자들은 평화와 조화를 유지하며 공동체 생활을 영위하고 있다. 그럼에도 수도자들은 행복을 추구할 수 있는 능력을 완벽하게 갖추지 못하고 있다. 수도자가 특정한 절대자에게 복종하는 것과 인식영역으로부터의 의지력으로 인하여 복종하는 것은 전혀 별개의 것이라고 지적하고 있다. 이와 마찬가지로, 무리하지 않고 조화를 이루도록 통치하는 '절대자'도 거의 없으며, 오만하지 않고, 겸손하게 통치하는 우월자는 더욱 없다는 것이다.

정원은 절대자의 저장고에 존재하고 있다. 베르나르는 다시 절대자의 침실을 분석하고 있다. 과연 자기가 신의 존재에 대한 표지에 대한 현재 상태를 파악할 수 있다는 전제를 설정할 수 있는가라는 문제를 베르나르는 제기하고 있다. 실제로 신의 존재에 대한 표지를 현재 상태에서 깨달을 수 있는 체험은 전적으로 신부의 의지에 달려 있다는 것이다. 그러나 신부는 여러 가지 저장고인 침실을 지니고 자기가 지닌 모든 표지 인식행위를 다른 사람에게 나누어주려고 시도하고 있다는 것이다. 그런데 절대자인 왕 또한 서로 다른 여러 부인을 위하여 필요로 하여 여러 침실을 지니고 있다고 지적하고 있다. 베르나르는 세 개의 그 같은 저장고를 설명하고 있다.

베르나르는 그 저장고를 '신랑 본가'라고 지적하고 있다. 저장고에서 국왕은 우주 만물의 통치자로서 법률을 확정하여 자문단과 서로 의견을 교환하고, 모든 창조물과 표상의 관계, 그 창조물의 비중과 가치, 숫자를 결정하고 있다는 것이다. 저장고가 위치상으로는 높다 하더라도 결코 조용하지 않는데도 신랑은 '아무런 무리 없이' 만사를 결정하여 해결하고 있다는 것이다. 그래서 냉정한 관조상태는 어떤 특정한 위치도 차지하지 않은 상태임을 일러두고 있다. 즉, 신랑은 재미를 보던 끝에 지쳐있는 상태인데다 신부가 이후 찬미가의 몇 가지 가사처럼 가슴을 열어 놓은 상태에서 잠을 자는 탓으로 돌리는 경우의 신비를 나타내고 있다. 이와 유사하게 모든 영혼은 감각의 인식작용으로 지칠 줄 모르는 욕망 때문에 달콤한 사랑에 빠지고 싶어할지도 모른다는 것이다.

두 번째 장소는 신에게서 버림받고, 타당한 판단기준의 인식작용으로부터 창조물을 반복하여 감시하는 곳이다. 두 번째 장소는 정의를 지니는 심판관의 본가인 것이다. 물론 심판자는 자손인 인간 위에서 왕의 자문단을 두려워하고 있다. 심판자는 또한 어리석을 정도로 냉정하게 관조하고 있다. 심판자의 관조는 신의 곡예를 주시하고 있으나, 전혀 내색하지 않고 있다. 심판자는 이러한 판단이 영원히 냉담

해지는 사람들의 행적을 받아들이기를 거부하거나, 그 행적을 개선하기를 바라지 않고 있다. 또한 심판자는 다소간 '영원히 타당한 판단기준의 인식작용과 감각의 인식작용으로 전달되는 신의 존재'에 따르고 있다. 심판자는 타당한 판단기준의 인식작용을 가능케 만들어 심판자를 불변의 위치에 올린 다음, 심판자에 대하여 더욱 공포를 느끼도록 위협하고 있다.

특히, 베르나르는 성직 매매를 일삼는 교회조직과 정신의 자산을 남용하는 성직자들을 훈계하고 있다. 베르나르는 누가 도대체 그와 같이 무시무시한 장소에서 머무르고자 하겠는가라는 문제를 제기하고 있다. 베르나르의 통찰력은 '침실의 안전유지가 아닌', 심판관에 대한 두려움을 자극하는 것처럼 부각되고 있다. 저장소는 심판자에 대하여 공포심을 조장하여 방관하지 않겠다는 의지를 천명하고 있다. 그러나 두 번째 장소는 처음의 장소와는 대조를 이루고 있다. 두 번째 장소에서 '지혜의 입문'에 이르도록 작용하고 있다. 베르나르의 평가는 너무나 합당해서 성사관습과 신의 존재를 일치시키는 관계를 너무나 적절하게 요약하고 있다.

그래서 문맥에 담긴 신의 존재를 다음과 같이 충분하게 인용하고 있다. 즉, "너희들 자신이 혼란에 빠지지 않게 되면, 나는 처음의 저장고보다는 오히려 두 번째 저장고에다 지혜의 원천을 부여하고 있다. 처음의 저장고에서는 강론실에서처럼 모든 신의 존재를 가르쳐주는 안방의 주인처럼 '전문 지식'의 소리를 듣고 있는 것이다. 그러나 두 번째 저장고에서는 모든 신의 존재에 대한 가르침을 전달받고 있다. 처음 저장고에서는 신의 존재에 대한 가르침을 '전달받고', 두 번째의 저장고에서는 '신의 존재로부터 감독 받고' 있다. 신의 존재에 대한 가르침에 따라 전문 지식인이 될 수도 있고, 애정의 소유자, 지혜의 소유자가 될 수도 있다. 태양은 따뜻하게 만들어 준다고 해서 모든 것을 빛나도록 만들지는 않는다"는 것이다.

이런 맥락에서 '전문 지식인'은 '이루어질 수 있는 것'을 여러 사람에게 가르쳐 주며, '지혜를 주입하려는 임무를 수행하라고' 인간에게 계속하여 재촉하지도 않는다는 것이다. 여러 가지 재산을 파악하는 것과 재산을 소유하고 있는 것은 전혀 별개의 것이다. 또한 어떤 인간을 부유하게 만든다고 해서 「성사관습에 대한 주지사항」까지 언급할 수는 없다는 것이다. 실제 '소유'는 인간을 부유하게 만들고 있다. 그와 동일한 맥락에서 신의 존재를 '아는 것'과 신의 존재를 '두려워하는 것'은 전혀 별개라는 것이다. 인간을 지혜롭게 만드는 것은 신의 존재에 대한 인식이 아니라, 오히려 '공포'이며, 공포로 인해 애정을 갖게 된다는 것이다. "너희는 전문 지식을 갖춘 인간을 지혜 있는 사람이라고 불러서는 안된다"고 지적하고 있다. 신의 존재는 '신의 존재를 알기 위하여 영혼에게 가르침을 전달하는 경우가 아니라, 두려움을 주기 위하여 영혼에 애정을 느끼고', '그 영혼의 묘미'를 느끼고 있다는 것이다. 지혜의 출발은 구세주에 대하여 두려움의 표지라고 베르나르는 언급하고 있다. 너희는 신의 심판을 두려워하고 있다. 너희는 신의 능력을 두려워하고 있다. 신의 존재에 대한 두려움으로부터 '향기'가 퍼져 나오기 때문에, 심판능력과 전능한 능력을 소유하는 신의 존재에 대하여 묘미를 지니게 되는 것이라고 일러두고 있다.

'전문 지식'은 인간으로 하여금 사실을 더욱 정확하게 확인시켜 주고, 사실을 풍부하게 축적하도록 도와주고 있다. 이와 마찬가지로, 신의 존재로부터 나오는 향기는 인간을 그만큼 지혜롭게 만들어 주고 있다. 그렇다면 처음 저장고에서는 도대체 어떤 일이 일어나는가라는 문제를 베르나르는 제기하고 있다. 저장고는 인간에게 지혜를 대비하게 하는 것에 불과하다. 두 번째 저장고에서는 신의 존재에 대한 '출발자'가 되기 위하여 처음의 저장고에서 대비물을 활용하여 전달되는 성사관습 창출자가 되어야 한다. 대비물을 활용하여 소리의 존재로 존재의 관례를 부여하는 행위는 '신의 존재에 대한 세 번째 인식행위'이다. 결론으로 처음 저장고에서 '지혜로 상승하고' 두 번째의 저장고에서는 '출발자'가 되고 있다.

베르나르는 바로 여기서부터 세 번째 '저장고', 즉 침착하고 고요한 저장고를 심판자나 스승으로서가 아니라 신부의 위치로서 분석하고 있다. 베르나르는 결국 저장고에서 풍겨 나오는 신비의 기쁨에 따라 살아가고 있다. 저장고를 '성스러운 신의 거처', 즉 '왕의 진정한 침실' 내지 '완전한 평화의 가정'이라고 지적하고 있다. 베르나르는 결론으로 언급하는 문단에서 체험과 정신작용의 변화를 성사관습의 핵심과 일치시켜 재평가하기 위한 목적으로 「성사관습에 대한 평범한 주지사항」을 제시하고 있다. 지금까지 여기서는 베르나르의 강론을 신의 존재와 종족언어 표현관습을 서로 관련시켜 분석했다. 법률과 규범이라는 저장고는 수도자들이 신에 관하여 배우는 곳이다. 베르나르는 '전문 지식', '인식작용', '성사관습의 도입' 등에 관하여 언급하고 있다.

처음 저장고는 성사관습의 대비물을 활용하여 전달되는 신의 존재를 파악하면서 두 번째 저장고에 이르고 있다. 두 번째의 저장고에서 인간은 신의 존재를 행동으로 실천하고 있다. 또한 수도자들은 '성사관습 도입'에서 '성사관습', 즉 신의 존재로 저작물의 성사관습을 인식하고, 주제로서 그 저작물에 동화되는 형식으로 진행하고 있다. 성사관습의 변화는 신의 존재에 대한 상승과정으로 단순한 성사관습만이 아니었다. 종족언어 표현관습을 활용하는 미사의식처럼 저장고는 신이 존재에 대한 향기를 포착하는 관능의 인식작용과 정신의 인식작용을 일치시키는 역할을 담당하고 있다. 두 번째 장소에서는 처음 저장고에서처럼 끊임없는 성사관습으로 활동하는 신의 존재를 드러내고 있다. 그럼에도 그 저장고는 서로 다르게 분류되고 있다. 처음의 저장고는 습득한 전문 지식에 대하여 분석하고 있다. 또한 두 번째 저장고는 전문 지식의 활용을 관심대상으로 삼고 있다. 이 두 저장소의 관찰행위는 법률을 최후에 부여한 절대자, 즉 심판자의 행위인 것이다. 바로 그래서 인간은 법률에서 복종으로 상승하고, 성사관습과 신의 존재를 일치시킴으로서 간단하기는 하지만, 세 번째의 상황, 즉 은총의 기대치인 축복을 내리는 내세상에 이르고 있다.

그럼에도 세 번째의 저장소인 침실은 일종의 신비의 내세상이다. 침실은 두 개이며, 이전의 상대자에 대하여 활발한 반복작용을 일으키고 있다. 은총은 신의 존재에 함축된 의식관행에 따라 미래에 대한 축복이기는 하지만, 신비를 지상에서 확증하고 있다. 그리하여 다시 한 번 현상과 정신의 인식작용으로 공동체 구성원을 결속시키고 있다. 베르나르는 성사관습과 저작물의 통합을 종족언어 표현관습으로 체험하고 있다. 인간은 금욕수행관습에서 자연으로 진행하고, 이 상황에서 윤리에다 복종을 첨가하게 되는 것이다. 또한 거기서부터 은총으로 진행하고, 그 상황은 이 양자를 단일한 종족언어 표현관습에 일치시키고 있다. 은총은 동시에 인간이 지상에서 신비를 체험하게 됨에 따라서 결국 계율을 선택하고, 윤리를 적용하여 자연을 활용하기에 이르러 현상을 인식하게 되는 것으로 일깨워 주고 있다. 여기서는 은총을 '성사관습', 즉 목적과 주체를 결속시키는 수단으로 지적할 수도 있다. 여기서 신의 존재는 저작물에서처럼 성사관습과 종족언어 표현관습의 결합형태로 반복되자, 당대인들은 현상을 인식하게 되었던 것이라고 지적할 수 있다.

4.4. '신'의 존재, 표상, 인간

베르나르는 신의 존재와 신비를 사도 바오로처럼 구분하고 두 가지 표준인간을 신비로 설정하고 있다. 그렇다면 과연 신의 존재란 무엇인가? 신의 존재는 성사관습의 대비물로 전달되기 때문에, 종족언어 표현관습 설계자만큼 상상력의 인식작용으로 표면화하지 않고 있다. 베르나르는 '성사관습의 진행'과 수도원의 고유한 '수도자 생활'을 염두에 두고 있다.

베르나르는 수도자 생활에 관한 문제를 달리 지적하면 보편타당한 성사관습과 신의 존재, 인간과 신의 존재를 주로 원인과 결과로서보다는, 수단과 목적으로 파악하고 있다. 신의 존재는 인간에게 미치는 영향력을 만물의 이치에 입각하지 않고 있다. 신의 존재는 인간의 체험, 즉 매일의 활동에 따라 살아가는 일상의 소리일 뿐만 아니라, 더욱 심오하게는 신의 존재에 대한 성서에서의 체험, '성서 해독'이 창출하는 힘 등으로 파악되고 있다. 그래서 베르나르는 그 힘으로 행동을 반복하는 것으로 표현하고 있다. 신의 존재와 인간의 결합은 강론 24로부터 50에서 성사관습의 주제를 구성하고 있다. 강론 24는 1139년 도시 로마로부터 돌아온 후에 전달받아 수정한 바 있다. 강론 24에서 베르나르는 “정의로운 사람은 당신을 사랑한다”고 언급하고 있다. 그렇다면 무엇을 ‘기존 성사관습’으로 인식할 수 있는가라는 문제를 베르나르는 제기하고 있다.

베르나르는 신의 존재 근원은 성사관습에서 출발했다. 그러나 베르나르는 시각의 인식영역으로부터 감각의 인식작용이 출발하는 것이 아니라, “정신의 인식작용, 즉 감정이나 마음의 인식작용에서 성사관습이 출발한다”고 언급하고 있다. 이것은 인간의 정신을 분할하는 것을 성사관습의 몫으로 간주하고 있다. 정신은 신의 존재를 전달하고 마음의 인식영역에서 비유하고 있다. 그래서 정신은 타락할 수 있는 것이 아니기 때문에, 신이 심성이나 ‘마음’을 바르게 만들어 인간을 바로 서서 다니게 만든 것이라고 지적하고 있다.

신의 존재는 성사관습의 대비물을 활용하여 정의의 표상으로 인간에게 다가가고, 정의의 표상은 “신이라는 소리의 존재로 계속 유지되거나 개조되고 있다”는 것이다. 이것은 인간의 정신을 분할시키는 성사관습의 몫이라는 것이다. 신의 존재는 정신의 인식작용으로 존재하고, 신의 존재와 같이 존재하게 되고자 소망하는 인간은 스스로의 마음속으로 들어가 신의 존재에 합당한 성사관습에 따라서 행동하게 예정되어 있다는 것이다. 실제로 신의 존재는 인간을 바로 서서 다니게 만들었고, 아마도 더욱 비위를 상하게 만드는 성사관습을 이미 부여하여 인간의 말쑥한 외관으로부터 호감을 사게 만들어 놓았다는 것이다. 그래서 신의 존재가 인간에게 정신의 결함을 나타내는 한편, 일종의 파편 역할을 담당하고 있다고 베르나르는 해석하고 있다.

실제로 인간은 공중을 향하여 쳐다볼 수 있는 능력을 지녀야 한다. 반면에 하늘에 있는 신의 존재는 정신의 인식작용이 가능하도록 감각의 인식작용과 애정을 지상에까지 내려가게 하여, 일종의 돼지와 같은 세속에까지 미쳐가도록 해야 한다는 것이다. 나의 영혼, 즉 얼굴의 홍조는 육체를 나타내고 있다. 육체는 신의 표지를 동물과 같은 표상과 교환하고, 즉 별처럼 빛나는 신의 존재를 타고나면 아무 것도 남아 있지 않은 재와 같은 소리와 교환하기 위한 목적으로 창조되었다. 인간은 조물주처럼 똑바로 설 수 있게 창조되었으니 '너희는 나를 너희 스스로의 길잡이', 즉 협조자로 삼도록 하여라, 너희가 뒤와 아래 어디를 보든 너희가 어느 방향의 길을 가더라도 너희는 '지혜'로부터 나오는 충고를 받도록 하여라. 그러나 내가 원래부터 바로 서 있는 나의 자세를 유지하고 있는 반면, 너희는 바로 선 너희의 자세를 지니지 않았다. 왜 신의 존재가 너희에게 파괴되어 있는 표상을 보게 하였고, 그 반면 나는 너희에 대한 대비물로서 유지되도록 해야만 하였겠는가라는 문제를 세심하게 제기하고 있다.

베르나르는 영혼에 대한 정신의 인식작용이라는 자기의 강론에서 '정신작용의 흐름'에서 발원하는 신의 존재가 본래부터 육체의 감각작용에 근거한 세속인의 성사관습이기 때문에 신부의 애인이 될 수 없다고 분석하며 결론에 이르고 있다. 그러나 현상의 표지에 나타나는 정신의 인식작용 대상인 비존재를 다시 스스로 느끼게 하고 있다. '절제'는 이 세상의 의미를 추구하고 있으나, '정확한 판단기준'은 그 위에 있는 인간을 추구하고 있다.

정의와 완성에 이르기 위하여 비존재는 "실천의식 뿐만 아니라, 행동에까지도 영향을 미치고 있음은 틀림없다." 영혼의 한계점은 인간에게 보일 수 있는 표지로 나타나지 않는다고 부언하고 있다. 그러나 영혼의 한계에도 불구하고 신의 존재는 '신앙' 뿐만 아니라 '찬미가의 음률'을 타고서 수도자 형제들에게 분명하게 전달되고 있다. 또한 베르나르는 '신앙'과 '찬미가의 음률'을 분리해서는 안된다고 자기의 수도자 형제에게 권고하고 있다. 신앙은 바로 거기서 정신, 즉 베르나르의 강론에서 창작은 성사관습으로 생명력을 유지하고 있다. 신앙의 인식도구인 정신은 신부의 음흉한 태도와 솔로몬의 흉계까지 찬미가에서 다시 나타내게 되었다고 베르나르는 결론짓고 있다.

강론 25에서는 "나는 음흉하나 아름답다"고 지적한 찬미가를 인용하고 있다. 베르나르는 "나는 음흉하나 아름답다"고 지적한 찬미가의 가사에서 무엇이 엄습해 오고 있는가라는 문제를 제기하고 있다. '무식자'는 색채와 모습을 구분하지 못하고 있다고 베르나르는 부언하고 있다. 무식자의 색채는 성사관습의 결속력과 관련되고 있다. 또한 현상은 표면을 형성하는 색소와 연계되어 있다. 그런데도 음흉하나 아름다운 색소와 아름다운 모습의 존재가 모두 흉측하게 변화된 것은 아니다.

검은 보록과 검은 머리는 사람들의 마음을 끌고 있다. 여러가지 성사관습은 표면상 퇴색했는데도 표지는 화장을 통해 실제로 아름답게 구성되었다. 신부는 순례지에서도 아름다운 모습으로 나타났으나 신부의 모습이 출생지에서는 아름답게 보이지 않았다. 출생지에서 신부는 말쑥한 모습으로 나타나기 마련이었다. 신부는 성사관습으로 신의 존재를 나타내고 물론 신앙의 색채를 상징물에 일치시켜 다시 신의 존재를 표현했다. 성사관습으로 신의 존재를 암시하는 상징물은 강론 28에서 언급되고 있다.

강론 28에서 베르나르는 장막으로 가려진 표지에 관심을 돌리며 그 장막이 실제로 왕의 천막이라고 지적하고 있다. 장막 속에서 신부가 나오자, 신부는 원수들의 구박으로 시꺼멓게 채색되어 있다. 그럼에도 천막은 장식물을 보호하고 있다. 그래서 강론 28에서는 그 장막이 신부의 음흉한 변명에 덮어주고 있다. 실제로 베르나르는 그 장막이 신부의 음흉함을 우려하면서도 음흉한 사람을 밝게 만들었다고 부언하고 있다. 한 남자가 언젠가 반드시 죽어야 하는 것과 마찬가지로, 한 부인도 남편이 죽으면 반드시 추하게 퇴색되기 마련이라는 점을 다시 한 번 강조하고 있다.

그럼에도 베르나르는 솔로몬이 차려 놓은 외부 울타리에서 시꺼멓게 훼손된 자연의 모습을 인식하고 우리가 부모에게서 처음 태어났을 적에는 벌거벗고 있었으나, 이후 옷을 걸친 몸뚱아리의 모습을 회상하고 있다. 베르나르는 부모의 모습과 닮은 처음 외모는 미래에 대한 기대감으로 가득차 있다고 베르나르는 부언하고 있다. 신의 존재에 대한 서술을 강조하기 위하여 베르나르는 시각과 청각의 인식작용으로 파악할 수 있는 성사관습의 대비물을 소리로 전달하려는 서술자의 모습을 다시 분석하고 있다.

'창세기'에 나타나듯이 인간은 앞을 보지 못하여 이사크처럼 쉽게 우롱 당했으나 실제로 여러 가지 성사관습으로 조합된 신앙을 청각의 인식작용으로 전달받아 터득했다는 것이다. 실례로 크리스트 위에 군림하던 '백인 중대'는 자기의 음성을 내는 소리를 듣고서 신의 권능을 파악하고 있다. '백인중대 중대장'은 구세주를 얼굴로서가 아니고, 신의 존재로 분별하여 알아내고 있다. 백인중대 중대장은 예전처럼 시각의 인식영역을 벗어나는 신의 존재를 청각의 인식작용으로 알아내고 있다.

크리스트는 보기에 나약하고 비참한 운명을 지닌 인물이나, 청각의 인식작용으로는 자기가 신의 아들임을 인식시키고 있다. 사도 베드로는 타당한 성사관습이 청각의 인식작용에 들어가도록 만들기 위해 하나의 귀를 잘라 버렸다. 신의 존재는 그런데도 여기서 청각의 인식작용으로 전달되고 있음을 암시하고 있다. 실제로 타당한 성사관습이 시각의 인식작용으로 마음에 들어오게 된다면 더욱 신의 존재를 확고하게 지닐 수 있을 것이다. 그러나 신의 존재는 우리가 신의 얼굴을 마주 서서 보게 된다면 미래의 생명을 위하여 보게 되는 것이라고 베르나르는 지적하고 있다.

신의 존재는 인간 구원을 뜻하여 질병, 소위 침울한 행로를 통과하는 빛처럼 인식의 상승과정을 거쳐 파악되고 있다. 죽음의 첫 관문인 귀는 생명을 새롭게 탄생시키는 것이다. 청각의 인식작용은 생명을 유지시키고 시각의 인식작용을 회생시키고 있다. 그래서 우리가 신앙을 떠나지 않는다면, 신앙을 인식할 수 없을 것이라는 반론을 제기할 수도 없다. 사람은 청각의 인식작용으로 또한 타당한 성사관습을 파악하고 있다. 즉, 사람은 청각의 인식작용으로 신의 존재를 파악하게 된다는 점을 간과할 수 없다. 베르나르는 또한 신의 존재가 어떤 모습으로 인식되고 있는가라는 문제를 제기하고 있다.

강론 31에서 베르나르는 신의 존재 모습을 다시 확인하고 성서의 성사관습을 체험에 관련 지우고 있다. 신의 존재는 '존재'를 성서에서 언급하는 신부처럼 표현하고 있으나, 반드시 실제로 신부가 아니라는 것이다. 실제로 성서는 성사관습으로 조합된 신비를 신의 존재와 결합하여 몇 가지 가능한 내세상으로 제시하고 있다. 절대자는 성사관습 선택자이며 스스로가 바로 신의 존재라는 것을 최종 순간에 나타내고 있다. 물론 신의 존재는 어떠한 변화도 경험하지 않으며, '시각의 인식작용'으로 파악되는 '모습'도 불변의 존재이며 장소에도 구애받지 않는 존재라고 베르나르는 부언하고 있다. 그러나 신의 존재를 실제 있는 그대로 본다는 것이 현세에서는 가능할 수 없다는 것이다.

즉, 현재의 신의 존재는 신의 존재를 보기를 소망하는 사람에게 스스로 나타나지만 스스로 신의 존재를 보고자 소망하는 그대로의 모습과 같지 않다는 것이다. 그래서 실제로 신의 존재를 볼 수 없다는 것이다. 사람들은 단순하게 신의 존재가 소망하는 바에 따라서 신의 존재를 보는 것에 불과하나 신의 존재는 태양과 같다는 것이다 태양은 공기중에서 산이 아닌 벽돌담에 서서 말하는 빛을 보는 것에 불과하다는 것이다. 또한 인간의 눈이 거룩한 광채에 어느 정도 휩싸인 대비물에 지나지 않는다면 인간은 빛을 전혀 볼 수 없다는 것이다.

그러나 태양에 반사되는 눈조차도 완전하지 못하여 인간은 물론 신의 존재가 영혼을 밝혀 주는 정도에 따라서 시각의 인식작용으로 신의 존재를 인식해야 한다는 것이다. 우리의 정신작용으로 파악되는 실제 신의 존재 모습 변화를 성사관습에서 나타난다는 것이다. 교부들도 여러 형태로 그리고 마음의 인식작용에 따라서 여러 가지 형태로 신의 존재 모습을 명확하게 그려서 나타내고 있다. 신의 존재모습을 그려내는 교부들의 표현방식은 신의 존재에 근거하여, 동시에 다른 어떤 허깨비 모습으로 언급하고 있다고 베르나르는 설명하고 있다.

신의 존재가 내세상으로 나타난다 하더라도 정신의 인식작용으로 파악되는 신의 존재는 달라지게 된다는 것이다. 베르나르는 신의 존재에 따라서 달라지는 내세상 역시 신의 존재에 대한 명상을 현세의 성사관습에 일치시킨 것이라고 지적하고 있다. 베르나르는 거기서 신의 존재를 확인하여 인식작용의 표상에 일치시킬뿐 내세상에까지는 결부시키지 못하고 있다. 베르나르는 종족언어 표현관습과 영혼의 혼합물인 신의 존재를 이론도식으로 서술하여 시각의 인식작용으로 파악할 수는 있으나, 표지를 만들 수 없다는 점을 인식해야 한다고 권고하고 있다. 사도 바오로는 실제 있는 그대로의 성사관습을 가지고 신의 존재를 나타낼 수 없는 경우, 존재의 표지나 표상에도 불완전하게 나타나기 때문에 인간의 성사관습을 활용해야 한다는 것이다.

신의 존재는 실제로 있는 그대로의 상황에서 정신에 작용하여 결속력을 만들어 내고 있다. 신의 존재는 일종의 '소리로 존재하는 것'이 아니라, 성사관습의 '침투작용'으로 표상을 만들어내고 정신에 작용하여 효력을 발휘하고 있다. 베르나르는 신의 존재가 정신에 민감하게 반응하지 않고, 감정에 민감하게 반응한다는 것이다. 그렇다면 신의 존재는 저작물의 의식관행에서 어떻게 달라지고 있는가라는 문제를 제기할 수도 있다. 베르나르는 저작물의 성사관습에서 신비가 시각과 청각의 인식작용으로 신의 존재를 확인할 수 있게 만든다는 것이다. 그렇게 함으로써 신의 존재는 청각의 인식작용에 대한 상승과정에서처럼 마음의 인식영역에서도 타당한 성사관습으로서 나타난다는 것이다.

강론 32에서 신의 존재는 명상에 잠겨 기도하는 수도자에게 어떻게 비치고 있는가 하는 문제를 다른 측면에서 검토하고 있다. 베르나르는 이전에 내세상과 존재 표지로부터 생기게 되는 표상이 시각의 인식작용으로 파악될 수 있다 하더라도, 그 존재의 표지는 정신의 인식작용으로 전달되고 있다는 것이다. 베르나르는 그래서 신의 존재에 대한 표상이나 성사관습의 전거가 정신의 인식작용으로 추구되어야 한다고 강조하고 있다. 베르나르는 하지만 신의 존재가 정신의 인식작용으로 확인되어야 한다는 점을 필요조건으로 제시하고 있다.

실제로 인간이 정신의 인식영역에서 신의 존재를 어떻게 인식하게 되는가라는 문제를 제기함과 동시에 그 문제를 신비에 결합하고 있다. 만약 인간이 주야로 신의 존재에게 소망하여 끊임없이 기도를 드린다면, 인간은 언제나 찬미가의 가사 속에 담긴 대로 신랑이 신으로서 우연히 찾아오는 것처럼 신이 소망을 이루어 주게 된다고 강조하고 있다. 그와 같은 동기에서 수도자는 신부와의 짜릿한 사랑의 묘미가 수도자에게 주입됨에 따라서, '지혜'의 양팔 안에 수도자 자신이 안겨 있는 것으로 느끼고 있다는 것이다.

그럼에도 베르나르는 이 지혜가 오랫동안 지속되지 않는다고 부언하며 소리의 대비물을 활용하여 전달되는 사랑의 성사관습을 다음과 같이 분석하고 있다. 즉, 신랑을 붙잡는 순간 신랑은 앞에 다시 나타나 그 자신이 잡히지 않도록 즉시 인도하고 신랑은 시야에서 사라졌다가 가슴과 마음이 흡족한 상태에서 신앙에 이르게 될 때에도 다시 나타나지 않았다. 더욱이 신랑이 신부에게 들른다는 것은 기쁨일 뿐만 아니라, 고통을 수반하고 있다. 명상의 기도가 진행되는 동안에도 성사관습은 선의뿐만 아니라 악의와도 싸우고 있음을 암시하고, 기도를 올리고 있을 때, 긴장감을 흔히 느끼고 있지 않는가라고 베르나르는 자문하고 있다. 현재 유혹당할 뿐만 아니라, 과거에 고통을 당했던가라는 문제를 베르나르는 동료 수도자에게 제기하고 어떤 사람도 성서의 성사관습을 체험하지 못했을 가능성이 있음을 베르나르는 인정하고 있다. 성서의 성사관습을 직접 체험하지 못한 사람은 정신의 인식작용으로 인하여 지쳐있는 사람들이라고 판단하고 있다.

그러나 성서의 성사관습을 직접 체험하지 못한 사람들에 대한 문제를 해결하기 위한 대답도 제시되고 있다. 신의 거룩함이 향유될 수 있는 그 원천은 언제나 구세주로 인식되고 있음이 틀림없다. 우리 마음속에서 진행되는 신의 존재는 마음 속 깊은 곳에서 표현되는 성사관습과 유사해지도록 변화하고 있다. 물론, 수도자들은 구세주가 자기 안에서 신의 존재를 전달하는 것으로 인식하고 있음이 틀림없다. 물론 인간이 청각의 인식작용으로 파악한 신의 존재와 마음 속 깊은 곳에서부터 우러나오는 사랑을 구분하기란 용이한 일이 아니다. 그러나 선과 악이라는 무수한 성사관습의 증거는 성서에서도 제시되고 있다. 선과 악은 바로 다음과 같이 구분된다고 베르나르는 지적하고 있다.

마음속에 담겨 있는 악은 인간의 성사관습인 것이다. 이와는 달리, 선은 신의 성사관습인 것이다. 마음의 선은 마음의 인식작용으로 생겨난 것이 아니라, 신의 목소리로 생겨났다는 것이다. 신의 존재를 담고 있는 목소리의 출현은 인간 스스로와 신의 존재를 인식하려는 출발점이나 다름없다. 강론 35에서 강론 38까지의 주제에서 신의 존재를 인식하려는 출발점을 선이라고 베르나르는 언급하고 있다. 베르나르는 정전 전반에 걸쳐서 찬미가 1:17의 "만약 너희가 모르고 있다면 앞으로 나아가라"를 신의 존재에 대한 출발점으로 지적하고 있다. 강론 36에서 베르나르는 정신과 육체의 대비물을 활용하여 찬미가의 가사대로 접근하고 있다. 강론 36에서 베르나르는 우리 인간과 창조자의 성사관습을 분석하고 있다. 그 다음 두 가지 강론에서 베르나르는 주제를 각색하여 그 이상의 지식과 절망의 원인을 성사관습에 결부하여 분석하고 있다.

베르나르의 시각에서 강론은 "만약 너희가 너희 자신을 모른다면 너희는 앞으로 나가는 것이 제일 좋다"에 대하여 관심을 집중시키고 있다. 신의 존재는 신랑이 신부에게 결속 의사를 적당하게 전달하는 것으로 확인되고 있다. 우선 여기서는 신랑이 심각한 우려를 나타낼 수도 없는 것처럼, 인간 조건의 무지를 나타낼 수도 없다는 것이다. 두 번째로, 신부는 정신을 육체에 마음속의 선함을 지상의 욕망에, 내면의 평화를 외부의 근심거리에 맡기고 있다. 부부는 '적응'과 '분개'를 추구하지 못하도록 금지당한 상태에 있다. 그 부부는 자신들이 알고 있는 영혼에 도달하여, 신의 존재 모습을 좇아서 가장 깊숙한 곳에서 존재하고 있다. 그 부부는 그 동안 호흡하는 인간이 감각의 인식작용으로 고통과 채찍, 복종을 체험하리라고 결코 생각하지 않았을 것이다.

신의 존재에 따라서 찬미가를 인식하는 과정에서 스스로를 안다는 것은 신의 존재 문제를 조금 더 깊이 있게 분석할 가치를 느끼게 되었던 것으로 암시하고 있다. 강론은 다음과 같이 계속되고 있다. 즉 "앞으로 나아가면 어린 양들은 양식을 얻을 것이다." 이것은 신의 성소에서, 즉 너희 스스로의 마음속으로부터 나오며, 그 성소에는 타당한 성사관습과 지혜가 감각의 인식작용을 충족시키기 위하여 존재하고 있음을 암시한다고 베르나르는 지적하고 있다. 어린 양은 죄나 육체가 감각의 인식작용으로 파악될 수 있음을 나타내고 있다.

감각의 인식작용에서는 정신의 영양분을 필요로 하지 않고 있다. 양치기의 천막에 들어 있는 죄나 육체는 세상의 일용품, 즉 '신체의 각 부분'을 지칭하고 있다. 찬미가에서 베르나르는 현상을 인식할 수 있게 되기까지 타락한 영혼을 언급하고 있다. 찬미가에서 나타난 것처럼 인간이 타락하면 인간은 동물의 본성을 지니게 된다고 베르나르는 일깨워 주고 있다. 베르나르는 그렇다면 무엇이 인간을 타락케 했는가라는 문제를 제기하고 바로 그 타락 원인을 무지라고 주장하고 있다. 인간이 무엇을 인식할 수 없는가 문제를 성서에서는 부언하지 않고 있으나 베르나르는 다음과 같이 언급하고 있다. 인간은 자기 자신도 모르고 있으므로, 결국 아무 것도 모르고 있다는 것이다.

바로 베르나르는 강론 36에서 인간의 무지를 주제로 내세우고 있다. 강론 36을 검토하기에 앞서 베르나르가 모든 유형의 무지를 과연 저주의 대상으로 단정할 수 있는가 가정해 보자. 그렇다면 베르나르는 이를 부정하는 방향으로 논의를 진행하고 있다는 대목을 지적할 수 있다. 다양한 사례에서 언급했듯이, 자신도 알지 못하고 있다는 것은 구원을 축소하지 않고 있음을 암시하고 있다. 현실 생활에 유용한 목수직, 석조공, 그 밖의 다른 기능직은 무지했음에도 언어장애는 나타나지 않고 있다. 교양 축적과정에서는 교육받는 것이 필요조건이라고 단정할 수 없다는 것이다. 이것은 사도 바오로가 '글자해독력의 지혜'를 이용해서가 아니라, 순수한 양심과 성실한 신앙을 갖게 되어 구원되는 다수 사람들을 언급하는 데서도 입증되고 있다.

사람들은 창조자에게 '지혜'로서가 아니라, '중간 생활과정'에서 오히려 창조자에게 기쁨을 주고 있다. 베드로, 안드레, 체베데에의 후손 중 어느 누구도 성사관습이나 철학을 가르치는 학교에 다닌 적이 없다고 베르나르는 지적하고 있다. 이들 성자는 훌륭한 어록이 아닌 성사관습의 구성물과 인간의 지혜를 창출하여 이동했다는 것이다. 베르나르는 성자들이 성사관습이나 철학 연구를 책망하지 않고 수용하여 오히려 비난대상이 되었다는 것이다. 베르나르는 글자해독자가 교회조직 입장을 얼마나 유리하게 연구해 주었는지를 정확하게 인식하고, 글자해독자의 전문 지식이 한 폭의 그림처럼 표상을 더욱 확고한 성사관습 기반에 일치시켜 전달하고 있음이 틀림없다는 것이다.

베르나르는 두 가지 '유형의 전문 지식, 즉 늘어나는 지식과 있는 그대로를 파악하는 지식'임을 암시하고 있다. 베르나르는 있는 그대로를 파악하는 전문 지식만을 활용하는 것을 구원의 필수조건으로 지적하고 있다. 바오로는 '전문 지식의 추구'를 금지하지 않고, 오히려 필요 이상의 전문 지식 추구를 금지하고 있다. 그렇다면 그 전문 지식 욕구는 왜 '있는 그대로의 상태'를 현명하다고 판단했는가라고 반문하고 있다. 치밀성, 바로 그것은 전문 지식을 추구하는 과정에서 인간의 선택으로 기존 성사관습을 분석하는 것이나 다름없다는 것이다. 구원의 '시간은 짧기' 마련이며 모든 전문 지식은 타당한 성사관습을 종식하는 경우, 구원에 유익하다고 베르나르는 반복하여 언급하고 있다.

전문 지식은 지상의 '인간 조건'을 고려하면, 구원에 더욱 가깝게 이르게 만드는 것에 초점을 맞추어야 약이나 식량처럼 전혀 차이가 없다는 것이다. 약은 질병을 치료하고, 식량은 굶주림을 해결하기 때문에 약과 식량은 언젠가 나타날 타당한 성사관습으로 인식되는데 불과하다는 것이다. 사도 바오로는 자기의 마음속에 신의 존재를 가르쳐, 신의 존재를 파악하는 방법, 즉 전문 지식을 추구하는 행위와 그 효용성을 가르쳐 주고 있다는 것이다. '성사관습의 전문 지식 모형'을 활용하여 사도 바오로는 전문 지식, 욕망, 결과 등을 정신수양 뿐만 아니라, 주변 사람에게까지 일치시키고 있다.

선에 대한 전문 지식으로부터 성사관습의 상승과정에서 베르나르는 자기 자신에 대하여 뿐만 아니라, 전문 지식에 대한 관심을 드러내고 있다. 베르나르는 강론 37과 38에서 성사관습의 상승과정을 주제로 선택하여 이 두 가지 사례 검토를 정신개조에서 출발하고 있다. 베르나르는 우선 비참한 체험단계를 거쳤기에 모두 위안의 희망에 차서 호흡하기 시작하고 있다고 지적하여 이미 눈물의 함축의미를 향유하고 있다. 베르나르는 시각의 인식작용으로 신의 존재를 인식하고, 청각의 인식작용으로 신의 목소리, 즉 존재를 파악하고 있다. 시각의 인식작용이 상승하는 과정은 베르나르의 시각에서 이중으로 나타나고 있다. 눈물을 흘리는 경우, 인간은 스스로를 알아내고 있다. 기뻐하는 경우, 신의 존재에 대한 전문 지식을 발견하고 있다. 그러나 인간은 이중의 잠재능력을 얻어내고 있다. 그럼에도 인간은 이 세상의 학식이나 명예로 인해 자만에 빠지고 있다. 그래서 베르나르는 신의 존재를 파악하고 인간이 이르고자 하던 세상의 확실한 동포애를 마음에 불어넣고 있다.

그럼에도 무형의 인식대상이지만, 학문은 비록 우리를 더욱 발전시키지 못하고 있다. 그런데도 인간은 신의 존재를 전혀 알지 못하는 상태로 살아갈 수도 없다는 것이다. 베르나르는 신의 존재를 알지 못하는 사람에게 어떻게 희망이 있을 수 있는가라는 문제를 다시 제기하고 있다. 또한 만약 인간이 스스로를 모른다면, 어떻게 진실한 겸손을 지닐 수 있는가라고 자문하고 있다. 현세에서 인간의 중요성을 부인하는데도 인간의 겸손이 있을 수 있겠는가 하는 문제를 제기하고 있다. 인간은 두 가지 무지를 경계해야 한다는 것이다. 즉, 첫째 무지는 죄의 근원이 되고, 둘째 무지는 죄의 완성이 되기 때문에 이 두 가지 무지를 경계해야 한다는 것이다.

베르나르는 성사관습의 대비물과 전문 지식을 비유하고 있다. 성사관습의 대비물은 베르나르에게 지혜를 얻는 방법을 함께 일깨워 주고 있다. 두 가지 무지 중 첫째 무지는 전문 지식의 출발점이고, 둘째 무지는 전문 지식의 완성인 것과 마찬가지로 긍지도 죄의 출발점이 된다고 판단하고 있다. 신의 존재에 대한 사랑이 전문 지식의 완성이 되는 것과 마찬가지로, 절망은 또한 죄에 대한 최종 근원으로 나타나고 있다. 베르나르는 각 체험 단계를 긍지로 파악하고 있다. 긍지는 가치와 신에 대한 무지를 다시 과대 평가하게 되어 결국 절망에 빠지게 만든다는 것이다. 스스로를 눈여겨보는 사람이면 누구나 죄 많은 과거를 돌이켜 보고 개정의 희망을 가지게 되나, 신의 선의를 영원히 모르고 있다면 순식간에 스스로를 절망의 수렁에 빠뜨리고 말 수도 있다는 것이다. 또한 신의 존재는 위축된 세계를 포착하기 마련이라는 것이다. 성사관습의 선택단계에서 어떤 사람도 개정하지 않는 한 신의 지혜를 지닐 수 없다고 결론 짓고 있다.

베르나르는 신의 존재로 향하는 출발점을 계발의 첫 단계로 파악하고 있다. 다음으로 베르나르는 그 계발단계에서 모든 수도자들의 금욕수행관습과 그 내력을 정신의 인식작용으로 파악해야 한다고 부언하고 있다. 이것은 또한 성서라는 정전에서 명상으로 드러내고, 나아가서는 새로운 체험으로 전환하는 과정을 암시한다고 베르나르는 부언하고 있다. 수도자들은 신의 존재에서 반사되고 있는 주체이자, 더욱 나은 신이라는 존재의 반사내용을 위하여 신의 존재가 되는 객체이기도 하다. 여기서는 자기인식의 최종 목적을 전체 취지로서 검토하려는 것이다. 전체 취지는 강론 40에서 주제로 선택되어 언급되고 있다. 베르나르는 "너희의 양쪽 볼은 짝을 잃고 울고 있는 애도애 새의 양쪽 볼만큼 아름답다"는 구절을 인용하고 있다.

베르나르는 이 구절에서 신부의 얼굴이 붉어졌음이 틀림없는 것으로 분석하고 있다. 신부는 여기서 영혼을 표지하고 있다. 신부의 영혼은 무형인데도 신의 존재를 인식하고 있다. 그래서 또한 수도원 공동체 구성원도 아무런 색채를 갖지 않고 있다고 강조하고 있다. 베르나르는 정신의 인식작용으로 신앙의 입문단계에 이르도록 인도하라고 권고하고 영혼을 소유한 사람의 얼굴은 시각의 인식영역에서도 인식자로서 마음의 의지를 나타내는 표현자 모습으로 나타난다는 것이다. 베르나르는 인간 개체에 대하여 인간의 얼굴을 표준이라고 판단하고 있다. 이처럼 얼굴은 물론 인간의 인식작용을 정의롭게 만들어 주고 있다. 모든 정의로운 인식은 행위자의 인도를 표준으로 판단하고 있다. 더욱이 정의로운 인식 의도는 '신의 존재'와 성사관습으로 형성되는 인간의 '결속관계'에서 외형 모습을 드러내고 있다는 것이다. 정의의 인식의도는 표현자가 외부로 드러내려는 신의 존재에서 기인한다는 입장을 표명하고 있다.

신의 존재에서처럼 판단기준의 인식작용으로 인간은 영혼의 아름다움이나 순결함을 측정할 수 있다. 그러나 왜 베르나르는 인간의 영혼을 애도애 새에 비유할 수 있는가라는 문제를 제기하고 있다. 베르나르는 영혼의 수줍음과 강건함이란 생활에서 기인한다고 응답하고 있다. 신부는 신랑을 위하여 자기의 정력을 비축해 두고 있다. 이와 마찬가지로, 기특한 수도자는 신의 존재를 비범하게 체험하리라고 가상하고 있다. 베르나르는 마음이 육체로부터 다른 사람 일행이라고 해서 축출 당하고 '마음과 정신의 이완작용'에서 현존하는 신의 존재표지를 배제하려 노력하고 있다는 것이다. 베르나르는 만물이 인간 마음의 기본 체제에 근거하고 있다고 부언하고 있다. 인간은 공동체 생활에서 고독하여 혼자 있게 되는 경우, 다른 사람이 함께 있다는 것을 느낄 수 있게 된다는 것이다.

강론 41에서 베르나르는 생활 내면 문제를 정신의 인식작용으로 신의 표지를 예시하는 방법과 연계하고 있다. 그 구절은 "너희 목은 보석과 같아서 너희가 은으로 꾸며진 금의 사슬이 되게 할 것이다"라는 것이다. 신비에 대한 사도 바오로의 지적으로 구성된 문단에서 베르나르는 신의 존재에 대한 체험 정도를 신의 존재를 전달하는 소리와 일치시켜 심성의 작용으로 설명하고자 시도하고 있다. 심성의 작용이 어떤 종류의 사슬인지를 분석해야 한다고 베르나르는 강조하고 있다. 거기서 황금처럼 '신성함이 밝다', 즉 '지혜는 위로부터 온다'는 것을 나타내고 있다. 외형상의 황금은 그래서 '타당한 존재 표지'와 대등하게 표현되고 있다. '존재 표지를 만들게 되는 타당한 성사관습'은 신의 존재를 전달하는 소리 영역을 확대하기 위하여, 영혼의 인식작용에서 일어나는 청각의 인식작용처럼 종족언어 표현관습의 구심체인 정신의 인식작용에 따르고 있다.

그러나 정신의 인식작용이 청각의 인식작용처럼 성사관습에 바탕을 두고 있다는 것은 신의 존재를 소리의 대비물로 전달하기 때문에 '정신의 인식작용'에 불과하다고 지적하고 있다. 정신의 이 같은 인식작용은 기존 종족언어 표현관습의 틀을 이탈하지 않고, 소리의 대비물을 활용하여 신의 존재를 전달한다는 것이다. 그리고 정신의 인식작용은 신의 존재에 대한 결백한 명상으로 영혼에 부가되고 있다. 종족언어 표현관습을 이탈하지 않게 되는 정신의 인식작용은 '한 장의 유리를 통하여 어둑컴컴하게 볼 수도 있는 기회'까지도 부여하고 있다. 거기서 '감각의 인식작용'은 신의 존재로부터 부여되고 있다. 영혼의 인식작용은 종족언어 표현관습을 체험하지 않은 사람에게는 알려지지 않은 상태로 남아 있다는 것이다. 이와는 달리, 인간은 육신에 국한되어 있는 존재로 인식되고 있다. 그래서 인간은 관조상태에서 타당한 성사관습으로서 극치에 결코 도달할 수 없다는 것이다. 최대한으로 "현재 내가 일부를 알고서 일부를 예시하고 있다"는 정도에 지나지 않는다는 것이다.

또한 베르나르는 몇 가지 체험 사례를 제시하고 있다. 경우에 따라서 영혼은 스스로 바뀌어서 그 이상의 상태까지 한 순간의 작용으로 변형된다는 것이다. 영혼의 인식작용은 상상력의 인식영역에서 성사관습의 대비물을 활용하여 종족언어 표현관습으로 전달되는 신의 존재를 인식하고 있다. 신의 존재는 소리의 대비물과 종족언어 표현관습을 부여했다. 신의 존재는 종족언어 표현관습과 성사관습의 대비물을 활용하여 인간을 더욱 도량이 넓고, 수용능력이 있도록 만들어 주고 있다. 인간의 표상으로 신의 존재는 순수한 광채를 조절하고 있다는 것이다. 즉, 영상은 아마도 사도 바오로가 '정신의 거울'로서 파악한 표지였을 것이다. 그렇다면 신랑과 신부가 서로 대면할 때 무슨 일이 일어날 것인가라고 베르나르는 인간의 결속문제를 제기하고 있다. 이 경우 일어날 수도 있는 사건은 강론 45에서 간략하게 언급하고 있다. 베르나르는 강론에서 "보라. 그러면 너희는 당당하고……, 너희의 두 손은 비둘기의 두 눈이 되리라"는 것이다. 사랑은 신랑의 얌체같은 행동이 신부의 불만을 사게 된다고 베르나르는 설명하고 있다. 이 찬미가의 가사에서 영혼의 인식작용이 진행되는 세 단계의 성숙과정은 다시 확인되고, 다시 확인하여 수정되고 있다. 물론 영혼의 성숙과정에 대한 수정은 다시 평가되고 있다. 모든 격식과 의식은 다음과 같이 지연되고 있다. 신의 존재와 영혼은 오랫동안 살아온 이웃처럼 지금도 '성사관습의 전거로서' 종족언어 표현관습을 즐기고 있다.

더욱이 영혼의 인식작용은 비둘기의 두 눈에다 겸손과 순결을 정당하게 드러내고 있다. 그렇다면 베르나르는 대화 자체에서 무엇이 발생하는가 문제를 제기하고 있다. 황금 바퀴와 은 바퀴의 사례에서처럼 두 바퀴는 신부의 두 귀를 장식하지 않고, 청각의 인식작용으로 파악한 신랑을 마음속에 알려 주고 있다고 베르나르는 부언하고 있다. 베르나르는 마음의 작용영역에서 감각과 청각의 인식작용을 일치시켜 영혼이 파생된다는 것이다. 그리고는 신부가 신앙을 갖고서 더욱 순화되면, 신부는 스스로 이전의 다른 신부보다 위에 있던 신의 존재 표지를 많이 볼 수 있게 된다는 것이다. 신랑은 신부가 정신의 인식작용으로 신의 존재를 인식하고 있다는 점, 신부의 두 고요한 눈에서 확인된 신의 존재에 만족하고 있다.

베르나르는 크리스트의 내세상을 현재에 나타나는 신비 체험이며, 또한 크리스트의 내세상은 현실 모습보다 좋지 않게 나타나고 있다는 것이다. 베르나르는 자기와 같은 수도자 형제의 마음을 개정하고자 시도하고, 크리스트의 내세상을 향해 가치관이 생겨나도록 인도하기 위하여 찬미가, 즉 "보라. 그러면 너희는 당당하고, 나를 사랑하고, 예쁘게 보일 것이다"에 관심을 돌리고 있다. 신부는 신랑을 보호자로 맞아들이며 분명히 격상되어 육신, 십자가, 다른 유형의 표지, 감각의 인식작용으로 파악되는 표상까지도 존재하지 않는다고 강조하고 있다. 신의 존재는 신랑이 '시각의 인식작용'으로 인식하는데 불과하다는 것이다.

과거의 모세처럼 베르나르는 '인간의 종족언어 표현관습'과 성사관습을 일치시키고 있다. 또한 신부는 신의 존재를 종족언어 표현관습의 기본 틀이나 표상을 통해서가 아니라 공개리에 파악하고 있다. 실제로 베르나르의 시각에서 신부는 가슴속에서 펼치는 내세상만큼 아름다워서, 종족언어 표현관습을 뛰어 넘어 순수한 정신의 인식작용에 이르고 있다.

베르나르는 당시 자기 형제의 반대를 예상하여 어떤 형제든 어떻게 신부가 신의 존재에 대하여 응답할 수 있는가 문제 제시를 예측하고 있다. 성사관습을 가지고 신의 존재를 전달하고 있으나, 신의 존재는 성사관습을 전달하지 않고 영혼과 육신의 입을 통해서만 신의 존재를 전달할 수 있다는 것이다. 여기서 신의 존재를 전달하는 영혼의 문제를 정당화하고 있다는 점을 베르나르는 인정하고 있다. 그러나 신의 존재를 전달하는 영혼 문제는 정신의 인식작용으로 신의 존재를 전달하고 있다는 점과 신의 존재가 정신으로 인식되어야 한다는 점을 망각해서는 안된다고 조심스럽게 경고하고 있다.

베르나르는 신의 존재를 정신의 인식작용으로 파악한다는 것을 신의 존재와 표상을 동시에 일치시키는 것처럼 파악하고 있다. 인간은 청각의 인식작용과 독서를 통하여 신의 존재와 대화로서 영혼을 인식한다는 것이다. 이 경우 신의 존재를 전달하는 무형의 소리는 언제나 신의 존재가 실제 표지 형태로 전달되는 것 이상으로 서로 교류되지 않고 있다는 것이다.

신의 존재는 정신의 인식작용으로 존재하고, 영혼도 정신의 인식작용으로 존재하고 있다는 것이다. 신의 존재와 영혼은 성사관습을 지니고 있다. 신의 존재와 정신은 서로 표상으로 모습을 나타내고 있다. 신의 존재는 사랑을 부여했고, 영혼은 신앙의 욕망을 의미하고 있다. 불경한 영혼은 말하자면 신의 존재를 지닐 수 없다. 영혼은 미성숙 단계에 있으며, 미성숙한 영혼은 대화하여 신의 존재를 인식할 능력을 지니지 못하고 있다. 게다가 신이 신부에게 존재를 전달하고자 하는 경우, 영혼은 소리로 전달된 성사관습을 청각의 인식작용으로 인식해야만 한다는 것이다. 또한 영혼은 소리의 존재로 성사관습을 전달하는 경우, 신랑인 신의 존재는 신부에게 언제나 청각의 인식작용으로 용이하게 존재를 전달하고 있다. 그래서 신의 존재에 대한 소리는 실제로 '혼합된 은총'인 것이다.

강론 49와 50에서 베르나르는 동포애를 주제로 정하고 있다. 신의 존재에서 "왕은 나를 포도주 창고에 들여보냈고, 그 왕은 신의 존재로 동포애를 나에게 만들어 주셨다"는 대목을 발췌하고 있다. 왕의 모든 창고 중에서도 포도주 창고는 특수한 창고이다. 베르나르는 포도주 창고가 기도의 무아경, 신의 존재를 향하여 신비에 몰입하여 불타고 있는 마음속의 욕망을 나타내고 있다는 것이다. 포도주 창고를 거쳐 입문자는 행복의 포도주를 맛보기 시작한다. '과도한 그리움'은 두 가지로 구분되고 있다. 이 한 가지는 '지각의 인식작용으로 감지되고', 다른 한 가지는 '감각의 인식작용으로' 감지되고 있다.

첫 번째 지각의 인식작용은 빛을 통하여, 두 번째 감각의 인식작용은 욕망으로 감지하고 있다. 첫째 지각의 인식작용은 '충동행위에서', 두 번째 감각의 인식작용은 '기도에서' 나타나고 있다. 신부는 "신랑이 내 안에서 동포혈족을 만들어 내고 있다"고 설명하고 있다. 이 혈족은 가식 없는 열정으로는 전달될 수 없다는 점에서 필요하다는 것이다. 기뻐하고자 하는 욕망이 불타면 불탈수록, 판단기준의 은혜도 더욱 커지게 된다는 것이다. 그 은혜를 바로 '자선'이라고 베르나르는 부언하고 있다. 자선은 신의 존재로서 "너희가 명령을 따름으로써 나의 날이 계속된다"고 기술하고 있다. '그 날이 오면'에서 그 날짜는 찬미가에서 '도덕과 윤리의 도래'를 암시하고 있음을 베르나르는 전제하고 있다.

즉, '타당한 판단기준의 인식작용'은 도덕과 윤리라기보다 오히려, '신의 존재를 전달하는 중개자이면서 성사관습의 방향을 드러내는 지도자'임을 점지하고 있다. 또한 애정 주문자이자 도덕과 윤리의 실천자임을 예시하고 있다. 신랑, 즉 신의 존재는 원래 신랑이 교회조직을 만들 때 동포애를 점지했고, 인간에게 사도, 예언자, 복음 전파자, 목회자, 스승이 되도록 보내 주었다. 그 여러 인물을 단 한 가지 '인간 조건', 즉 동포애로 결속하도록 만드는 명령, 즉 금욕수행관습을 필요조건으로 제시하고 있다.

동포애는 명령을 부여하기 위하여 우선 스스로 명령에 복종해야 되었음이 틀림없다. 동포애는 두 가지 형태로 구분되고 있다. 두 가지 동포애를, 즉 '행동'과 '애정'이라고 베르나르는 부언하고 있다. 전체 측면에서 행동의 동포애는 이 세상을 향하고, 애정의 동포애는 내세상를 향하고 있다는 것이다. 신의 존재는 인간에게 법률을 부여하여 인간으로 하여금 행동을 요구하나 그 명령을 감각의 인식작용만으로 파악할 수 없다는 것이다.

인간은 행동으로 동포애를 실천할 가치를 찾아내어 사랑을 주는 동포애로부터 보상을 생겨나게 하여 결속관계 문제를 전혀 다른 방법으로 표현해야 한다는 것이다. 베르나르는 은총을 받을 것이라는 예상이 현재에서 생겨난다고 언급하지 않고 있다. 생명은 미래의 성사관습으로 남아 있기에 왜 신의 존재가 인간에게 일부 이행할 수 있는데 불과한 하나의 생활규칙을 부여했던가 문제를 제기할 수 있다는 것이다. 신의 존재는 너무나 정확하게 생활규칙을 부여한 동기를 파악하고 있다. 즉, 인간은 자기의 불충분함을 언제나 잊지 않고, 도달할 수 없는 목표를 부여받아야 했다고 베르나르는 생각하고 있다. 인간의 최종 목표인 신의 존재에 대한 행동은 인간을 더욱 겸손하게 만들어 주게 되어 있다는 것이다.

구세주가 '너희의 이것을 사랑하라'와 '너희의 원수를 사랑하라'와 같은 명령을 부여했을 때, 인간이 동포애를 신의 존재에 포함할 수 있는 행동의 성숙과정을 외형에서 입증해야만 한다고 베르나르는 부언하고 있다. 성숙한 행동의 입증은 여기서 애정이 아닌 행동으로 실행할 수 있는 동포애라는 것이다. 신의 존재는 우리로 하여금 생활규칙에 복종하라고 명령했다는 것이다. 그래서 신의 존재는 명령을 부여함으로써 결국 인간에게 행동의 성숙과정을 가르쳐 주고 있다는 것이다. 법률 사례에서처럼 신의 존재에 대한 사랑이라는 감정이 표현 문제에 불과했다면, 행동의 성숙과정은 필요조차 없었을 것이라고 베르나르는 단정하고 있다.

물론 베르나르는 자기와 같은 수도자에게 그들의 마음속을 움직이지 말고, 그들의 손을 부지런히 움직여야 한다고 권고하지는 않았다. 베르나르는 수도자가 관행으로 수행할 수 있는 애정을 베풀 수 있는 세 가지 동포애를 다음과 같이 설명하고 있다. 이 세 종류의 동포애는 첫째, 조금씩 몸에 스며들어 습관으로 배우는 것이고, 둘째, 타당한 판단기준의 인식작용에 따라 행동하는 것이며, 셋째, 지혜로써 신의 존재를 터득하는 것이다. 첫째 동포애는 법률 규제를 받지 않았으나, 둘째 동포애는 법률을 준수한 결과이다. 셋째 동포애는 신의 존재로 보상 받고 있다.

그렇다면 신부가 명령하는 것은 바로 복종과 애정에 근거한 동포애인가 하는 문제가 제기될 수도 있다는 것이다. 물론, 복종과 애정의 두 가지 동포애는 처음 단계에서 '행동으로' 드러나고 있다. 그 다음 단계에 이르면 '애정으로' 드러나고 있다. 신의 존재가 당연히 '높은 곳에 위치한 영광'보다는 오히려 '지상에서의 평화'를 먼저 생각하고 있다는 점을 베르나르는 인정하고 있다. 인간은 영혼을 거의 보살피지 않고, 육체를 많이 보살피고 있다.

동포애는 그래서 "법률을 필요하다고 느끼지 않고 있다." 동포애는 법률을 부여한다기보다는 그 동포애의 성숙과정을 추구하는 데 불과하다는 것이다. 그럼에도 애정으로 나타나는 동포애를 배제하기 위하여 인간은 타당한 동포애보다는 진실한 동포애를 요구해야 한다는 것이다. 법률과 성사관습은 신의 존재를 통하여 인간의 체험과 인식을 초월할 수 있는 존재의 표지와 일치되고 있다.

'찬미가'의 주석에서 지금까지 베르나르는 신의 존재에 대한 정신의 인식작용을 종족언어 표현관습에 일치시켜 타당성을 부여받을 수 있다고 명쾌하고, 요령있게 설명하고 있다. 찬미가의 주석을 분석하는 과정에서는 찬미가의 주제에 관한 베르나르의 저작물 전체를 지금까지 다루지 않았다. 그럼에도 성서의 일부 서술내용은 일련의 명상처럼 신의 존재에 대한 표지가 어떠한 발전과정을 거치고 있는지를 조명할 수 있도록 암시하여 유리한 입장에 있다. 베르나르는 성서의 체험에서 출발하고 있다. 베르나르의 체험은 일상의 수도자 생활을 신의 존재에 대한 체험 사례로서 분석하고 있다.

베르나르는 마음속에서 두 가지 검토과정을 서로 연계하고 있다. 인간은 감각과 타당한 판단기준의 인식작용으로부터 출발하고 있다. 이와 마찬가지로 신의 존재에 대한 평가를 신비의 출발점과 관련 지우고 있다. 미사의식에 나타나는 신비는 감각의 인식작용으로 인식 가능한 종족언어 표현관습을 가지고 출발하고 있다. '찬미가'는 모두 신의 존재나 표상에 근거하고 있다. 이렇게 함으로써 청취자나 해독자의 마음속에서 곧 알아차릴 수 있는 신의 존재에 대한 특정한 표지를 생겨나게 하여 베르나르는 생활에서 체험하고 있다.

결국, 베르나르는 모든 신비가 신의 존재와 표지에 일치해 있다는 것이다. 즉, 그 신비는 일부가 감각의 인식작용으로 파악되고, 일부가 타당한 판단기준의 인식작용으로 파악된다는 것이다. 신비는 처음에는 일부가 감각의 인식작용으로 파악되고, 다음 단계에서는 타당한 판단력의 인식작용으로 파악된다는 것이다. 베르나르는 성서라는 기록물에서 성사관습으로서 신의 존재를 체험하고 있다. 그렇지 않고서는 성서의 성사관습에 도달할 수 없다고 끊임없이 반복하며 강조하고 있다. 베르나르는 인간이 입문하고, 성사의식을 거치면서 명상하고, 이어서 명상으로 신의 존재에 접근한 후에야 비로소 충분하고 타당한 판단기준의 인식작용, 즉 새로운 정전의 성사관습을 일상 활동에 다시 적용할 수 있고, 그렇게 함으로써 끊임없는 정신변화에 이를 수 있도록 충분히 계도되고 있다는 것이다.

베르나르의 '찬미가' 이면에는 사도 바오로가 자리잡고 있으며 사도 바오로를 거의 모든 강론에서 인용하고 있다. 사도 바오로는 처음 정전과 둘째 정전에서도 종족언어 표현관습에 따라 신의 존재에 접근하고 있다. 이는 『신약성서』가 『구약성서』의 지위를 차지하는 것과 마찬가지였다. 그럼에도 신의 존재는 서로 다른 저작물에서처럼 특정한 성사관습과 종족언어 표현관습을 일치시키면서 출발하는 신학 방법에는 등장하지 않고 있다.

현상의 표지처럼 저작물의 성사관습이 감각의 인식영역에서 인식 가능한 형태로 진행되어 인간의 마음속에 자리잡게 되면, 저작물의 성사관습 이전 생활에서 체험했던 역사 사건을 인간 도덕의 타락과 십자가에 못 박혀 피를 흘리면서 죽었던 크리스트의 부활처럼 생활에서 다시 재현할 수 있는 것이라고 강조하고 있다. 베르나르는 신의 존재에 대한 안셀름의 관점을 '성사관습의 전거'로 활용하고 있지만 서로 다르게 활용하고 있다. 만약 안셀름이 신의 존재와 이하 수준의 인간이 성사관습 창출자라면, 베르나르는 신의 존재를 인격체로 가상하고, 종족언어 표현관습과 소리로 전달된 신의 존재를 저작물의 성사관습과 구분하는 데 더욱 관심을 두고 있다.

안셀름과 달리 베르나르는 '신의 존재에 대한 중개자'만을 이전 저작물의 성사관습으로 파악하고 있다. '찬미가'를 신의 존재로 활용하여 '지혜를 정신의 인식작용' 자체라는 것이다. 또한 '지혜는 정신의 인식작용'으로서 신비와 신의 존재를 전달하는 종족언어 표현관습과 결합되어 다양한 성숙과정을 창출하고 있다. 생활은 이런 점에서 정신의 인식작용으로 만들어지고 있다. 그리고 종족언어 표현관습과 정신의 인식작용으로 만들어지는 체험을 성사관습의 출발점에 연계하는 경우, 베르나르는 다시 자기 자신의 강론과 '창세기'의 전거를 종족언어 표현관습에서 확증하려는 의도를 드러내고 있다고 파르카스파르비는 분석하고 있다.

베르나르의 초점은 성서의 신비/정신의 인식작용이 명확하게 일치했다는 것을 가지고 신의 존재/정신작용의 상관 관계로 맞추고 있다. 그래서 베르나르는 반드시 개개의 존재, 즉 "신의 존재가 나에게서도 육체에서처럼 감각의 인식 형태로 작용하고 있고 나에게 타당한 성사관습을 가르쳐 주기도 하고, 성사로서 나타내기도 한다"로 돌아가고 있다. 베르나르는 아우구스티누스의 『성사론』에서 '성사'를 '신의 존재에 대한 표지'나 '신의 존재를 나타내는 신비'로 정의한 것을 다시 회상해주고 있다.

그럼에도 베르나르는 거의 언제나 성사관습을 오히려 신의 존재를 서술 수단으로 활용하여 성서의 성사관습을 확인해 주고 있다. 후기 학문에 나타난 성사와는 다르게 베르나르는 성사를 두 가지 의례관습, 즉 신의 존재를 서로 전달하는 정신과 감각작용에서 창출되는 결속관계로 파악하고 있다. 따라서 베르나르는 신의 존재와 인간의 결속관계를 분리하지 않고 있다. 반면에, 베르나르는 더욱 박식하게 되었던 13세기 저작자가 성서로부터 신의 존재와 인간의 결속관계를 찾아냈다고 주장하려는 특정한 입장을 견지하고 있다.

베르나르의 '성사'는 라드베르트의 성사를 수용하여 신의 존재를 확증하여 표지를 찾아내고 있다. 또한 성사관습의 대비물을 활용하여 전달하는 종족언어 표현관습으로부터 다른 서임 의식의 모형을 찾아내고 있다. 사례로 원로 성직자의 서임 의식에서는 저작물, 지팡이, 종소리 등을 활용하고 있다. 임의의 종족언어 표현관습은 신의 존재를 종족언어 표현관습에서 감각의 인식작용으로 현물 교환원칙에 따라 전달하고 있다. 여기서는 베르나르가 '찬미가'의 강론에서 신앙을 가장 광범위하게 서술했다고 여길 수도 있을 것이다.

베르나르의 강론에서는 앞에서 지적한 바와 같이, 단순한 글자해독력을 활용하지 않았고, 글자해독력의 소생이 종족언어 표현관습으로 전달되는 존재를 저작물의 성사관습에 일치시켜 전혀 다른 성사관습을 창출하도록 구성했고, 신의 존재를 저작물의 성사관습으로 서술했다고 지적할 수 있다. 그럼에도 베르나르의 강론에서는 실제로 신의 존재, 성사관습, 현상을 분리하는 것을 정면으로 반대했다. 매우 이상한 일이지만, 회개의 욕망과 개정의 욕망에 대해서 만은 정정 가능한 인식작용의 과오라고 지적한 죄를 베르나르는 도덕과 윤리라고 주장하던 아베라르의 고의성과 구분하고 있다.

즉, 만약 죄의 증거가 필요하다면, 베르나르는 인간 개인의 성사관습과 교리를 확연하게 구분하는 데서도 다시 한번 확인할 수 있다. 그럼에도 신의 존재는 인간 개인의 성사관습과 교리를 서로 다른 방향으로 나아가게 하는 데 불과했다는 것이다. 베르나르가 신의 존재를 저작물의 성사관습에 일치시켜 타당한 신학을 공통으로 추구하고 있다는 점에서 저작물의 성사관습은 타당한 신학과 조금의 거리감도 없다고 지적할 수 있다.

찾아보기

저자약력

지은이 **이원근**(李源根)

[약력]
고려대 사학과 학사, 석사, 박사
국립 경상대학교 사학과 교수

[논문]
해석논리의 출현과 상징물의 변화(박사학위논문)

[저서]
상징물과 중세 유럽사회(중문)
서양중세 세계의 역사(탑북스)

서양중세문화비밀캐기[5]-표준 인간

2016년 9월 7일 1판 1쇄 인쇄
2016년 9월 20일 1판 1쇄 발행

저 자 이 원 근
발행인 김 광 식
조 판 아 람 기 획

07285
발행처 서울특별시 영등포구 선유로 3길 10, 617호
도서출판 **탑 북 스**
등 록 2009.12.21 제 2016-000101 호
전 화 02)365-2223 팩스 02)365-2224

정가 16,000 원
ISBN 979-11-87343-08-0-93920